Hanns Manfred Heuer   **hax pax max**

Hanns Manfred Heuer

hax pax max

Wunder und Geheimnisse des Okkultismus

Merlin Verlag Hamburg

Grafik zum Buch: Uwe Bremer

© Andreas J. Meyer VerlagsgmbH Hamburg
Satz und Druck: C. Beckers Buchdruckerei, 311 Uelzen 1
Einband: Ladstetter GmbH, Hamburg
1. Auflage, Hamburg, September 1973
ISBN 3 875360 346

Vorwort

Dieses Buch soll anregen. Es soll ein Stimulator sein für die Beschäftigung mit Dingen, von denen unsere Schulweisheit nichts versteht, ein Anreiz zum Nachdenken über etwas, das in unserer durchorganisierten, durchrationalisierten Welt zu kurz kommt.

Dieses Buch gibt keine Antworten. Es kann und will die vielen Rätsel, von denen es berichtet, nicht aufklären. Es will Neugier wecken, Neugier auf Erscheinungen, die mit unseren materiellen Umständen wenig, mit unserem spirituellen Verhältnis zur Existenz, zum Woher und Wohin allen Lebens aber um so mehr zu tun haben.

Seit Beginn der Aufklärung hat das naturwissenschaftliche Denken nach und nach die Herrschaft über das Abendland übernommen. Im Gefolge der Naturwissenschaft hat die technologische Entwicklung zu ungeheuren Veränderungen der Lebenspraxis geführt. Weniger offensichtlich als dieser äußerliche Vorgang, aber keineswegs weniger bedeutsam war die gleichzeitige Veränderung unseres Bewußtseins. In demselben Maße, in dem die Möglichkeiten des Machbaren sich vervielfachten, wuchs die Überzeugung, auch alles erklären zu können. Doch in dieser Euphorie des Wissens und der „Wissenschaft" vernachlässigte man fast alles, was nicht von materiellem Nutzen zu sein schien.

So kommt es, daß man früher über die in diesem Buch zusammengetragenen Phänomene mehr wußte als heute. Erst in allerletzter Zeit beginnt man — wiederum unter den Fittichen der Naturwissenschaft und in der Hoffnung auf materielle Nutzbarmachung unbekannter Kräfte — die Neu-Erforschung alten magischen und okkulten Wissens. Eine Welle des Interesses für Paraphysik und Parapsychologie steht bevor. Dieses Buch soll einen Begriff von der Vielzahl der Erscheinungen, von der Vielschichtigkeit der Zusammenhänge in der Welt der Magie und des Okkultismus geben. Es soll ein Beitrag sein, unser Bewußtsein wieder zu öffnen für Dimensionen, die ihm verlorengingen.

Der Verleger

Inhalt

Blendwerkskünste

Sie sind zu einem erlesenen Mahl geladen.

Auf schneeweiß gedeckten Tafeln schimmert Silber, leuchten Kerzen, deren Schein sich in bunten, geschliffenen Pokalen bricht. Auf kostbaren Porzellantellern, in Gold- und Silberschüsseln, in edelsteinverzierten Terrinen duften Leckerbissen aus aller Welt. Exquisite Vorspeisen, Suppen und Salate, Fische aus den sieben Weltmeeren, Geflügel aus aller Welt, riesige und kunstvoll bereitete Braten, exotische Früchte, raffinierte Nachspeisen, an Getränken das Beste, was die Weinkeller dieser Erde zu bieten haben — Sie sind im Schlaraffenland und brauchen nur zuzulangen.

Und Sie schlemmen.

Doch nach einer Weile ist der farbenprächtige Zauber verflogen. Wie aus einem Schlaf erwachend blicken Sie um sich: kein Damast, kein Silber, keine rubinroten Pokale, keine Leckerbissen aus aller Welt.

Sie sitzen an einem gewöhnlichen Tisch, die Decke ist fleckig; Teller, Gläser und Besteck sind Dutzendware. Vor Ihnen steht ein recht mittelmäßiges Essen, bürgerliche Küche, aber kein Festmahl, von den besten Köchen der Welt bereitet für die verwöhnten Gaumen von Gourmets. Sie blicken auf, schauen den Gastgeber an. Der tupft sich mit der Serviette seinen dunklen Assyrerbart und lächelt maliziös ... Sie sind einem Blendwerkszauber zum Opfer gefallen.

8

Geschichten über Blendwerkszauber sind in alten Schriften sehr häufig zu finden. Diese „Kunst" ist keine gewöhnliche Gaukelei, wie einige sie jetzt definieren; sie ist eine Art psychologischer Gaukelei, wenn sie überhaupt Gaukelei zu nennen ist, wobei Faszination und Blendwerk als Mittel verwendet werden, um Täuschungen zu bewirken. Sie ist Hypnotismus in großem Stile.

Schon über Simon den Magier wird berichtet: „Simon, ein in den magischen Künsten sehr bewanderter Mann, täuschte viele Personen, teils durch die Kunst des Thrasymedes

> Ein Sohn des Nestor, dem Homer in der Odyssee die Fähigkeit zuschreibt, seine Umgebung durch die Vorspiegelung von in Wirklichkeit nicht vorhandenen Erscheinungen zu täuschen.

und teils mit Hilfe von Dämonen. Auch ließ Simon bei Gastmählern Erscheinungen und Gespenster auftauchen..."

Albertus Magnus (1207—1280), einer der berühmtesten Magier überhaupt, soll in Köln im Winter 1249 seine magischen Fähigkeiten vor erlauchtem Publikum demonstriert haben: er suggerierte König Wilhelm von Holland und seinem Gefolge im eiskalten Klostergarten ein Zaubermahl inmitten üppigster Blumenpracht.

Ähnlich bewirtete der „Große Rabbi", Jehuda Loew ben Bezabel (1513—1609), den Kaiser Rudolf II., der selbst Adept und Magier war. Rabbi Loew lebte in einem sehr bescheidenen kleinen Häuschen am Hradschin, das man noch heute besichtigen kann. Er verstand es, dem Kaiser, den er 1592 zu sich eingeladen hatte, zu suggerieren, sie tafelten in einem riesigen, üppig mit rotem Samt beschlagenen, von vielen hundert Kerzen festlich erleuchteten Saal.

Solche Blendwerkskünste sind jedoch keineswegs auf kulinarisches Gebiet beschränkt.

Erstaunliches wird auch von Dambin Dschansang (1875—1925) berichtet, der in der Mongolei und in Europa unter dem Namen „Rächer"-Lama, „Sieger"-Lama oder „Lama mit zwei Kamelen" bekannt wurde. Angeblich Wolga-Kalmücke, wurde er frühzeitig in die tantristische Magie der „Rotmützen"

> auch „Rotkappen" genannt, Zauberer und Schwarzmagier in Sikkhim und Tibet. Vgl. auch (1)

eingeweiht; er selbst lebte dem Ziel, die Mongolei unabhängig zu machen. Sowohl unter dem Zarismus als auch später unter dem Bolschewismus wurde er nach Sibirien verbannt. Eines Tages gelang ihm die Flucht, doch er wurde verfolgt und am Sur-Nor-See von Kosaken umzingelt. Nun zeigt er seine bei den „Rotmützen" erworbenen magischen Künste: mit Hilfe eines Blendwerkszaubers bewirkte er, daß ein Kosake den anderen für den Verfolgten hielt, und so brachten sie sich vor den Augen der zuschauenden Nomaden selbst mit ihren langen Lanzen um (2).

Am 6. August 1912 hielt Dambin Dschansang vor den 15 000 Mann starken Elitetruppen des Fürsten Hun Baldon, der das damalige Hauptquartier der Chinesen zu Kobdo in der westlichen Mongolei belagerte, eine flammende Ansprache. Er richtete die Handflächen gegen den Horizont und ließ die glorreiche Zukunft der befreiten Mongolei *bildhaft* erscheinen: saftige Weidegründe mit riesigen Viehherden, reiche Jurten, schön gekleidete Frauen, lachende Soldaten, denen endlose chinesische Karawanen köstliche Waren verkaufen. Dann läßt Dambin Dschansang einen weiteren Zauber folgen: er „öffnet den Himmel" und läßt die Soldaten die in den früheren Befreiungskämpfen gefallenen Mongolen sehen — wie sie „drüben" in herrlichen Wohnungen bei üppigem Mahl vereint sind...

Nachdem er diese Bilder vor den Augen des Fürsten und der Soldaten hat erstehen lassen, gellt sein Ruf zum Angriff: „Hinein in die Schlacht und keine Rückkehr ohne Sieg! Ich bin im Kampfe bei Euch!"

Unter dem Ansturm der euphorisierten Soldaten fällt Kobdo noch am gleichen Tage, wenn auch die eigenen Verluste hoch sind (3).

1918 gründet der „Oogenverschroeder" — wie man in Norddeutschland solche gedanklichen Blitzhypnotiseure heute noch nennt — in der Gegend von Kobdo am Bujantu ein unabhängiges Königreich. Gemeinsam mit dem weißrussischen General Baron Roman Nikolaus Ungern-Sternberg (1885—1921) kämpft er gegen die unter General Hsü 1919 neuerlich in die Mongolei eingerückten Chinesen. Er ist jetzt auf dem Höhepunkt seiner Macht und träumt von der Wiedererrichtung des westmongolischen Oriatenbundes; man hält ihn für eine Inkarnation des westmongolischen Führers Amursana (1736—1795), für einen Priester des sagenhaften „Herrn der Welt".

Während dieser Zeit, im Winter 1921, begegnet Dr. Ferdinand Anton Ossendowski, damals Professor an der Warschauer Kriegsschule, dem Blendwerker Dambin Dschansang am Ufer des kleinen Sees Baga Nor (Mongolei) in einer Jurte, die den dortigen Hirten gehört.

„Es gibt in der Natur so manches", sagt er zu Ossendowski, „das wir nicht kennen, und die Fähigkeit, das Unbekannte anzuwenden, läßt das Wunder entstehen. Aber diese Fähigkeit ist nur wenigen gegeben. Das will ich Ihnen beweisen und Sie sollen mir nachher sagen, ob Sie gesehen haben, was ich Ihnen zeigen werde" (4 u. 5). Vor den Augen Ossendowskis stößt der Magier nun sein großes Messer mit dem aus Horn und Elfenbein gefertigten Griff mit aller Wucht einem der Schafhirten in die entblößte Brust, legt die Organe des zu Boden Gestürzten frei, berührt dessen Lunge und Herz mit seinen Fingern — kein Blut fließt mehr, das Opfer scheint friedlich zu schlafen. Als Ossendowski wieder ganz zu sich kommt, sitzt der Gelbgekleidete am Feuer und raucht seine Pfeife. Der Hirt schläft, als sei nichts geschehen. Keiner hat etwas gesehen.

„Ich verstand", schrieb Ossendowski später, „daß ich das Opfer der hypnotischen Kraft des Tushegoun Lama geworden war." (3)

Der britische Admiral Mark Kerr vertrat die Meinung, daß der „Wolga-Kalmücke" ein Pole aus Warschau gewesen sein soll, weshalb er auch öfters „der falsche Lama" genannt wurde.

Nach Meinung Kerrs ist der Lama erst 1935 in Peking verstorben. Kerr schrieb darüber: „Man sagt, daß diese Lamas sterben, wann sie wollen. Jedenfalls fand man ihn eines Morgens, sitzend, mit einem heiligen, auf geschabten Palmplatten geschriebenen Buch in der erkalteten Hand. Einem Herzschlag erlegen — würden die Ärzte Europas sagen."

Für den Kenner fernöstlicher Geheimnisse gibt es kaum einen Zweifel daran, daß der Lama „Endura" begangen hat, daß er sich selbst den Tod gab, sozusagen von innen heraus, ohne jedes äußere Hilfsmittel. Denn wer — wie Dambin Dschansang — bei den „Rotmützen" nicht nur Blendwerkszauber, sondern die Kunst der hohen und höchsten Magie gelernt hat, für den gilt es als selbstverständlicher Ritus, mittels uns unbekannter Praktiken die „Silberschnur" zu zerreißen, die Körper und Seele zu Lebzeiten zusammenhält ...

Bilderzauber

Es gibt besondere Arten von Seelen und Geistern,
welche Bäume, Landschaften, Steine, Gemälde
bewohnen.   *Novalis*

Von der glückbringenden oder unheilvollen Wirkung
„magisch geladener" Bilder und Statuen und über die
äußerst seltsamen und unerklärlichen Zusammenhänge
zwischen Menschenschicksalen und bestimmten Gegenständen hat wohl schon jeder einmal gehört.

Vor allem Bilder und Gemälde haben oft eine magische
Ausstrahlung. Das bekannteste Beispiel einer schicksalhaf-
ten Verknüpfung zwischen einem Menschen und einem Gemälde dürfte Dorian Gray sein, der Titelheld des gleich-
namigen Romans von Oscar Wilde (1854—1900). Dorian
Gray bewahrt auf dem Dachboden seines Hauses sein
eigenes Porträt auf, ein meisterhaft gemaltes Bild. Er selbst
gibt sich einem ausschweifenden Leben hin, bleibt aber
jugendfrisch, während sein Selbstbildnis die Falten und
Runen der Laster und des Alterns gewissermaßen „nach-
zeichnet". Beim Versuch, dieses verhaßte Spiegelbild seiner
selbst zu zerstören, stirbt Dorian Gray.

Über solche oder ähnliche „Bildermagie" gibt es vielfach
belegte Zeugnisse.

Karl Hans Strobl (1877—1946) schildert in seiner Erzählung „Das Rad und die Kette" (6) ein ähnliches magisches
Geschehnis: Ein ehemaliger holländischer Tropenarzt behandelt die Frau eines Fabrikdirektors, die sich über unerklärliche nervliche Belastungen, plötzlich auftretende Mat-
tigkeit, Angstzustände und Ohnmachtsanfälle beklagt.
Der Arzt stellt fest, daß die Beschwerden stets nur im

Schlafzimmer auftreten — und erst seit der Zeit, da die Familie ein seltenes Bild des alten und kranken französischen Philosophen Jean Jacques Rousseau (1712—1778) erworben hat, das im Schlafzimmer — gegenüber dem Bett der Kranken — aufgehängt worden war.

Das Bild wird auf dringenden Rat des kundigen Arztes entfernt und verkauft. Danach hat die Patientin keine Beschwerden mehr.

Jahre später besucht sie den Louvre in Paris, sieht dort das veräußerte Gemälde wieder, bricht wie vom Blitz getroffen zusammen und ist für den Rest ihres Lebens geisteskrank.

Es klingt unglaublich, daß bestimmte Bilder und Gemälde krank machen, ihre Besitzer bis zum Wahnsinn oder gar Selbstmord treiben können, und doch gibt es dafür Beispiele, die allerdings mit dem „normalen" Verstand nicht zu erfassen sind.

Der italienische Maler Spinello Aretino (1350—1410), der den Sturz des Erzengels Luzifer zur Hölle gemalt hatte, wurde im Alter von dem von ihm gemalten Teufel so oft erschreckt, daß er schließlich die Nerven verlor und sich in einer Art Panikstimmung das Leben nahm.

Auch von einem englischen Karikaturenzeichner weiß man, daß er sich das Leben nahm, weil ihm seine „Spottgeburten" jede Nacht lebend erschienen waren und ihm den Schlaf geraubt hatten (7).

Sogar Napoleon I., Kaiser der Franzosen, in tausend Schlachten unbesiegt, nahm vor einem „gespensternden" Bild Reißaus. Das war in der Nacht vom 14. zum 15. Mai 1812 im alten Schloß zu Bayreuth, wo seit Jahrhunderten die „Weiße Dame" spukt, deren Bild sich in der dortigen Bildergalerie befindet. Für den 3. August 1813 hatte

Bonaparte erneut seinen Besuch ansagen lassen, doch zog er dann vor, noch am gleichen Abend nach Plauen im Vogtland weiterzufahren.

An das gleiche Bild erinnerte sich später Graf Münster, der ehemalige Intendant des alten Schlosses zu Bayreuth: „Der Maler Jarwart", schreibt er in seinen Memoiren, „ist einmal zu mir gekommen, um die Erlaubnis zu erhalten, das Porträt der Weißen Dame zu kopieren. Ich habe diesen Mann nie verstanden. Mir wäre es unmöglich gewesen, auch nur eine einzige Stunde mit diesem unheimlichen Gegenstand allein zu sein. Ich selbst habe niemals das Zimmer betreten, in dem die Weiße Dame gehaust haben soll."

Wenn auch anonym erschienen, so klingt doch der Bericht eines rheinischen Industriellen durchaus glaubhaft, der 1958 in der Zeitschrift „Natur und Kultur" (8) veröffentlicht wurde. „In meiner Bibliothek in Düsseldorf", heißt es da, „hing ein lebensgroßes Ölbild eines meiner Ahnen, der zuletzt am Hofe Karl Theodors (1773—1799) in Schwetzingen gewesen war. Sobald ich in die Bibliothek kam, verfolgten mich die Augen des Ahnen mit einem listigen Lächeln. Als unheimlich konnte man dasselbe nicht bezeichnen, eher als etwas freudig — ich fand es immer wohltuend, wenn auch mit einem gewissen Schauder. Auch wenn ich in das Herrenzimmer nebenan ging, folgten mir die Augen. Ich war vom Glück begünstigt, solange das Bild in meiner Wohnung hing. Als die Bombenangriffe zunahmen, habe ich meinen letzten Urlaub im Jahre 1942 benutzt, zusammen mit einem Freund verschiedene Kunstgegenstände einzupacken, um sie zu verlagern. Als wenn ich das Bild nie mehr in meinem Leben sehen sollte, hatte ich mir nochmals die Augen angesehen. Das Freudige darin war verschwunden. Ich fragte meinen Freund, ob er an dem Bild etwas Ungewöhnliches bemerke. Ja, war die Antwort, er sieht heute traurig aus, oder sollte ich das früher nicht bemerkt haben? Das Bild ging verloren — und seit dieser Zeit war ich vom Glück verlassen."

Mag hier auch Einbildung im Spiel gewesen sein, so wird man das von dem folgenden Bericht eines süddeutschen Kunsthändlers und Sammlers kaum behaupten wollen. Wohl handelt es sich in diesem Fall um das Bild eines als Spiritist bekannten Malers. Der Eigentümer des Bildes aber gilt als sachlicher Mann, der weit davon entfernt ist, an Geistererscheinungen zu glauben. Er schreibt: „Vor 20 Jahren etwa habe ich ein aus dem Nachlaß des verstorbenen international bekannten Parapsychologen Dr. Albert Freiherr von Schrenck-Notzing stammendes Gemälde erworben. Es stellt eine geisterhaft anmutende junge Dame in grauem Schleier dar, die zwischen einer zur Hälfte geöffneten Schiebetüre steht und sich mit beiden Händen an den Türgriffen anhält. Der Künstler, der dieses Bild geschaffen hat, der Kunstmaler Professor Gabriel von Max, war für seine Vorliebe für Psychologie und Spiritismus bekannt. Er hat dem Bild den mysteriösen Titel gegeben: ‚Denn die Ahnfrau kehrt nach Hause'.

Nun sind mir mit diesem Bild in Zusammenhang stehende Dinge passiert, für die ich keine Erklärung finde, schon deshalb nicht, weil es ja nicht das einzige Gemälde ist, das ich besitze, ich aber mit den anderen Gemälden nie derartige Erlebnisse gehabt habe.

Es war zu Beginn des Jahres 1947, als ich träumte, ich hätte am Unterarm in der Nähe des Handgelenks einen Mitesser, der mich störte und den ich ausdrückte und den Hauttalg korkenzieherartig herauspreßte. Ich preßte immer stärker, und das korkenzieherartige Gebilde wurde immer dicker und länger, und plötzlich brach der Unterarm in der Mitte ab, fiel zu Boden, und ich schlenkerte mit dem Stumpf am Ellbogengelenk in der Luft herum.

Ich öffnete erschreckt die Augen und sah am Fußende des Bettes die Ahnfrau aus dem Bild stehen und warnend die Hände heben.

Hellwach sprang ich aus dem Bett; graue Schleier schienen sich im Dunkel der Nacht vor meinen Augen zu bewegen, und dann war plötzlich alles dunkel um mich her.

Ich knipste die Nachttischlampe an und konnte mir nicht klar werden: war alles nur ein Traum, eine Halluzination oder was sonst?

Am Vormittag erwartete ich gegen elf Uhr den Besuch eines Interessenten für ein wertvolles Armband, das einen Wert von — damals — RM 250 000,— hatte. Um neun Uhr meldete sich bei mir ein unbekannter Mann, der vorgab, im Auftrag des angemeldeten Interessenten zu kommen. Es würde zu weit führen, wollte ich den ganzen Vorfall beschreiben; das Schmuckstück wurde mir durch den Betreffenden vermittels eines Taschenspielertricks geraubt. Die sofort eingeleiteten Maßnahmen der Polizei verliefen ergebnislos.

Ich kam wochenlang nicht von dem Gedanken los, daß die Geste der Frau im grauen Schleier eine Warnung gewesen sein könnte.

Etwa ein Jahr später hatte ich nachts wieder das Gefühl, die Frau aus dem Bilde stehe am Fußende meines Bettes, wieder mit warnender Geste. Ich war mir auch diesmal nicht klar darüber, ob ich träume oder wache. Jedenfalls hatte ich am Morgen einen sehr benommenen Kopf.

Am Nachmittag desselben Tages wurde ich in meiner Wohnung von drei Banditen überfallen, die mir Devisen rauben wollten. Es gelang mir, den Überfall abzuwehren; ein zufällig zu Besuch weilender Münchener Rechtsanwalt, meine Tochter und meine Frau, die sich in einem Nebenraum aufhielten, kamen mir zu Hilfe. Die Banditen flüchteten.

Ich verkaufte daraufhin das Bild, da ich, abergläubisch geworden, irgendwie Unheil damit in Zusammenhang brachte.

Auf ganz eigenartige Weise kam ich aber vor etwa zwei Jahren wieder in den Besitz des Bildes. Ich hatte es etwa vier Monate, als ich mir gegen zehn Uhr abends einbildete, die Frau stehe wieder am Fußende meines Bettes mit einem warnenden Gesichtsausdruck. Ich machte mit dem Spazierstock, den ich nachts neben meinem Bett stehen hatte, eine abwehrende Bewegung gegen den Kopf der Erscheinung. Ob es ein Wachtraum war, vermochte ich nachträglich nicht zu sagen. Die Erscheinung hatte mich so erschüttert, daß ich anschließend wach lag. Nachts gegen ein Uhr erlitt ich einen schweren Herzinfarkt und wurde — es war der 8. November 1962 — noch in der Nacht in das Krankenhaus am Biderstein in München eingeliefert, das ich erst nach viermonatigem Aufenthalt wieder verlassen konnte.

Nach meiner Genesung entfernte ich das Bild aus meinem Schlafzimmer und brachte es in ein entfernter gelegenes Zimmer meines Einfamilienhauses. Dabei stellte ich etwas mir völlig Unerklärliches fest, daß nämlich genau über dem Kopf der Ahnfrau auf dem Bilde, über den ich die Abwehrbewegung mit dem Stock gemacht hatte, eine kleine Schleifspur zu sehen war, die heute noch da ist, aber vorher bestimmt nicht vorhanden war. Noch nie wurde eines meiner Bilder jemals beschädigt.

Es wären noch zwei weitere Fälle zu berichten, aber im Grunde genommen ging es auch bei diesen um eine Art ‚Voranmeldung' oder wie man das nennen will. In dem einen Fall wurde ich das Opfer einer Unterschlagung, im andern war es ein erlösendes Ereignis, wobei ich bei der vorausgegangenen Erscheinung ein leichtes Lächeln wahrgenommen zu haben glaubte.

Es ist wohl nicht zu leugnen, daß derartige unerklärliche Erlebnisse geeignet sind, weniger skeptische Menschen an übernatürliche Erscheinungen glauben zu lassen. Berichtet doch sogar Goethe, daß ihm bei Spaziergängen in seinem Garten am hellichten Tage wiederholt ein längst verstorbener Freund entgegengekommen sei. Für solche Trugbilder gibt es, soweit es Menschen sind, die sie zu erleben glauben, diverse Erklärungen. Welche Erklärung gibt es aber für die Vorfälle mit meinem Bild?

Ich bin heute 80 Jahre alt und Tatsache ist, daß ich, bevor ich in den Besitz des Bildes kam, nie auch nur annähernd etwas Ähnliches erlebte."

Die Frage unseres Kunsthändlers ist mit dem „normalen Menschenverstand" vermutlich nicht zu beantworten. Denkbar scheint am ehesten die Erklärung des russischen Theologen Iwan Kirejewki (1806—1856) zu sein, der die Meinung vertrat: „Bilder sind seit Jahrhunderten von Gebeten imprägniert und emanieren psychische Kraft, sind also ein lebendiger Organismus." Tatsächlich werden ja viele Bilder und Ikone oft durch Jahrhunderte hindurch mit Gedanken, Gefühlen und Gebeten bedacht und dabei vielleicht wirklich „magisch aufgeladen".

In eine ganz andere Kategorie des Bilderzaubers gehören die folgenden Anekdoten:

Der taoistische Maler Wu Tao-Tse (um 890) war alt geworden und sollte für den Kaiser noch ein großes Landschaftsbild auf einer Wand des Palastes ausführen. Nachdem das große Werk vollendet war, bat er den Himmelssohn zu kommen und es anzusehen. Der fand sich ein und erblickte überwältigt eine Landschaft, die alles übertraf, was selbst Wu Tao-Tse früher gemalt hatte: Mächtige Berge mit Wäldern und Wasserfällen, weite Ausblicke und alle Arten von Tieren und Vögeln.

Während der Kaiser das Bild staunend betrachtete, nahm Wu ihn am Arm und sagte: „Ich bitte Eure Majestät, die Grotte am Fuße des Berges zu beobachten." Indem er dies sagte, klatschte er in die Hände, und eine kleine Tür sprang unten im Bilde auf. „Das Innere der Grotte ist schöner als Worte es ausdrücken können", fuhr er fort, „erlaubt, daß ich vorausgehe!"

Mit diesen Worten ging er in das Bild hinein, und bevor noch der Kaiser etwas sagen oder tun konnte, schloß sich die Tür wieder. Im Laufe eines Augenblickes verblich das ganze große Gemälde und schwand dahin, so daß nur die leere Wand übrigblieb.

Wu Tao-Tse wurde seitdem nie mehr gesehen (9).

Dr. Kurt Kusenberg hat in einer seiner „Wahrtraum"-ähnlichen Geschichten vom „verschwundenen Knaben" gefabelt und von einem großen Bild erzählt, „auf dem man so richtig spazierengehen kann", weil es von geradezu Breughelscher Vielfalt prangt. Dem Knaben der Kusenbergschen Geschichte hatte es besonders die Hufschmiede angetan, die auf dem Bild zu sehen war, und er ließ nicht davon ab, sie immer wieder von neuem zu betrachten. Eines Tages gab er sich einen kleinen Ruck, der ihn einen ebenso kleinen Schmerz kostete, „und im nächsten Augenblick befand sich der Knabe nicht mehr vor dem Bild, sondern mittendrin. Der kleine Junge verlebte einen wundervollen Nachmittag ... und es wurde Zeit, an die Heimkehr zu denken. Wie die zustande kam, wußte der Junge später selbst nicht. Jedenfalls verspürte er abermals den kleinen schmerzlichen Ruck und stand plötzlich wieder in dem Zimmer, aus dem er gekommen war."

Eines Tages dann kehrte der Knabe nicht mehr aus dem Bild zurück (10).

Hermann Medinger hat ein äußerst seltsames Vorkommnis beschrieben, das geradezu als eine Parallele zu dem Fall des chinesischen Malers Wu Tao-Tse und dem Kusenbergschen Knaben gelten kann (11).

„Einst bat mich eine Dame dringend, zu ihrem Mann zu kommen, der von schwersten Bewußtseinsspaltungen und Ohnmachten geplagt wurde. Der Sachverhalt war: Herr B. hatte bei einer Auktion ein großes Ölgemälde erworben, das eine sagenhafte Burg inmitten eines üppigen Zauberlandes darstellte. Dieses Bild faszinierte ihn dermaßen, daß er von nun ab nur mehr von dem Wunsche beseelt war, das auf dem Bild dargestellte Schloß betreten zu dürfen. Er verfiel in Trance und starrte, auf seinem Lehnstuhle sitzend, dieses Bild solange an, bis er eines Tages aus seinem irdischen Körper austrat, der auf dem Lehnstuhl vor dem Gemälde sitzen blieb. Sein Astralleib hob sich bei wachem Bewußtsein empor, trat in die Bildszenerie ein und öffnete darin das schwere Burgtor. Dann ging Herrn Bs. Astralleib durch dasselbe hindurch in das Innere des Schloßhofes. Kaum hatte er aber das Burgtor durchschritten, fiel dieses krachend hinter ihm zu, und er sah sich in den dicken Gemäuern gefangen, außerstande, die eherne Pforte wieder zu öffnen. Er, vielmehr sein an den Astralkörper gebundenes Ich, schrie um Hilfe, während sein physischer Leib, im Zimmer vor dem Bilde auf seinem Lehnstuhl sitzend, von konvulsivischen Zuckungen befallen wurde und unartikulierte Laute hervorgurgelte. Stundenlang währte dieser Zustand, bis ich, von seiner Gattin gerufen, ins Zimmer trat. Nach kurzer Meditation wußte ich, daß Herr B. in dem Bild gefangen gehalten wurde, daß er also einem klaren Bildzauber zum Opfer gefallen war. Ich konnte nur eins tun, um ihn aus seiner beklagenswerten Lage zu befreien: Ich zerschnitt, mit Einverständnis seiner Frau, das Gemälde mit zwei langen Messerstichen. In dem Augenblick, wo ich das Messer wieder aus dem Bild herauszog, war sein Astralkörper aus dem Bildgefängnis befreit und der Ohnmächtige kam wieder zu sich."

Hierzu sei vermerkt, daß in chinesischen Legenden nicht nur Menschen in Bilder hineintreten, sondern auch umgekehrt Abgebildete aus denselben heraus (12).

Wieder ein anderes Phänomen ist das magische Entstehen von Bildern, wie etwa das eines auf unerklärliche Weise in Erscheinung getretenen Bildnisses, das mit einer angesehenen Persönlichkeit aus dem englischen Klerus, dem 1898 verstorbenen Dechanten Dean Henry George Liddel eine verblüffende Ähnlichkeit hatte; es war im Laufe der Zeit an einer Wand der Christuskirche in Oxford entstanden. Bemerkenswert ist, daß sich das geheimnisvolle Porträt genau unterhalb eines Fensters befand, das dem Andenken des allseits verehrten Seelenhirten gewidmet ist. Menschen, die den Dechanten gekannt haben, versicherten, daß die Ähnlichkeit des Bildes mit dem Lebenden erstaunlich gewesen sei, was die Fotografien des Verstorbenen ebenso bestätigen wie sein Standbild, das ihm nach seinem Tode an der Außenseite der Kirche errichtet worden war.

Niemand vermochte damals und niemand vermag heute noch zu sagen, wie das verblüffende Abbild entstanden sein mag. Die Vermutungen darüber sind geteilt. Daß ein Kunstmaler heimlich in das Gotteshaus hätte eindringen und das Bildnis hätte anfertigen können, wird für gänzlich ausgeschlossen erklärt. Am ehesten begreiflich erscheint noch die Meinung der Okkultisten, die eine Materialisation von Gedanken vermuten, die möglicherweise unbewußt durch diejenigen hervorgerufen wurde, die hier des Verstorbenen gedachten. Vielleicht waren einer oder mehrere Gemeindemitglieder ohne ihr Wissen mit mediumistischen Fähigkeiten begabt und haben beim Verweilen vor dem geweihten Fenster stark an den Dechanten gedacht und auf diese Weise die unerklärliche Erscheinung hervorgebracht.

Die Tatsache, daß das Bild des Dechanten eine Zeitlang wie eingraviert erschienen war, läßt sich nicht hinwegleugnen. Heute ist es nicht mehr zu sehen, es verblaßte im Laufe der Jahre immer mehr, bis es schließlich ganz verschwand.

Ein Gegenstück dazu wird ebenfalls aus England, dem europäischen Land des Spuks, aus dem Jahre 1948 berichtet: Seit Monaten wurde eine Bauersfrau aus Teeton von einem merkwürdigen Gesicht verfolgt. Auf einem Metalleimer erschien ganz plötzlich ein Antlitz, das ihrem verstorbenen Bruder, der einmal eine bekannte Figur beim Zirkus gewesen war, aufs Haar glich.

Der Präsident der „Psychischen Gesellschaft von Northampton", Mr. T. Hardiman-Scott, nahm sich des gezeichneten Eimers an, bürstete ihn mit einer Drahtbürste und mit Metallpulver, aber das Gesicht verschwand nicht — im Gegenteil, es trat immer stärker zutage und es schien fast zu leuchten; neben dem Gesicht erschien dann auch noch ein Pferd.

In beiden Fällen bleibt die Frage offen, ob es „Geister" oder lebende Personen waren, die diese Bilder hervorgerufen haben.

Unter einem Geist versteht man in diesem Zusammenhang unter Okkultisten einen exkarnierten Menschengeist. Daß es dergleichen gibt, scheint die nachstehend beschriebene Gravur in einem Glas zu bestätigen, die elf Zeugen mit ihrer Unterschrift beglaubigt haben. Es handelt sich dabei um eine der nicht seltenen „postmortalen Versprechungseinlösungen".

Jan Ladowski hatte am 4. Januar 1930 mit seinem damals im 47. Lebensjahr stehenden Freund Walter R. schriftlich festgelegt, daß der Erstverstorbene dem Hinterbliebenen ein einwandfreies Signal geben solle. Ladowski war damals vier Jahre jünger; beide dachten, die Vereinbarung würde erst in zwei bis drei Jahrzehnten zur Auswirkung kommen.

Es kam jedoch anders. In der dritten Oktoberwoche des Jahres 1931 erkältete sich der passionierte Jäger R. bei einer Jagdpartie, kam ins Krankenhaus und starb nach nur wenigen Tagen an einer Lungenentzündung.

Besonders stolz war er auf einen mächtigen, ausgestopften Adler gewesen, der unter seinen Jagdtrophäen einen Ehrenplatz eingenommen hatte.

Am 23. April 1932, dem Geburtstag des verstorbenen Freundes, abends gegen 22.30 Uhr, vernahm Jan Ladowski ein knirschendes Geräusch und stellte fest, daß die gläserne Platte eines ovalen Tisches in Bettnähe geborsten war.

Am nächsten Abend wurde er durch ein starkes Geräusch

geweckt. „Ich machte Licht, sah aber nichts. Ich drehte das Licht wieder ab und vernahm nun abermals das Geräusch. Es war, als ob ein unsichtbares Wesen in die Glasplatte etwas hineinritzen würde. Deshalb drehte ich abermals das Licht auf. In derselben Sekunde setzte das Geräusch aus. Erst als die Dunkelheit eintrat, fuhr der Unsichtbare mit seiner Arbeit fort. Dies dauerte etwa acht bis zehn Minuten, dann war wieder Ruhe. Im Lichte der elektrischen Lampe sprang ich in begreiflicher Erregung aus dem Bett. Was ich nun sah, versetzte mich in maßlose Aufregung und Ergriffenheit. Der Unsichtbare hatte einen Adler in die Tischplatte eingraviert — einen Adler mit ausgebreiteten Flügeln, jenem Prachtexemplar ähnlich, dessen ausgestopften Kadaver ich im Jagdmuseum meines Freundes oft und oft gesehen hatte . . .“ (13)

Auf Glas haben übrigens bevorzugt Manifestationen stattgefunden, für die es keine hinreichende Erklärung gibt. So sahen im Jahre 1928 Bewohner des Dörfchens Vignes auf Karmoy, einer kleinen Insel an der Westküste Norwegens, besonders bei bewölktem Himmel den vor mehreren Jahren verstorbenen Schuster Erik Strömsveld auf der Scheibe seines Fensters abgebildet, wobei eigentümlicherweise aus dem Innern des Arbeitszimmers heraus das Bild nicht wahrgenommen werden konnte.

„Aftenposten“ erwähnte bei dieser Gelegenheit einen ähnlichen Fall, der sich einige Jahre früher in Dänemark ereignet hatte. Dort war eine Frau während des Strickens vom Blitz erschlagen worden, und nachher war ihr Bild auf der Fensterscheibe erschienen. Das Blatt stellte die Frage, ob nicht auch das Bild des Schuhmachers durch einen Blitzschlag entstanden sei, was — wie viele andere Beispiele beweisen — gar nicht so abwegig ist.

Schließlich gehört hierher wohl auch der Fall der weiblichen Mumie Nr. 67 im Britischen Museum zu London, deren Umrisse sich auf dem gläsernen Deckel mit fotografischer Exaktheit abgezeichnet haben.

Der von Günther Simonsen in der „Okkulten Stimme" (14) veröffentlichte Bildbericht „Ein Mahnmal der Zeit", wonach ausgangs der 40er Jahre nach einer Sprengung 107 Meter unter der Erdoberfläche in einem Stollen der Erzgrube von Kristineberg (Schweden) eine Christusfigur aus silberglänzendem Seresit-Quarzit aus dem Felsen hervorgetreten sei und dadurch weitere Sprengungen und ein großes Unglück verhütet wurde, fällt unter das, was die Wissenschaft als „Lusus naturae" (Spielereien der Natur) etikettiert und mit dem „nisus formativus" (Formtrieb) erklären will, aber doch nicht ganz kann.

Von Menschen, die ins Nichts verschwanden

Ein Schuhmacher namens James Burnes Worson lebte im Jahre 1873 in Leamington, Warwickshire (England). Er war als ehrsam und fleißig in seinem Wohnort bekannt, obwohl er hin und wieder über den Durst trank. In seiner Jugend hatte er sich als Sportler einen Namen gemacht. Als er später zur Flasche griff, bekam er öfters Anfälle einer Art Größenwahn und ging dann mit seinen Prahlereien und Überheblichkeiten zu weit. Dies wurde einem seiner Freunde, einem gewissen Barham Wise, eines Tages zu dumm, und er bot ihm eine Wette an, daß er nicht hin und zurück nach dem 40 Meilen entfernten Coventry laufen könne. Worson nahm die Wette an und machte sich sofort marschbereit. Er wurde von Wise und zwei anderen Bekannten begleitet.

Die ersten paar Meilen lief Worson mit größter Leichtigkeit, ohne auch nur eine Spur von Ermüdung zu zeigen. Seine Begleiter folgten ihm in einem leichten Wagen und riefen ihm ständig Ermunterungen zu. Plötzlich, in der Mitte der Straße, nur etwa zehn Meter seinen Freunden voraus, schien Worson über etwas zu stolpern. Er stieß einen lauten Schrei aus — und verschwand. Er fiel nicht etwa hin, denn bevor er das Straßenpflaster erreichte, löste er sich gewissermaßen in Nichts auf. Keine Spur ist je von ihm wieder gefunden worden.

Die Zeugen dieses Vorganges waren Männer, die für ihre unbedingte Wahrheitsliebe bekannt waren. Sie waren auch zur Zeit des Ereignisses nachweislich nüchtern, und die von ihnen beschworene Erklärung konnte durch nichts erschüttert werden; noch heute wird das spurlose Verschwinden von Worson als eins der mysteriösesten Ereignisse erachtet, das je stattgefunden hat. (15)

Ebenso phantastisch ist das Verschwinden von Charles Ashmore im Jahre 1878. Charles war seinerzeit 16 Jahre alt und lebte mit seinen Eltern und zwei älteren Schwestern auf einer Farm in der Nähe von Quincy, Illinois (USA). Am 9. November, etwa um 21 Uhr, verließ Charles die warme, gemütliche Stube, um einen Eimer Wasser aus dem Brunnen zu holen. Als eine Zeitspanne vergangen war, in der Charles ein Dutzend Eimer Wasser hätte bringen können, wurde die Familie besorgt. Der Vater, Christian Ashmore, zündete eine Laterne an und ging mit der ältesten Tochter, Martha, hinaus, um nach dem Verbleib des Sohnes zu schauen. Es war ein leichter Schnee gefallen und die Fußspuren des jungen Mannes waren deutlich erkennbar. Als sie etwa die Hälfte des Weges zum Brunnen gegangen waren, blieb der Vater plötzlich stehen und hob die Laterne: Die Fußspuren von Charles auf der dünnen Schneedecke endeten abrupt. Weithin lag nur unbetretener Schnee. Die letzten Fußspuren waren genauso regelmäßig wie die ersten. Vater und Tochter machten einen Umweg zum Brunnen, damit die Fußspuren von Charles nicht zerstört würden. Sie fanden den Wasserspiegel des Brunnens mit einer dünnen Eisschicht belegt, die seit Stunden unberührt geblieben sein mußte. Als sie zum Hause zurückkehrten, bemerkten sie, daß der Schnee auch zu beiden Seiten des Weges weiß und unberührt dalag. Keine Spuren führten hindurch.

Auch als der Morgen anbrach, konnte im Lichte des Tages

nichts weiter gefunden werden. Auch dieser junge Mann hatte sich in Nichts aufgelöst.

Vier Tage später ging die tief um ihren Sohn trauernde Mutter selbst zum Brunnen, um Wasser zu holen. Als sie zurückkam, weinte sie hysterisch und behauptete, sie hätte die Stimme von Charles gehört, der nach ihr rief.

Die ganze Familie durchsuchte mit Hilfe von Nachbarn immer und immer wieder das ganze Gebiet, hörte jedoch nichts. Schließlich schrieb man die Laute der übergroßen seelischen Erregung der Mutter zu. Und doch hörten später auch andere Mitglieder der Familie und Nachbarsleute die Stimme von Charles in unregelmäßigen Zeitabständen. Alle waren fest davon überzeugt, daß es sich um die Stimme von Charles Ashmore gehandelt habe. Die Pausen, in denen die Stimme nicht zu hören war, wurden länger, die Stimme anscheinend immer schwächer, und als der Sommer ins Land kam, wurde nie wieder etwas gehört. (15)

Was diesen Fall besonders interessant macht, ist die Tatsache, daß ihn der amerikanische Schriftsteller Ambrose Bierce persönlich untersuchte, der später selbst spurlos verschwand, als er sich im Jahre 1914 besuchsweise in Mexiko aufhielt. Ist er, wie Charles Ashmore und James Worson, durch ein „Loch" in der dritten in die vierte Dimension hinübergetreten und konnte nicht mehr zurück? Oder hat die moderne Wissenschaft eine plausiblere Erklärung für sein Verschwinden?

Am 23. September 1880 ereignete sich ein weiterer merkwürdiger Fall auf der Farm von David Lang in der Nähe von Gallatin, Tennessee (USA). An diesem sonnigen Nachmittag spielten Langs zwei Kinder im Garten, als David Lang mit seiner Frau aus dem Haus trat. „Ich will noch rasch nach den Pferden sehen, ehe wir in die Stadt fahren", sagte er. „Ich bin in einigen Minuten zurück."

David Lang kam jedoch nicht wieder. Er war nur etwa sechs Schritte von seiner Frau entfernt, als er vor ihren Augen plötzlich verschwand. Weitere Zeugen waren die beiden Kinder sowie der Richter Peck, der soeben mit seinem Gespann auf den Hof gefahren war. Alle erreichten den Ort, wo Lang so plötzlich verschwand, zu gleicher Zeit. Hier war kein Baum, kein Busch, kein Loch, das Aufschluß über das rätselhafte Ereignis geben konnte.

Mit Einbruch der Dunkelheit kamen Nachbarn, die jeden Fußbreit der Erde mit Laternen absuchten, doch gefunden wurde nichts.

David Lang war und blieb verschwunden, als ob ihn die Erde verschluckt hätte. Später verkaufte Frau Lang die Farm, doch hielt sie niemals eine Totenfeier, da sie nicht glaubte, daß ihr Mann tot sei; sie war überzeugt, daß er wieder auftauchen werde. Aber vielleicht hatte er den Platz gar nicht verlassen? Denn etwa sieben Monate später bemerkten die Kinder von Lang, daß auf dem Fleck, auf dem der Vater zuletzt gestanden hatte, Gras und Blumen im Umkreis von fünf Metern nur sehr spärlich wuchsen. Auch hörten die Kinder verschiedentlich die Stimme des Vaters, der immer wieder um Hilfe rief, bis auch hier das Rufen schließlich verstummte. (15)

Daß solches „Verschwinden" mittels paranormaler, übersinnlicher Fähigkeiten auch ganz bewußt hervorgerufen werden kann, schilderte Sir Ernest Wallis Budge, eine Autorität in Fragen des alten Ägypten und Chaldäa und früherer hoher Beamter des Britischen Museums, am 17. Januar 1934 in einem Interview in der Zeitung „Daily Express": „Ich kannte einen Afrikaner und einen Inder, die sich zu Nichts verflüchtigen konnten, während man mit ihnen sprach oder sie berührte. Es war ähnlich wie bei der Chesire-Katze in Alice im Wunderland: Zuerst waren sie da, dann nur noch das Grinsen, und nachher verschwand auch dieses. Hypnose konnte nicht im Spiel sein, denn ich schritt über den Ort, wo sie gestanden hatten, hinweg. Sie tauchten in derselben Weise wieder auf und drückten mich beiseite, in dem Maße, wie sie sich wieder verdichteten."

Die gleiche Fähigkeit muß ein Kanadier französischer Abstammung namens Jean Durant besessen haben. Er nahm für sich in Anspruch, diese Fähigkeit des körperlichen Verschwindens und Wiedererscheinens zu besitzen, bis er eines Tages während eines solchen Experiments die Fähigkeit der Rückkehr verlor und für immer unauffindbar blieb. Er pflegte sich in einem von außen bewachten Raum einschließen zu lassen, sich dort zu dematerialisieren und dann unter den Bewachern vor der verschlossenen Türe jenes Raumes wieder aufzutauchen. Nach einem Aufsatz von Ray Preedy in „Guide and Ideas" (16) bestätigen drei Doktoren, daß Durant imstande war, aus einem verschlossenen Raum zu verschwinden und in einem anderen aufzutauchen. Ein gewisser Williams legte vor dem Notar ein eidesstattliches Zeugnis ab, Durant gesehen zu haben, wie er sich in Nichts auflöste, während sein Schlafrock in sich zusammenfiel und auf dem Boden liegenblieb. Er hatte es durchs Schlüsselloch beobachtet. Nach diesem Experiment wurde Durant jedoch krank, was er dem Umstand zuschrieb, dabei beobachtet worden zu sein. Bei späteren Demonstrationen vor Ärzteschaft und Polizei verlangte er deshalb, daß lediglich die Tür bewacht werde, hinter der er eingeschlossen war. Bei diesen Versuchen hatte man ihn einige Male mit langen, schweren Ketten an die Zellenwand gebunden, und die Tür war an sechs Stellen mit Wachs versiegelt worden. Jedesmal tauchte er unvermittelt wieder unter den Beobachtern auf. Die Siegel waren ungebrochen. Drinnen lagen die Handschellen am Boden, mit intaktem Schloß. Schließlich lud man Durant nach Chikago zu einer Vorführung ein. Seine Arme und Beine wurden gefesselt, der Eingang der Zelle verschlossen und versiegelt. Dieses Mal wartete man vergebens auf ihn. Nach einer Stunde wurde die Zellentür geöffnet. Seil und Handschellen lagen am Boden, Durant aber war verschwunden, und man hat ihn nie wieder gesehen.

Der Beobachtung eines Arztes zufolge muß angenommen werden, daß sich Durant bei seinen Experimenten in einen tiefen Trance-Zustand versetzte. Denn jener Arzt hatte vor dem Auftauchen Durants inmitten der Zuschauer von der anderen Seite der Tür her ein schweres Atmen gehört, wie wenn einer in tiefen Schlaf versunken ist.

Oberst Pfiffer von Attishofen erzählt in Kerners Magikon I (17) die geheimnisvolle Geschichte von einem unter höchst seltsamen Umständen verlorengegangenen Kinde. Der Pfarrer in Stüg stellte ein besiegeltes Zeugnis über die Wahrheit der Geschichte und die Unbescholtenheit der betroffenen Familie aus. Sie ereignete sich in der Gemeinde Silenen, Kanton Uri, in der Familie eines Johann Josef Tittli: „Es geschah auf der Alp ‚Rupleben' auf dem sogenannten Brüstenberg an einem Sonntag. In Abwesenheit der Eltern befanden sich die beiden zwei- und dreijährigen Kinder unter der Aufsicht des sechzigjährigen Großvaters. Das ältere befand sich in etwa 60 Meter Entfernung, also in Rufnähe, beim Erdbeersuchen in einem kleinen Wäldchen. Plötzlich ertönten die lauten Schreie des dreijährigen

Knaben, der jedoch nirgends mehr zu sehen war. Die sofortige und dreitägige beharrliche Suche mit vielen Personen blieb ganz ergebnislos. Man vermutete, er sei entweder in einen Bach gefallen oder von einem Geist mitgenommen worden, was sich schon mehrmals in den hohen Berggegenden zugetragen haben soll.

Am folgenden Mittwoch ließ man um 5 Uhr die Totenglocke läuten. Nach alter Sage bestand dann Hoffnung auf Rückbringung, wenn ein Geist im Spiele war. Zwei Knaben, zehn- und dreizehnjährig, befanden sich während des Läutens in der Nähe des Ortes, wo der Junge verlorengegangen war. Sie sahen ganz plötzlich das verlorene Kind im Sande spielen und aus kleineren Steinen Häuschen bauen. Beim Hinzutreten des zehnjährigen Knaben erschrak der Kleine so sehr, daß er am ganzen Leibe zitterte. Dann erzählte er, ein schwarzer Mann sei gekommen, habe ihn im Genick gefaßt und sehr geschwind durch das Wäldchen getragen. Dabei habe er Käppchen und Schuhe verloren und das Röckchen zerrissen. Er habe auch seine Mutter neben sich schreien und weinen gesehen, sei aber durch den Schwarzen am Schreien gehindert worden. Er beschrieb recht genau einen Mann, der mit dem Stecken dort suchend vorbeigegangen war. Er sei im Himmel gewesen, habe eine schöne weiße Brücke gesehen, auch schöne weiße Häuser; die Menschen hätten musiziert und getanzt. Er habe das alles auch mitgemacht und noch zwei weiße Rosse gesehen. Gegessen habe er nichts, zu dem schwarzen Manne wolle er nicht mehr; er wolle den Schutzengel bitten, daß er wieder in den Himmel komme, es sei dort schöner als hier." Gewiß — ein höchst seltsames Ineinandergreifen von Dimensionen, Imagination und Geistern. Aber auch in jüngster Zeit verschwanden immer wieder

Menschen ins Nichts — insbesondere zum Beispiel im „Todesdreieck" bei den Bermudas, wo im Laufe von zwanzig Jahren etwa tausend Menschen verschwanden, ohne auch nur die kleinste Spur zu hinterlassen.

1964 rief die US-Navy daher das „Projekt Magnet" ins Leben, das ein Rätsel lösen sollte, das seit mehr als hundert Jahren die Schiffahrt und seit mehr als zwanzig Jahren die Luftfahrt beunruhigte: die Verhältnisse im sogenannten Bermuda- oder Todesdreieck. Die Basis dieses Dreiecks bildet die 1700 Kilometer lange Luftlinie zwischen Puertorico und einem Punkt zwischen West Palm Beach und Orlando an der Ostküste Floridas. Zieht man von ihm und von Puertorico auf der Karte Linien zu den Bermuda-Inseln, so erhält man eine 1500 Kilometer lange westliche und 1550 Kilometer lange östliche Seitenlinie.

In dem so gebildeten Dreieck verschwinden seit hundert Jahren Schiffe und neuerdings auch Flugzeuge, ohne Spuren zu hinterlassen.

Der bekannteste Fall, der die Aufmerksamkeit des Pentagon auf das Todesdreieck lenkte, war das Verschwinden von fünf Avenger-Torpedoflugzeugen mit insgesamt zwanzig Mann Besatzung am 5. Dezember 1945. Ein Marine-Flugboot, das später zur Suche startete, gab bereits etwa eine halbe Stunde nach dem Start keine Funksignale mehr. Niemals wurden Überlebende oder Leichen gefunden, niemals wurden Wrackteile der Flugzeuge entdeckt.

Im Januar 1948 startete eine Passagiermaschine auf den Azoren zum Flug nach Kuba. Die Maschine hatte einhundertdreißig Menschen an Bord. Sie kam nie in Kuba an. Nie wurde irgendein Überrest des Flugzeugs entdeckt.

Am 17. Januar 1949 verschwand eine viermotorige Maschine im Bermuda-Dreieck — gleichfalls spurlos.

Im Oktober 1954 überflog eine amerikanische Super-Constellation mit 42 Personen an Bord das Bermuda-Dreieck; obwohl sie zwei voneinander unabhängige Funkanlagen hatte, wurde nie ein Notruf aufgefangen. Maschine und Besatzung blieben verschollen.

Am 9. November 1956 ging in diesem Bereich ein Aufklärungsflugzeug der amerikanischen Marine verloren. Es verschwand ebenso spurlos wie die anderen Maschinen.

Die jüngsten Fälle betrafen drei Flugzeuge und zwei Schiffe: Am 8. Januar 1962 schnitt ein Düsen-Tankflugzeug auf seinem Flug von Virginia zu den Azoren das Todesdreieck — seitdem fehlt jede Spur.

Am 2. Februar 1963 ging ein Schiff, das Schwefelerz geladen hatte und sich auf der Fahrt von Beaumont (Texas) nach Norfolk (Virginia) befand, mit 39 Besatzungsmitgliedern im Bermuda-Dreieck unter. Nur schwache und verstümmelte Signale wurden von dem Schiff aufgenommen — der Rest war Schweigen.

Seit dem 1. Juli 1963 wird im Bermuda-Dreieck ein Fischereidampfer vermißt, der vierzig Menschen an Bord hatte. Zehn Tage lang suchten Schiffe und Flugzeuge nach dem Schiff — doch ohne jedes Ergebnis.

Im August 1963 flogen zwei Strato-Tanker aus Florida zu einer Lufttank-Übung aus. Vor dem Todesdreieck gaben sie vorschriftsmäßig noch ihre Position durch — dann war Schweigen.

Wer sich die Mühe macht, die älteren Bände der Schiffsregister durchzusehen, kann ohne weiteres feststellen, daß im Bermuda-Dreieck im Verlaufe von hundert Jahren viele Schiffe verschwunden sind. Aber bis heute wurde keine einzige Leiche gefunden, kein Schiffs- oder Flugzeugteil, nicht einmal ein Ölfleck.

Das „Projekt Magnet" — eine gemeinsame Aktion der amerikanischen und kanadischen Kriegsmarine — sollte die in dieser Häufung unaufgeklärten Verluste ungewöhnlicher Schiffsuntergänge oder Flugzeugabstürze aufklären. Flugzeuge mit empfindlichsten Meßgeräten untersuchten die atmosphärischen und magnetischen Verhältnisse der Region. Als erstes Ergebnis konnten bei Versuchsflügen in der Nähe des berüchtigten Dreiecks „Schichten verminderter atmosphärischer Bindung" festgestellt werden, die Kompaß, Funkanlagen und elektronische Geräte zu beeinflussen scheinen.

Letzte amerikanische und kanadische Messungen ergaben inzwischen etwas vorerst Rätselhaftes: „Besondere magnetische Kräfte, die nicht von der Erde, sondern ‚von oben' kommen", wie es in einem Untersuchungsbericht formuliert wurde.

Der letzte aufgefangene Notruf der am 5. Dezember 1945 abgestürzten Torpedobomber deutet ähnliches an. Der Kommandeur der fünf Maschinen sagte mit halberstickter Stimme: „Wir scheinen uns verirrt zu haben — alles geht falsch — seltsam — auch der Ozean sieht nicht so aus, wie er aussehen sollte." Damit war die Verbindung gerissen — für immer.

Es mag in diesem Zusammenhang interessant sein, daß die Sagen- und Märchenwelt aller Völker und Länder von seltsamen Begebnissen dieser Art geradezu wimmelt. Tatsächlich scheinen zu allen Zeiten Menschen auf immer und ewig verschwunden zu sein, und manche von ihnen scheinen auch zurückgekehrt zu sein, oft allerdings erst nach sehr langer Zeit.

Das führt uns zu einer zeitlichen Variante des spurlosen Verschwindens.

Wir wissen, daß es nicht nur *eine* Bewußtseinsebene gibt, sondern mehrere, vielleicht sogar sehr viele. Der Raum- und Zeitbegriff, wie er vom „normalen" Menschen empfunden wird, ist bereits in Schlaf und Traum ein anderer. Wieder ganz anders wird er empfunden im Zustand der Trance, der Hypnose, der Suggestion, in der Ekstase. Rauschzustände, Ohnmachten, epileptische Anfälle, Augenblicke tödlicher Bedrohung lassen uns wieder ganz andere Perspektiven von Raum und Zeit erleben. Albert Einstein schuf den physikalischen Begriff der Relativität der Zeit. Ist damit aber alles erklärt?

In dem wenig bekannten Gedicht „Vetter Anselmo" von Adelbert von Chamisso (1781—1838) gaukelt der Magier und Nekromant Don Yglano von Toledo seinem habgierigen Vetter Anselmo, einem niederen Kleriker, in der kurzen Zeit, die man braucht, um zwei Gläser mit Wein zu füllen, durch Verbalsuggestion den Aufstieg zu den höchsten kirchlichen Würden bis zum Papst vor.

Umgekehrt gibt es Erzählungen und Geschichten, in denen von Versenkungszuständen die Rede ist, die den Meditierenden einen objektiv sehr langen Zeitablauf als eine subjektiv nur kurzfristige Unterbrechung des Alltagslebens erscheinen lassen. In diese Kategorie gehört das deutsche Gedicht „Der Mönch von Heisterbach" von Wolfgang Müller von Königswinter (1816—1873). Ein Mönch der Zisterzienser-Abtei Heisterbach geht morgens in den Wald und grübelt über das Psalmwort nach: „Denn tausend Jahre sind vor Dir wie ein Tag." Als am Abend die Vesperglocke läutet, kehrt er in sein Monasterium zurück. Ein unbekannter Pförtner öffnet ihm, unbekannte Brüder umstehen ihn fragend. Als sie später in der Klosterchronik nachschlagen, stellen sie fest, daß vor mehreren hundert Jahren ein Klosterbruder des gleichen Namens spurlos im Wald verschollen ist.

In die gleiche Kategorie gehört eine chinesische Erzählung: „Zur Zeit des Herrschergeschlechtes Tang (618—907) traf einst ein Holzhacker im Walde zwei Männer, die Schach spielten. Ehe sie fertig waren, bemerkte einer von ihnen, daß der Holzgriff seiner Axt verfault war. Er machte sich nach seinem Dorfe auf, das er ganz verändert vorfand. Niemand kannte ihn, auch waren ihm die Leute fremd. Er gab seinen Namen an, man schlug in Büchern nach und stellte fest, daß vor 300 Jahren ein Mann seines Namens weggegangen und nicht wiedergekommen sei. Bei dieser Feststellung begann der Holzfäller plötzlich am ganzen Körper zu zittern und fiel tot um." (18)

Im deutschen Märchen „Zwerg Nase" von Wilhelm Hauff klingt das gleiche Motiv an. Der 12jährige Junge Jakob wird von einer alten Kräuterhexe mittels eines „Süppchens" verzaubert und — als dienstbarer Geist — in ihrem Haus festgehalten. Als er aus der Verzauberung erwacht, meint er, nach dem Süppchen nur ein kleines Schläfchen gehalten zu haben, indessen waren jedoch mehr als sieben Jahre vergangen . . .

Auch unter den „Deutschen Sagen" der Brüder Grimm findet sich eine Parallele: „Am Fluß Eger zwischen dem Hof Wildenau und dem Schlosse Aicha ragen ungeheure große Felsen hervor, die man von alters her die Heiligenfelsen nannte. Am Fuß derselben erblickt man eine Höhle. Einmal vorzeiten ging ein Weib aus dem Dorfe Taschwitz bürtig, am Vorabend von Peter Pauli, in den Forst und wollte Beeren suchen; es wurde ihr Nacht und sie sah neben diesem Felsen ein schönes Haus stehen. Sie trat hinein und als sie die Tür öffnete, saß ein alter Mann an einem Tische, schrieb emsig und eifrig. Die Frau bat um Herberge und wurde willig angenommen. Sie kroch demütig in einen Winkel und schlief sanft, und wie sie den Morgen mitten unter dem Felsstein erwachte, glaubte sie geträumt zu haben, denn nirgends war ein Gebäude da zu ersehen ..." Die Frau eilte in ihr Dorf zurück. Doch die Leute, die ihr begegneten, kannte sie nicht und sie wurde auch nicht von ihnen erkannt. Die Leute hielten sie für wahnwitzig und führten sie vor die Obrigkeit, wo sie verhört und ihre Sache untersucht wurde. Und es fand sich in den Gedenk- und Kirchenbüchern, daß grad vor 100 Jahren an eben diesem Tag eine Frau ihres Namens, welche nach dem Forst in die Beeren gegangen, nicht wieder heimgekehrt sei und auch nicht mehr zu finden gewesen war. Es war also deutlich erwiesen, daß sie volle 100 Jahr im Felsen geschlafen hatte ...

Felsen und Berge spielen in diesen Erzählungen oft eine Rolle. Ich komme noch bei anderer Gelegenheit darauf zurück. Hier sei nur daran erinnert, daß auch Kaiser Barbarossa seit Jahrhunderten im Kyffhäuser schläft, und daß der Rattenfänger von Hameln im Jahre 1284 — nachdem er die Stadt von allen Mäusen und Ratten befreit hatte, aber um seinen versprochenen Lohn geprellt worden war — 130 Kinder aus der Stadt hinausführte „in einen Berg, wo er mit ihnen verschwand". Niemals wurde auch nur eines dieser Kinder wieder gesehen.

Reisen in eine andere Dimension, oder in die Zeit, durch „Löcher" im Dimensionsgefüge, „Fallen" oder „Stürzen" von der Gegenwart in die Vergangenheit oder Zukunft? Unheimliche Erlebnisse mit der Relativität der Zeit? Ist es möglich, daß jemand einer solchen Raumverzerrung zum Opfer fallen kann? Und wenn jemand auf unerklärliche Weise verschwinden kann, so erhebt sich die Frage, ob auch Objekte in umgekehrter Weise von einer anderen Dimension in die unsrige fallen können? Das scheint durchaus möglich zu sein, wie die folgenden Beispiele zeigen.

Am 22. Dezember 1955 fuhren zwei Illustratoren, William Shannon und George Brinsmaid, in Alexandria, Virginia (USA), zur Arbeit. Sie befanden sich auf der breiten Mt.-Vernon-Autobahn, als plötzlich mit einem lauten Knall die Windschutzscheibe ihres Wagens in Trümmer ging. In der Scheibe befand sich ein großes Loch und im Wagen lag ein steif gefrorener Fisch, der ungefähr 15 Zentimeter lang war. Er war von oben mit solcher Gewalt herabgekommen, daß er das splittersichere Glas durchschlagen hatte. Keine anderen Wagen waren in Sicht, auch keine Flugzeuge.

In Long Beach, Kalifornien, war am 4. Juli 1953 ein Angestellter der Gebrauchtwagenfirma Smith, Mr. H. A. Boyd, damit beschäftigt, die zum Verkauf angebotenen Wagen zu reinigen und zu putzen. Plötzlich hörte er ein eigenartiges pfeifendes Geräusch, und als er nach oben blickte, sah er glänzende, blitzende Objekte auf sich zukommen. Im nächsten Augenblick stürzte ein Stück Eis von ungefähr Mannesgröße auf den Wagen, an dem er gerade stand, während Eissplitter über den ganzen Hof spritzten.

Meteorologen waren schnell mit der Erklärung zur Hand, das Eis habe sich von einem hochfliegenden Flugzeug gelöst, doch die Flugbehörden stritten dies rundweg ab und erklärten, es sei unmöglich, daß sich Eisstücke dieser Größe an Flugzeugen bilden könnten.

Nicht minder rätselhaft ist der folgende Fall: Am 7. Februar 1958 landete ein Artilleriegeschoß in Neapel. Am unteren Rand des Geschosses war das Datum 1942 einge- stanzt, mit einem Adler und einem Kreuz markiert. Wo war dieses Geschoß während der vergangenen 16 Jahre gewesen?

Unaufgeklärt ist auch bis heute, wieso Anfang der 60er Jahre unseres Jahrhunderts in einer kanadischen Stadt eine Fernsehsendung empfangen wurde, die bereits mehrere Jahre zuvor ausgestrahlt worden war. Die Fern- sehstation selbst, die die Sendung veranstaltet hatte, existierte zu diesem Zeitpunkt gar nicht mehr. Wo waren die „vagabundierenden" Fernsehwellen, bevor sie sich auf den Fernsehscheiben noch einmal in Bilder umsetzten?

Wir haben überzeugte Wissenschaftler, die behaupten, daß es in unserer sichtbaren Welt „leere" Plätze gibt, gewisser- maßen „Löcher", in die Lebewesen und andere Objekte fallen und spurlos verschwinden können. Diese Löcher bilden sich und schließen sich wieder und könnten durch- aus die Pforten zu einer anderen Dimension sein, in der unsere Begriffe von Länge, Breite und Dicke hinfällig sind. In einem solchen Raum wäre nichts vorhanden, was sich mit unserer Welt, wie wir sie kennen, vergleichen ließe, doch dürfte — wenn auch für uns unvorstellbar — eine Existenz darin möglich sein.

Hier rühren wir in der Tat an grundsätzliche Probleme der Philosophie, der Parapsychologie und auch der Physik. Und hier zeigen sich ungeahnte Möglichkeiten zur Über- brückung der alten tiefen Kluft zwischen Materie und Geist.

Zur Erklärung der genannten wunderbaren Phänomene wird meist der Begriff der vierten Dimension herange- zogen. Doch diese Dimension übersteigt im allgemeinen das menschliche Vorstellungsvermögen ebenso wie gewisse philosophische Ansichten, Theorien der Kernphysik oder der Raumfahrt, die ja theoretisch durchaus mit dem Begriff der Zeitdehnung, der Zeitverschiebung operiert. Diese Theorien der „Überräume" mit ihren höheren Dimensionen sind für die meisten bedeutenden Mathematiker der Welt eine unbestreitbare Tatsache. Vor Albert Einstein (1879—1955) haben sich Karl Friedrich Gauß (1777—1855), Johann Heinrich Lambert (1728—1777), Hermann von Helmholtz (1821—1894), Bernhard Riemann (1826—1866), Henri Poincaré (1854—1912) und Hermann Minkowski (1864—1909) mit der Möglichkeit solcher Räume von vier, fünf und sechs Dimensionen beschäftigt. Hierher gehört auch die „Möbius'sche Fläche" oder das „Möbius'sche Band" des Mathematikers August Ferdinand Möbius (1790—1868). Mit vollem Recht freilich sagte Henri Poincaré: „Zerbrechen Sie sich nicht den Kopf damit, sich die vierte Dimension vorstellen zu wollen. Es ist absolut unmöglich, sie sich vorzustellen, dennoch gibt es sie, und die Hyperräume und ihre Existenz sind unbestreitbar".

Zur Mythologie des Werwolfes

Eines der interessantesten, aber zugleich auch heikelsten Phänomene des Okkultismus ist das der Lykanthropie des Wolfsmenschen oder des Werwolfes, das bei allen Völkern der Erde bekannt ist und gerade deshalb besonders zum Nachdenken anregen sollte.

Noch im Mittelalter war bei allen europäischen Völkern der „Aberglaube" verbreitet, es gäbe Menschen, die sich in einen Wolf verwandeln könnten und nachts harmlose Wanderer verfolgten und anfielen. Auch in unserer Zeit ist dieser Glaube in ländlichen, abseits gelegenen Gegenden noch durchaus lebendig.

Der in mystisch-magischen Dingen sehr kenntnisreiche Ernesto Bozzano (19) spricht von afrikanischen Zauberern, die die Macht hätten, sich zeitweilig in Tiere, meistens in Wölfe, Hyänen und Schakale, zu verwandeln, um dann in der Nacht umherzustreifen, Informationen einzuholen, ihre tierischen Instinkte auszuleben und Böses zu tun. Er bezieht sich dabei auf Berichte von in Afrika wohnenden Europäern, „die in dieser Hinsicht persönliche Erlebnisse zu erzählen haben; es dürfte also geraten sein, zu diesem Thema nicht dogmatische Vorurteile vorzubringen, um so weniger, als ja die Geschichte des menschlichen Wissens aus einer unendlichen Abfolge wissenschaftlicher Vorurteile besteht, die man widerrufen, und aus unumstößlichen Sätzen, die man dennoch revidieren mußte."

Die „Society for Psychical Research" in London, die bekanntlich bei der Überprüfung paranormalen Materials überaus genau ist, veröffentlichte im Juli 1919 einen grundlegenden Bericht über die Erscheinungen der „Lykanthropie" (20). In diesem Bericht wird — hier kurz zusammengefaßt — folgendes mitgeteilt:

„Oberstleutnant F. und Hauptmann Shott berichten, sie hätten Eingeborene getötet, als diese in Gestalt vermeintlicher Hyänen durch die Wälder streiften. Einige Hyänen, die die bewohnten Gegenden unsicher machten, gerieten an automatisch schießende Fallen und wurden tödlich getroffen, und jedesmal ließ sich die Spur der Tiere verfolgen, wobei es sich herausstellte, daß sie an einem gewissen Punkt plötzlich abbrach und in die Spur menschlicher Füße überging, die auf das benachbarte Dorf hinführte. Jedesmal, wenn eine Hyäne der Falle zum Opfer fiel, verstarb ein Mann im Nachbardorf, und die Einwohner des Dorfes weigerten sich, die Leiche des Verstorbenen besichtigen zu lassen.

Ein von Hauptmann Shott getroffenes Tier war außerordentlich groß, was die Verfolgung der Spur leicht machte. Schwer am Kopf verwundet, war es durch ein Getreidefeld entflohen. Man verfolgte die Spur sofort. Sie führte die Jäger zu einem Punkt, wo sie neben einer Blutlache eine tierische Kinnlade fanden. Kurz darauf mündete die Spur in einen Pfad ein, der auf das Dorf zuführte. Am Tage darauf kamen die Dorfbewohner zu Hauptmann Shott und teilten ihm mit, er habe ihren Unterhäuptling, ihren ‚Nefada', getötet; sie hätten ihn tot aufgefunden; ein Kiefer, der offenbar durch einen Gewehrschuß abgetrennt worden sei, habe ihm gefehlt. Die Eingeborenen erklärten weiter, sie hätten den ‚Nefada' gesehen und mit ihm gesprochen, als er sich anschickte, im Walde herumzustreifen. Kurz darauf hätten sie einen Gewehrschuß vernommen, und er sei aus dem Walde zurückgekehrt; habe den Kopf in seine Kleider gehüllt gehabt und geschwankt wie ein schwer Verwundeter. Am Morgen darauf hätten sie ihn besuchen wollen und hätten ihn tot da liegen sehen. Der ‚Nefada‘ hatte im Dorf einen außerordentlich schlechten Ruf, und man wußte, daß er ein notorischer ‚Hyänen-Mensch‘ war, der sich in eine Hyäne von gewaltigen Ausmaßen verwandelte, die sich als außerordentlich schlau erwies. Shott erwähnt noch, daß der Tod des erwähnten Eingeborenen keineswegs auf andere von ihm abgegebene Schüsse zurückzuführen sei."

In dem Bericht des „Journal of the Society for Psychical Research" wird noch erwähnt, daß auch Offiziere des italienischen Heeres in Eritrea und dem ehemaligen italienischen Somaliland ganz ähnliche Erfahrungen gemacht haben.

An anderer Stelle berichtet Dr. Nandor Fodor von einem Fall, den der von Bozzano verschiedentlich erwähnte Dr. Kirkland erlebt hat. Nach den üblichen Zeremonien, die bei den Medizinmännern individuell verschieden sind und lediglich dem Zweck dienen, die unterbewußten Kräfte aufzulockern und heraufzuholen, begannen ein Jüngling und ein Mädchen nach der Art der Schakale um den „Zauberer" herumzuspringen. Während dieses Hüpfens im Kreis nahmen sie nach und nach Tiergestalt an, um plötzlich zu zwei Schakalen zu werden, die den Medizinmann mit der für diese Tiere charakteristischen Neugier beschnüffelten, dann aus dem Kreis heraussprangen und im Wald verschwanden.

Der Arzt nahm an, es müsse sich um eine halluzinatorische

Phantasmagorie gehandelt haben; er wird jedoch am nächsten Tag gerufen, um einem Eingeborenenmädchen beizustehen, das am ganzen Körper tiefe Kratzwunden von einem Schakal hat. „Ein ganz außergewöhnlicher Fall", bemerkte er dazu, „da ich noch nie Eingeborene wegen Kratzwunden zu behandeln hatte. Was soll man davon halten?" Es sei hinzugefügt, daß Raubtiere stets beißen, und daß der überaus scheue Schakal eigentlich niemals einen Menschen anspringt, vor allem aber nicht kratzend. Bozzano gibt hierzu folgenden Kommentar (19): „Wenn man einmal die Echtheit der Tatsachen anerkannt hat, muß man annehmen, daß diese Verwandlung infolge einer Fähigkeit stattfindet, sich zu entmaterialisieren und in einer niederen Form des Tierreiches zu rematerialisieren. Es wäre schwierig, eine andere Erklärung des Phänomens zu ersinnen. Wenn man das Thema genau überdenkt, so drängen sich einem die außerordentlich wichtigen und lehrreichen Tiermaterialisationen auf, die das Medium Franek Kluski in Warschau vollbrachte. Bei diesen Sitzungen materialisierten sich Hunde, ein Raubtier, das ganz einer Löwin gleichsah, ein großer Raubvogel und der berühmte Affe, den die Experimentatoren ‚Pithekanthropus' nannten, weil er alle Kennzeichen des vorgeschichtlichen Menschen, der diesen Namen trägt, aufwies. Es gelang, den großen Raubvogel zu fotografieren, und diese Fotografie wurde in der ‚Revue Métapsychique' von 1923 veröffentlicht."

Solche Tiermaterialisationen müßte man wohl als ideoplastische Produktionen von Medien ansehen — soweit sie nicht von Wesenheiten verstorbener Tiere selbst herrühren.

Wie weit „Produktionen" dieser Art gehen können, ist an

einer von Professor Dr. Freiherr von Schrenck-Notzing aufgenommenen Fotografie deutlich zu erkennen: Mitten durch die in diesem Fall flächenartige, also nicht plastische Materialisation verläuft so etwas wie ein Knick, und wie die Ränder zeigen, ist es auch einer. Das Medium hat ein im Unterbewußtsein bewahrtes, irgendwann einmal in einer Zeitschrift erblicktes Bild mitsamt dem Knick reproduziert. Genauso dürften natürlich auch plastische Darstellungen von optisch aufgenommenen Tieren mehr oder minder genau möglich sein.

„Wenn wir uns an diese Theorie halten wollen", sagt Bozzano, „müssen wir also der unterbewußten Persönlichkeit des Menschen die Macht zuschreiben, fühlende und bewußte Tierkörper aller Art zu schaffen, wobei die hierzu nötigen Elemente dem Medium, den Anwesenden und der sie umgebenden Luft entnommen werden. Dies würde bedeuten, daß die Lebenskraft und die Intelligenz der vom Medium geschaffenen Tiermaterialisationen die Lebenskraft und die Intelligenz des Mediums enthalten, die teilweise oder ganz in die ephemer geschaffenen Gestalten übergegangen ist; damit wiederum müßte man zugeben, daß auch die Fähigkeit von Medien, sich in lebende und tätige Hyänen zu verwandeln, nichts als eine Abart der ideoplastischen Fähigkeiten ist, von denen die europäischen Medien genügend Beweise geliefert haben." (19) Auch der Parapsychologe Dr. Nandor Fodor wirft die Frage auf, ob die Kenntnisse, die wir über Materialisationen erworben haben, Analogieschlüsse auf die Erscheinungen der Lykanthropie zulassen. „Tiermaterialisationen in mediumistischen Sitzungen treten recht häufig auf", schreibt er, „wobei die Versuche Dr. Geleys mit den Medien Kluski und Guzic nicht leicht zu übersehen sind.

Der ‚Pithekantropus‘, die Hunde, die Raubvögel, waren in gewissem Sinne ‚lykanthropische‘ Erscheinungen. Tatsächlich wurde die Körpersubstanz des Mediums dazu verwandelt, die ephemere, aber lebendige Gestalt eines Tieres hervorzubringen. Es liegt auf der Hand, daß hinsichtlich des Wunders, das in einer solchen Tatsache beschlossen liegt, die Vorgänge der Tierschöpfung sich sehr wenig von denjenigen der Menschenschöpfung unterscheiden.

Der Unterschied zwischen beiden liegt im wesentlichen in der Art der Manifestationen: im ersteren Fall haben sie ausgesprochenen ‚Phantom‘-Charakter, während sie, materialisieren sich desinkarnierte Menschen (oder Tiere), oft physische Eigenschaften des Menschen aufweisen: neben der direkten Stimme zuweilen sogar Herztöne und Blutdruck, wie oft genug durch sofortige Untersuchungen von Fachleuten bestätigt worden ist.“

Daß bei den wunderbaren Materialisationen Einer Nielsens einige Besucher von den materialisierten Wesen sogar an die Hand genommen und zum Kabinett des Mediums geführt wurden, sei hier nur am Rande bemerkt.

Fassen wir zusammen, daß ein Medium offenbar Selbstgesehenes oder dem Unterbewußtsein anderer Menschen Entnommenes vorübergehend ideoplastisch so zu materialisieren vermag, daß das Phänomen tastbar und fotografierbar ist. Und gehen wir von hier einen Schritt zurück zur Mythologie. Es wird hier insbesondere bei den nordischen Völkern sehr oft sowohl von einer zeitweisen Verwandlung von Menschen in Tiergestalt, als auch von einem ungewöhnlich intensiven Außersichgeraten bestimmter Menschen gesprochen (21). Dieses Außersichgeraten kann entweder so stark sein, daß der Leib in einem ohnmachtsähnlichen Zustande regungslos daliegt oder ganz gestorben ist, während das ausgetretene seelische Begierdenwesen in der Welt herumschweift und sich gar mit ihm verwandten dämonischen Begierdenkräften des Kosmos vereinigt, oder aber es kann sich um eine bloße Lockerung handeln, bei der das Herausgelockerte noch Macht über den Leib hat und der Mensch mit seinem Leibe blindwütende Taten vollführt, die er bei klarem Beisichsein niemals vollbrächte. Das mittelalterliche Wiedergänger-, Hexen-, Werwolf- und Berserkertreiben zeigt beide Seiten. In den Isländererzählungen, besonders in der vom „Starken Grettir" (21) treten diese okkulten Phänomene unverkennbar hervor.

Das tiefgreifendste „Außersichgeraten", bei dem nicht nur der Leib reglos liegenbleibt, sondern ihn auch die Kräfte verlassen, die ihm Leben geben, nennt man sterben. „Wiedergänger" sind dann jene Menschenwesen, deren seelisches Begierden- und Empfindungswesen während des Erdendaseins so ausschließlich dem Irdischen verhaftet war, daß es auch nach dem Wegfallen des physischen Leibes auf das Irdische hingewandt bleibt und spukartig in dieses hineinwirkt. Da sich diese spukartigen Erscheinungen aber ganz besonders in der Nähe ihrer Grabstätte auswirken, besteht kaum Zweifel, daß sie in alten Zeiten die Bestattungsart beeinflußten.

Spirituelle Geschichtsepochen bevorzugten die Leichenverbrennung, um die Seele möglichst bald dem Irdischen zu entreißen und sie auf die höheren Geisteswelten hinzulenken. Zu anderen Zeiten wiederum war die Erdbestattung, ja die Einbalsamierung üblich, um die Seelen länger in Erdnähe zu halten und um auch noch über die Abgeschiedenen Macht ausüben zu können.

Zunächst ist der „Berserkergang", von dem schon die Rede war, eine ungewöhnliche Seelenerregung. Hierzu fähige Männer umgaben als Kampfelite die nordischen Könige. Bei Beginn der Schlacht gerieten sie in so große Wut, daß sie wolfsähnlich aufheulten, in ihre Schilde bissen und in besinnungsloser Raserei losbrachen.

Das Ganze gleicht einem „Anfall", der oft mit eigentümlicher Müdigkeit (Benommenheit) und starkem Gähnen beginnt, in Zähneknirschen und Rasen übergeht und meist nur durch Blut gestillt werden kann. Fehlt ein Feind, so rasen solche Menschen gegen Bäume und Felsen, oder sie machen ihre Freunde nieder und plündern ihren eigenen Besitz. Während des Anfalls verfügen sie über außergewöhnliche Kräfte; ist jedoch die Wut gewichen, so sinken sie kraftlos zusammen und können leicht überwältigt werden.

Eine moderne Parallele hierzu haben wir zweifellos in den Amokläufern oder Amokfahrern unserer Tage, die — „außer sich" geraten — alles in sinnlos erscheinender Weise niedermachen; wenn die Besessenheit gewichen ist, lassen sie sich widerstandslos festnehmen, scheinen wie aus einem bösen Traum zu erwachen und erinnern sich meistens an nichts mehr.

Es liegt in diesen Fällen eine Entfesselung derjenigen Begierdenkräfte vor, die normalerweise in den physiologischen Organvorgängen gefesselt und der Kontrolle des Bewußtseins unterworfen sind. Sie brechen los, überrennen das normale Bewußtsein in einer Art Rauschzustand und dringen zerstörend nach außen. Während aber bei den Berserkern nur eine partielle Entfesselung vorliegt, bei der der Betreffende noch mittels seines eigenen physischen Leibes wirkt, geschieht bei den Wolfs- und Bärenmenschen

eine totale „Ausfahrt"; der Leib bleibt hier wie der eines
Ohnmächtigen liegen, während das Begierdenwesen unabhängig vom Leibe schweift und handelt. Und zwar vollzieht sich dieses Schweifen und Handeln nicht nur im subjektiven Erleben des Betreffenden, sondern es kann sich
unter Umständen so verdichten, daß es anderen Menschen
wahrnehmbar wird.

In den nordischen Sagen wird darüber mit großer Exaktheit berichtet: „Ein Mann namens Ulf konnte in allen
Dingen guten Rat erteilen, denn er war sehr verständig.
Aber jedesmal, wenn es gegen Abend ging, wurde er unwirsch, so daß nur wenige Leute mit ihm ins Gespräch
kommen konnten. Bei Anbruch der Dunkelheit pflegte er
schläfrig zu werden. Man erzählte sich, daß er des Nachts
häufig in verwandelter Gestalt umherging. Die Leute
nannten ihn deshalb Kweld-ulf, das heißt Abendwolf." (21)

In anderen Fällen besitzt der Austritt die Gestalten von
Bär, Stier, Eber oder Eisbär. Während des Kampfes im
Swarfdstale — so berichtet eine andere nordische Sage —
sitzt der greise Thorstein zu Hause, wird aber als Eber
gegen einen Eisbären angehend draußen gesehen und fühlt
sich am Abend so angegriffen, als wenn er mitten in der
Schlacht gewesen wäre. „Dufthak" und „Storolf" kämpfen, so sieht es der Seher, bei Sonnenuntergang als Bär und
als Stier, und am Morgen bezeichnet eine wüste Erdkuhle
den Ort ihres Ringens (21).

Von hier aus wird übrigens erst das Erscheinen von Tierfiguren in den alten Schilden und Wappen verständlich.
Nicht äußerliche Symbole sind es, sondern die Wiedergabe
jener Gestalten, die ein einzelner Kämpfer oder eine ganze
Sippe inkarniert erlebt haben dürften.

Es ist in diesem Zusammenhang interessant, daß die alt-
germanischen Berichte eine allmähliche Überwindung dieser Tierformen und eine Vermenschlichung kennen, die
sich im Laufe der Generationen vollzieht. Der Sohn des
Wolfsmenschen Kweld-ulf, Skallagrim, erleidet keine
totalen Ausfahrten mehr, wohl aber finden noch partielle
Lockerungen seines Begierdewesens abends bei Sonnenuntergang statt; sie führen bei herabgedämpftem Tagesbewußtsein zu wildem Toben. Bei dessen Sohn Egil
endlich unterbleibt auch diese Form abendlicher Entfesselung. Sein Begierdewesen ist bereits so weit vermenschlicht
und so unter die Herrschaft der vom Gehirn herabwirken-
den Besonnenheit gelangt, daß seine abendlichen Lockerungen statt zur Raserei nur noch zu seherischer Entrük-
kung führen.

Es handelt sich hier um eine Analogie zu dem, was die
Griechen mit dem Kampfe Apollons gegen den pythischen
Drachen umschrieben: von unten, aus den Tiefen der Erde
und des menschlichen Leibes heraufdampfend, wütet der
Drache der wilden Leidenschaften und Triebe; von oben,
aus der Region des Hauptes und Himmels gedankenklar
und besonnen herabwirkend, erscheint Apollon, den Drachen tötend und zugleich dessen Kräfte verwandelnd in
seherische Begeisterung und Dichtkunst.

Der Mythologie und vielleicht der hier geschilderten Erscheinungen zufolge tragen wir alle die eigentliche Men-
schenform lediglich im Haupte. Alles hingegen, was unterhalb des Zwerchfelles in den Organen der Verdauung und
Sexualität rumort, trägt noch durchaus untermenschliche,
kentaurenhafte, faunische, ja tierische Gestalt. Gelangt daher der obere, bereits vermenschlichte Teil des seelischen
Wesens durch Lockerung zum Austritt, so erscheint er als

lichte Engelsgestalt. Lockern sich hingegen die Kräfte aus den unteren Organen, so müssen Tierformen in Erscheinung treten.

Die Hexenausfahrt, die natürlich auch hierher gehört, ist eine Art weibliche Variante des Werwolf-Phänomens und beruht auf einer vollständigeren Trennung der weiblichen Psyche vom Ich des physischen Leibes als beim gewöhnlichen Schlaf. Dadurch erklärt sich der tiefe Schlaf, wird die schwere Erschöpfung und Benommenheit nach der „Ausfahrt" verständlich.

Um diese Ausfahrt zu bewirken, rieben sich die den Freuden des Hexenerlebnisses verfallenen Frauen mit bestimmten Giftsalben, den Hexensalben, ein. Auch wurde Brot aus schwarzer Hirse genossen.

Die Alkaloide dieser Giftkräuter (Aconitum, Hyoscyanus, Nachtschatten, Schierling, Mandragora) wirken besonders auf die Kräfte des Drüsen-, Blut-, Verdauungs- und Urogenitalsystems ein. Während der physische Leib der „Hexen" starr daliegt und selbst durch schmerzhafte Eingriffe nicht ohne weiteres zu erwecken ist, wird eine „Ausfahrt" erlebt, bei der die Beteiligten den Eindruck haben, mit großer Schnelligkeit durch die Lüfte zu fliegen und sich an bestimmten Orten, beispielsweise dem Blocksberg im Harz, mit vielen anderen gleichartigen Seelenwesen zu versammeln. Sind „Ausfahrt" und Flug schon lustbetont, so noch mehr die derbsinnlichen Essens- und Sexualgenüsse, denen man sich am gemeinsamen Versammlungsort hingibt.

Obgleich nach solchen „Ausfahrten", die tagelang dauern können, die Menschen todmüde und wie gerädert erwachen, tritt alsbald die unstillbare Begierde nach einer neuen „Ausfahrt" auf.

Wie andere Rauschgifte, so macht auch die Hexensalbe süchtig.

Da die Empfindungen der Hexenausfahrt nicht den Kopf, sondern die unteren Leibesregionen betreffen, entspricht es der Mythologie und scheint es verständlich, daß sich die ausgefahrenen Seelen selbst in scheußlicher Hexen- oder Fledermausgestalt erleben, und daß sie auch für ihre Umwelt, sofern sie sich materialisieren, als furchtbarste Seelengestalten in Erscheinung treten.

Es gibt übrigens Berichte, aus denen hervorgeht, daß auch das noch zu Beginn der Neuzeit stellenweise in Europa vorhandene Werwolftreiben der Männer mit bestimmten Salbeneinreibungen gefördert wurde. Die von solchen Werwölfen oft in ganzen Rudeln verübten Morde und Grausamkeiten an Menschen oder Tieren gelten teils als nur seelische Erlebnisse, teils jedoch auch reale Vorkommnisse.

Wie dem indessen sei: So ungeklärt, so unaufgeklärt und rätselhaft das meiste an dem Phänomen der Lykanthropie auch sein mag, wird doch nur der wirklich ahnungslose moderne Materialist behaupten, daß es Erscheinungen wie die Lykanthropie nicht gebe und nie gegeben habe; das hieße nicht nur, an klaren Zeugnissen der Vergangenheit, sondern auch an vielen Vorkommnissen der Gegenwart vorübergehen, die sogar den Weg in unsere Tagespresse finden, wenn auch unter anderem Namen.

Das Geheimnis der ewig brennenden Lampen

Im Jahre 1930 wurde in der Nähe von Budapest ein recht merkwürdiger Fund gemacht: Beim Bau einer Straße stieß die Spitzhacke eines Arbeiters auf harten Widerstand. Schließlich wurde eine große Steinplatte freigelegt und mit einiger Mühe aufgehoben und beiseite geräumt. Den Arbeitern bot sich kurz darauf ein geradezu phantastisches Bild: die große Steinplatte, die man soeben mit Mühe zur Seite geschoben hatte, bildete den Deckel eines Sarkophages. Im Inneren dieses Steinsarges lag der völlig lebensecht erhaltene Körper einer sehr hübschen jungen Römerin, völlig bedeckt und umhüllt von einer klaren blauen Flüssigkeit. Zu Füßen der jungen Frau, gleichfalls von der seltsamen Flüssigkeit eingeschlossen, brannte ein helles, bläulich-weiß strahlendes Licht.

Sofort benachrichtigte der Vorarbeiter das Nationalmuseum in Budapest. Doch die zur Fundstelle eilenden Fachleute kamen zu spät... Bald nach dem Öffnen des Sarges bemerkten die Beteiligten, daß sich die geheimnisvolle klar-blaue Flüssigkeit rasch verflüchtigte. Der Flüssigkeitspegel sank von Sekunde zu Sekunde, die hellstrahlende Flamme zu Füßen des jungen Mädchens flackerte noch wenige Male auf und verlosch dann. Zurück im Sarkophag blieb nur Asche, und die „ewig brennende" Lampe war erloschen.

Der Vorfall kommt uns unglaublich vor. Über das vermeintlich „Unmögliche" ist in alten Schriften jedoch eine erdrückende Fülle authentischen Materials zu finden. So heißt es in der Grundschrift der Rosenkreuzer vom Mausoleum A. Christian Rosencreutzens (1378—1484), daß bei der 1604 stattgefundenen Öffnung des Grabmales „dieses Gewölb, ob es wohl von der Sonnen niemals beschienet wurde, leuchtet es doch helle, von einer anderen — so dieses der Sonne abgelernet — und stund zu öberst in dem Centro der Bühnen". (22)

Das Lämpchen soll — nachdem das Mausoleum eröffnet worden war und nachdem Sauerstoff hinzutrat — allmählich erloschen sein.

In einem alten vergilbten Manuskript lesen wir über eine ähnliche Erscheinung, daß unter der Regierung des Papstes Paul III. — er war Papst von 1534 bis 1549 — im Jahre 1534 in Rom ein Grab eröffnet wurde, in dem über einem wohlerhaltenen weiblichen Körper gleichfalls noch die Lebenslampe brannte. Der unverweste Körper soll Tullia, der Tochter des Marcus Tullius Cicero (106—43 v. Chr.), gehört haben. Als jedoch das Grab geöffnet worden war, und als Dilettanten Lampe und Körperhülle ans Tageslicht gebracht hatten, zerfiel die Körperhülle und verlosch das Lämpchen.

Eine andere Quelle berichtet über das gleiche sensationelle Ereignis ausführlicher:

„Mitte des 16. Jahrhunderts entdeckte man nächst der Via Appia ein Grab. Darinnen fand man den Körper eines jungen Mädchens, der in einer unbekannten Flüssigkeit schwamm; das Mädchen hatte hellblonde Haare, die mit einem Goldreif zusammengefaßt waren. Gesicht und Körper hatten ein so frisches Aussehen, als wäre noch Leben in dem Mädchen. Zu Füßen des Körpers befand sich eine brennende Lampe, die erst beim Eintritt der Luft verlöschte. An Hand einiger Inschriften erkannte man, daß der Leichnam seit 1500 Jahren an dieser Stelle war, und man mutmaßte, es sei der Tulliens, der Tochter des Cicero. Man brachte ihn nach Rom und stellte ihn im Kapitol zur Schau, wohin die Menschen alsbald in Massen wallfahrten. Als das törichte Volk anfing, dem Mädchenkörper Heiligenehren zu erweisen, ließ der Papst, der hundert Mittel besaß, diese köstliche Antiquität der Verehrung von Idioten zu entziehen, der aber keine dieser Möglichkeiten erkannte, das Mädchen in den Tiber werfen." (23)

Von einer ewig brennenden Lampe im Athoskloster Vatopädi berichtet Dr. Franz Spunda (28), und Will-Erich Peuckert, der nicht nur durch seine Bücher, sondern auch durch seine „Nacherfindung" und Erprobung der berüchtigten „Hexensalbe" berühmt geworden ist, überliefert, daß man auch in Trebnitz in heidnischen Gräbern brennende Lampen fand. (25)

Wenn man der Überlieferung glauben darf, so soll Licetus, ein berühmter Arzt, der im Mittelalter in Rapallo wirkte, als erster über diese ewig brennenden Lampen geschrieben haben. Es handelt sich um Leuchten, die die Alten durch eine geheime Kunst für ihre Totengrüfte mit unverzehrbarem Öl ausstatteten; der Docht der Lampen soll unverbrennbar gewesen sein, der Rauch des Öles sich wieder in Öl verwandelt haben. Wir hätten hier also eine Art „perpetuum mobile" gehabt.

Heinrich Cornelius Agrippa von Nettesheim, der „dämonische Ritter" (1486—1535), der vieles wußte und vieles konnte, schrieb über die ewigen Lampen das Folgende: „Endlich gibt es noch unauslöschbare Feuer, unverbrennbare Öle und ewige Lampen, die weder durch Wind, noch durch Wasser, noch auf irgendeine Art ausgelöscht werden

58

können, was ganz unglaublich scheinen würde, wenn nicht jene weltberühmte Lampe gewesen wäre, die einst im Tempel der Venus leuchtete, und worin ein Asbest brannte, der einmal gehörig angezündet, nicht mehr auslischt." (26)

Paul Sédir (1871—1926) gibt sehr exakte Schilderungen über die Herstellung und den Gebrauch von ewigen Lampen und schreibt: „Man schreibt den Rosenkreuzern das Geheimnis der Fertigung ewiger Lampen zu, die — wie es scheint — auch die Römer besessen haben. Das Geheimnis bestand in der hermetischen Bereitung eines gewissen Goldöles, das dem Dochte alle Brennstoffelemente lieferte und sie zugleich unaufhörlich erneuerte. Die Altertumsforschung erwähnt mehrere solcher Leuchten: man fand zwei unter Heinrich VIII. (1491—1547) zur Zeit der Aufhebung der Mönchsorden in England (etwa 1533 bis 1539), die seit dem vierten Jahrhundert brannten, was einer ungefähr zwölfhundertjährigen Brenndauer gleichkommt; sie sind im Museum zu Leyden in Holland aufbewahrt." (27)

Eine 1783 veröffentlichte Adeptenschrift erwähnt neben anderen magischen Wirkungen des Steins der Weisen auch ein ewig währendes Licht, das man „aus dem weißen Liquor des weißen Steines machen kann, wenn etwas davon in ein kristallenes Gefäß wohl eingemacht und durch einen Draht von sehr feinen Goldfäden unterhalten und durch die Sonne angezündet wird".

G. W. Surya (1873—1949), ein bekannter okkulter Schriftsteller, untersucht das Phänomen physikalisch: „Man soll bei Eröffnung von einigen alten Römergräbern solche ‚ewige Lampen' noch brennend angefunden haben", schreibt er. „Das wäre eigentlich doch ein naturwissenschaftliches ‚Wunder'. Ein reiner Verbrennungsvorgang kann wohl kaum stattfinden, denn sonst müßte doch der weiße Liquor — der die Stelle des ‚Öles' einnimmt — einmal ausgebrannt sein; zudem kann eine Flamme auch ohne Sauerstoff nicht brennen. Aber vielleicht handelt es sich um eine elektrische Flamme oder gar um eine uns noch nicht bekannte radioaktive Erscheinung. Dann allerdings wäre es möglich, daß die Energie zur Speisung dieser ‚Flamme' durch Atomzerfall geliefert würde, und da wäre es immerhin denkbar und erklärlich, daß diese ‚ewige Lampe der Rosenkreuzer' durch Jahrtausende auch in einer luftdicht verschlossenen Gruft brannte. Also erst die moderne Physik der radioaktiven Substanzen liefert uns eine theoretische Erklärungsmöglichkeit für diese ‚ewigen Lampen'. Es ist daher sehr wohl begreiflich, daß man solch ein ‚ewigwährendes Licht' früher für ein Werk der ‚Magie' hielt." (28)

Ein zweifellos interessantes Kuriosum zu diesem Thema stellt eine kleine Schrift dar mit dem Titel: „Zwei ewige, unauslöschliche, brennende, zeitliche Lichter von Herrn Trittemio, Abt zu Sponheim" (29). Das — angeblich allerdings ganz undurchführbare — Rezept soll der betrügerische Alchimist Bartholomäus Korndörffer von einem Schüler des „Zaubererabtes" Trithemius (Johannes Heidenberg aus Trittenheim an der Mosel, 1462—1516) abgeschrieben haben. Es wird berichtet, daß der Sponheimer Abt diese unverbrennlichen Lichter dem Kaiser Maximilian I. (1493—1519) verehrt und dafür 6000 Kronen erhalten hat. Wegen seiner magischen Künste stand Trittenheim in hoher kaiserlicher Gunst und wurde später auch zum kaiserlichen Hofkaplan ernannt.

Helena Petrowna Blavatsky (1831—1891) veröffentlichte

die unbrauchbare Anweisung in ihrem 1875 erschienenen Werk „Die entschleierte Isis".

Ob diese Anweisung, die „Kunst, ein Licht oder Lampe zu machen, welche nicht erlöscht, sondern fast ewig brennt", wirklich unbrauchbar ist, müßte von Kennern der Materie nachgeprüft werden. Denn oft genug finden sich in alten „Kunst- oder Zauberbüchern" sogenannte „Sperren", absichtlich eingeschobene falsche Anweisungen, die nur der Eingeweihte erkennen kann. Nachweislich sind früher vorhandene Fähigkeiten auf diese Weise verschiedentlich für die Nachwelt wieder verlorengegangen. Über welche physikalische Kenntnisse das Mittelalter verfügte — und es muß hier daran erinnert werden, daß dieses Wissen gegenüber älteren Zeiten nur noch bruchstückhaft war — schildert Victor Sauval, aus dessen Werk ich einen Abschnitt zitiere, der mit den ewigen Lampen in Zusammenhang gebracht werden kann:

„Um das Jahr 1250 herum wurde der in geheime Künste eingeweihte Rabbi Jechiele wegen Ausübung magischer Kenntnisse von Tröpfen, zeitgenössischen Gelehrten und vom Pöbel verfolgt. Er besaß nämlich eine Lampe, welche ohne Docht und Öl ein blendendes Licht gab, sich von selbst zur festgelegten Stunde entzündete und an seinem Fenster wie ein Stern erster Größe erstrahlte. Weiter: als seine Gegner, vor Neugier lärmend, seine Tür bestürmten, berührte er einen Nagel in seiner Reichweite und ein lebhafter bläulicher Funke knisterte, sehr zum Leidwesen des Vorwitzigen, der den Türklopfer ergriffen hatte. Durch eine unbekannte Kraft zu Boden geworfen, krümmte er sich schreiend. Mehrfach versuchten daraufhin die Bösewichte, mit vereinten Kräften sich bei den Händen haltend, den vermaledeiten Türklopfer zu schütteln, aber

61

alle wurden sie gleichzeitig betroffen, ohne irgend etwas wahrzunehmen. Der Eingeweihte wurde zum König (Ludwig IX., 1215—1270) gerufen, um seine ‚Zaubereien' zu erklären. Seine Aufklärungen scheinen hinreichend gewesen zu sein, denn weit davon entfernt, verfolgt zu werden, wurde er in der Folgezeit Träger hoher Gunstbezeigungen; es wurde ihm indessen gleichzeitig untersagt, seine Geheimnisse zu verbreiten."

Rabbi Jechiele hat sein Geheimnis für sich behalten. Und erst 1812 wurde die Bogenlampe — und um eine solche hat es sich bei der Lampe des Rabbi zweifellos gehandelt — von Sir Humphrey Davy (1778—1829) wieder „erfunden".

Den Strom zur Speisung seiner damals mystisch-magischen „Zauberlampe" hat der „Zauberer" und Kabbalist Jechiele wahrscheinlich durch alte galvanische Elemente erzeugt. Solche wurden — nach unseren Informationen — erstmals im Jahre 1943 in einem so benannten „Magierhaus" in der Nähe von Bagdad gefunden. Wissenschaftler schätzen, daß sie aus der Zeit von ungefähr 300 v. Chr. bis 300 n. Chr. stammen. „Wiederentdeckt" wurde die galvanische Elektrizität erst etwa um 1790 durch Luigi Galvani (1737—1798) und den Grafen Alessandro Volta (1745—1827).

Fassen wir zusammen: In Gräbern und verschlossenen Gewölben können normale Lampen selbst bei genügendem Brennstoff und selbst unter Verwendung unverbrennlicher Asbest-Dochte nicht jahrelang, geschweige denn jahrhundertelang brennen, weil sie dazu Sauerstoff benötigen. Bei den ewig brennenden Lampen muß es sich also um Leuchtkörper gehandelt haben, die keine atmosphärische Luft beanspruchten. Solche Lampen entwickeln keine (unerwünschte) Hitze — es sind die „kalten" oder die sogenannten Lumineszenzleuchten, deren Licht durch den Leuchtstoff „Luziferin" der Leuchtkäfer hervorgebracht wird.

Es scheint heute ziemlich sicher zu sein, daß die Alten das „kalte" Licht den Glühwürmchen und Leuchtkäfern abgeguckt haben; dafür spricht nicht zuletzt der Wahlspruch der Rosenkreuzer: „Der Natur nach, der Natur nach; wie sie arbeitet, will ich auch arbeiten!"

Levitation und Elevation

Eine der wohl geheimnisvollsten Erscheinungen auf dem Gebiet des Wunderbaren ist sicherlich die Levitation,

aus dem Lateinischen: levitas = Leichtigkeit

die subjektiv erlebbare Aufhebung der Körperschwere und das Schweben des Körpers im Raum ohne fremde Hilfsmittel. Ein solches Erlebnis des Schwebens in der Luft kann zunächst in der Vorstellung erfolgen. Man „glaubt" dann nur, seine Lagerstatt zu verlassen und der Zimmerdecke zuzustreben. Auch im Traum oder in somnambulen Zuständen kommen derartige Schwebeerlebnisse oder Flug-„sensationen" vor.

Die *Illusion* derartiger Levitationen wurde in früheren Zeiten durch Giftpflanzen hervorgerufen; heute sind es einige Rauschgifte wie zum Beispiel LSD, unter deren Einfluß der Mensch zu fliegen scheint wie seinerzeit die Hexen des frühen Mittelalters unter dem Einfluß ihrer Hexensalben. Die Ausritte auf den Blocksberg in der Walpurgis- und Johannisnacht und die gelegentlichen Ausfahrten der Hexen zu orgiastischen Feiern fanden jedoch ebenso nur in der Phantasie statt wie die beglückenden Erlebnisse der dem Rauschgift verfallenen heutigen Generation während ihrer „Trips". Das alles sind keine echten Levitationen, sie haben mit Magie und okkulten Phänomenen kaum etwas zu tun.

Echte Levitationen ereignen sich dagegen in der Ekstase, im Samadhi

> Im Samadhi ist der Yogi in der Lage, eine völlige Selbstkontrolle über alle seine Fähigkeiten physisch und mental auszuüben.

spontan oder als Ergebnis systematischer Schulung; sie können mit Hilfe eines Mediums entstehen, vielleicht aber auch durch direkten Eingriff von Elementarkräften, Naturgeistern oder höheren Wesen, über die wir nichts wissen. Um hier einen — wenn auch nur ganz unzulänglichen — Begriff vom Wunder des Schwebens zu geben, sei auf ein beliebtes amerikanisches Gesellschaftsspiel „Das Fliegen" hingewiesen:
Vier stehende Personen legen einer sitzenden Person ihre Hände gleichzeitig, aber abgewechselt, „vermischt", für die Zeit einer schweigenden Sammlung von etwa einer Minute auf den Kopf; dann falten die vier ihre Hände, wobei aber Daumen und Zeigefinger

> Der Heilmagnetiseur Alfred Wilhelm Sellin (1841—1933), München, definiert Daumen und Zeigefinger als die beiden Magnete der physiologischen Alchemisten, wobei der Daumen bei den biomagnetischen Manipulationen wohl die größte Kraft hat.

ausgestreckt und aneinander gepreßt bleiben. Hierbei muß von allen Beteiligten rhythmisch auf Kommando aus- und eingeatmet werden. Alsdann werden die Fingerpaare in die Achselhöhlen und Kniekehlen des Sitzenden eingesetzt und — federleicht geht selbst die schwerste Person in die Höhe.
Jeder sollte dieses „Spiel" einmal ausprobieren, um sich

von dem wahrhaft erstaunlichen Erfolg zu überzeugen. Die Wissenschaft kann die Kräfte, die hier am Werk sind auch heute noch nicht exakt erklären.

Nicht zu erklären ist ferner die Tatsache, daß bestimmte Atemtechniken, eine ganz bestimmte Diät, Fasten bis zum Hungern, Geißelungen und Kasteiungen — wie in allen alten Texten einstimmig nachzulesen ist — menschliche Schwebezustände verursachen können.

Einen solchen Entrückungszustand, verbunden mit Schweben, also eine Levitation, schildert Josef von Görres (1776 bis 1848) in seinem Hauptwerk „Christliche Mystik":

Einst in der Morgenfrühe hatte der heilige Thomas von Villanova mit seinem Kapellan, in den Gängen des erzbischöflichen Palastes wandelnd, die Antiphon

Kehr- und Rahmenverse eines Psalms

„Et videntibus illis elevatus est" gebetet. Darüber verzückt stand er *aufrecht und schwebend* elf Stunden lang von sechs Uhr morgens bis fünf Uhr abends. Als er wieder zu sich gekommen, fragte er den Kapellan, der nicht von der Stelle gewichen war: „Wo sind wir stehen geblieben?" Dieser antwortete: „Wir haben die Non

Eine der Gebetsstunden des Katholischen Breviers

angefangen und Euer Gnaden hatten die Antiphon ‚Videntibus illis' vorgelesen."

„Wohl", sagte der Erzbischof, „so beten wir die Non fort."

„Das wird nicht geschehen können, Erlauchter Herr", sagte der Kapellan.

„Warum nicht?"

„Eben hat die Glocke das Zeichen zur Komplet

Katholisches Nachtgebet

gegeben." Und als der Kapellan nun um eine Erklärung

bat, sagte der heilige Thomas von Villanova: „Wisse, Bruder, daß in dem Augenblick, wo ich die Antiphon angefangen, eine Schar Engel mir dieselbe vom Munde weggenommen und in den Lüften so wohlklingend zu singen angefangen, daß mich der Sang ganz außer mich gebracht und mir die Sinne raubte. Ich wundere mich, daß so viele Stunden darüber vergangen, da es mir doch nur schien, als sei noch nicht eine halbe verflossen."

Das prominenteste Beispiel der absoluten Schwerelosigkeit bot natürlich Jesus Christus, als er auf den Wassern des Sees Genezareth wandelte, der Schwerkraft geradezu spottend. In Matthäus 14, 22 wird dieses Ereignis ausführlich beschrieben:

„Und alsbald trieb Jesus seine Jünger, daß sie in das Schiff traten und vor ihm hinüberfuhren, bis er das Volk von sich ließe. Und da er das Volk von sich gelassen hatte, stieg er auf einen Berg allein, daß er betete. Und am Abend war er allein daselbst. Und das Schiff war schon mitten auf dem Meer und litt Not von den Wellen; denn der Wind war ihnen entgegen. Aber in der vierten Nachtwache kam Jesus zu ihnen *und ging auf dem Meer*. Und da ihn die Jünger sahen auf dem Meer gehen, erschraken sie und sprachen: ,Es ist ein Gespenst' und schrien vor Furcht. Aber alsbald redete Jesus mit ihnen und sprach: ,Seid getrost, ich bins, fürchtet Euch nicht!' Petrus aber antwortete ihm und sprach: ,Herr, bist Du es, so heiß mich zu Dir kommen auf dem Wasser.' Und er sprach: ,Komm her!' Und Petrus trat aus dem Schiff und ging auf dem Wasser und kam auf Jesus zu. Als er aber den Wind sah, erschrak er und hob an zu sinken, schrie und sprach: ,Herr, hilf mir!' Jesus aber reckte alsbald die Hand aus und ergriff ihn und sprach zu ihm: ,Oh, Du Kleingläubiger, warum zweifeltest Du?' Und sie traten in das Schiff, und der Wind legte sich. Die aber im Schiff waren, fielen vor ihm nieder und sprachen: ‚Du bist wahrlich Gottes Sohn!'"

Kein wahrhaft Gläubiger wird auch nur einen Augenblick daran zweifeln, daß Jesus Christus tatsächlich auf den Wassern des Sees Genezareth gewandelt ist. Dennoch verlangt auch die Stimme der Kritik hier Gehör. Gerhard Schwarz zum Beispiel erklärt das Phänomen folgendermaßen: „Das Meerwandeln ist eine Vision der Jünger. Jesus geht an der Küste entlang und wurde im Nebel von den geängstigten Insassen des Bootes für ein Gespenst gehalten. Petrus warf sich auf seinen Ruf ins Wasser und wurde, versinkend, von Jesus an den Strand gezogen. Als sie den Herrn ins Schiff genommen hatten und um die Bergspitze bogen, waren sie aus der Achse des Sturms heraus und meinten, er habe das Wetter beschworen. Nicht anders war es, da er schlief und von ihnen geweckt wurde. Er redete zu ihnen von Sturm und Wetter. Sie drehten um den Berg, der ihnen alsbald den Talwind abschnitt, und machten sich nun miteinander Gedanken darüber, daß auch Wind und Wetter ihrem Messias gehorchten." (31) Diese Kritik sei dahingestellt.

Als Schwebephänomen par excellence gilt dagegen in der katholischen Kirche der heilige Joseph von Copertino (1603—1663), dessen häufige, von durchaus glaubwürdigen und zahlreichen Zeugen geschilderten Levitationen für uns Heutige fast unglaublich klingen.

Dieser italienische Mönch konnte sich nach Belieben in die Lüfte erheben. Seine Schwebekünste waren im Kloster offenkundig. So soll er hin und wieder sogar einen Klosterbruder oder einen Gegenstand im Schwebezustand mit emporgenommen haben. Nachdem sich seine Künste auch in der Umgebung des Klosters herumgesprochen hatten, konnte es nicht ausbleiben, daß man ihn mit dem Teufel im Bunde wähnte. Er wurde vor ein Inquisitionsgericht gestellt, peinlichst befragt, schließlich aber für unschuldig erklärt. Um keine Sensationsmache aufkommen zu lassen, versetzten ihn seine Oberen in ein anderes Kloster. Doch auch dort zeigten sich die Schwebephänomene.

Bei den Franziskanermönchen von Osimo wurde der heilige Joseph von der Erde bis zu einer kleinen Jesus-Statue emporgehoben, deren Füße er küssen wollte. Diese Levitation soll ihn ungefähr zwei Meter hoch getragen haben. Nachdem er die Statue von ihrem Platz genommen hatte, schwebte er mit ihr langsam wieder auf den Fußboden zurück und führte sie vor seinen Klosterbrüdern im Saal hin und her. Unter den zahlreichen Zeugen, die — teils unter Eid — das Gesehene beschworen haben, befanden sich auch zahlreiche Prominente der damaligen Zeit, nämlich Herzog Friedrich von Braunschweig-Lüneburg, sowie Marie, die Infantin von Savoyen, und Johann II. Kasimir, König von Polen.

Anläßlich der Seligsprechung des Mönches mußte der Kanoniker Prosper Laurentius Lambertini, der spätere Papst Benedikt XIV. (1675—1758), die Levitationserscheinungen untersuchen. Benedikt, hochgebildet und sehr belesen, der Kunst und Wissenschaft sehr zugetan, war seiner Zeit weit voraus. Er erklärte die stattgefundenen Levitationen des Joseph von Copertino für authentisch.

Görres schildert Joseph von Copertino als einen außerordentlich ekstatischen Menschen, bei dem die seelischen Verzückungszustände fast epileptische Züge getragen zu haben scheinen. Bei seinen Ekstasen, die ihn insbesondere während der Messe befielen und die sich ihm durch besonders heftiges Herzschlagen ankündigten, suchte er sich häufig am Altar festzuhalten; er zitterte so heftig, als wollten sich seine Gebeine ausrenken. Man konnte ihn in diesem Zustand auf der Erde schleifen, mit Nadeln stechen, mit Kerzen brennen und ihm die Finger verrenken. Er empfand nichts von allem. Bisweilen wurde der Eintritt des Zustandes durch einen lauten Schrei angedeutet. Dann sank er auf die Knie, die Hände kreuzweise ausgestreckt und die offenen Augen gegen den Himmel gerichtet, so jedoch, daß die Pupille sich unter dem oberen Augenlide verbarg. Seine Muskeln waren dabei starr, und kein Atem ging aus seinem Munde. Wenn er aus der Verzückung zurückkehrte, dehnte er sich noch eine Zeitlang, wie einer, der aus einem tiefen Schlaf erwacht.

Derartige, im allgemeinen religiös motivierte Entrückkungszustände, Verzückungen, Ekstasen und Levitationen waren in der Frühzeit des Menschen und noch über das Mittelalter hinaus durchweg bekannt und keinesfalls etwas Besonderes wie heutzutage.

Die indische Yoga-Sutra des Patanjali (etwa 200 v. Chr.) verheißt durch eine „Udâna" genannte besondere Atemtechnik die Möglichkeit der Levitation, insbesondere die Vermeidung der Berührung mit Wasser, also wahrscheinlich ein Schweben über dem Wasser.

Auch die Tao-Meister Chinas sollen sich durch eine bestimmte Meditationsart so leicht machen, daß sie in der Luft schweben können, und von den Mönchen auf dem Berg Athos wird als Folge ihrer Askese und ihrer Gebetsversenkung das gleiche berichtet.

Über Simon Magus weiß sogar die Apostelgeschichte 8, 9 zu erzählen: „Es war aber ein Mann mit Namen Simon, der zuvor in dieser Stadt Zauberei trieb und bezauberte das samaritische Volk und gab vor, er wäre etwas Großes." Dieser Simon flog vor den Augen Neros (37 bis 68 n. Chr.) von der Spitze des Kapitols hinab. Der Legende nach wollte Simon beweisen, daß er wie Christus zum Himmel auffahren könne und erhob sich in den Himmel Roms.

Der heilige Bernhard von Clairvaux (1091—1153), seines Zeichens Kirchenlehrer und Begründer mittelalterlicher Mystik, befand sich, wie viele Zeugen aussagten, oft im Zustand der Levitation. In der Kirche von San Domenico zu Neapel zeigt man noch heute die Stelle, an der sich der heilige Thomas von Aquin (1225—1274) in einem ekstatischen Zustand vor einem Kruzifix drei Fuß über der Erde schwebend gehalten hat.

Im 16. Jahrhundert mußte Jean Bonnevault, der Hexenmeister aus dem Poitou, wegen magischer Praktiken vor seinen Richtern erscheinen.

„Als er den Teufel anrief", weiß die Chronik zu berichten, „wurde er ungefähr fünf Fuß in die Luft gehoben und fiel dann lautlos auf das Pflaster hernieder, obgleich er an den Füßen eiserne Schellen und Ketten trug. Die Richter befragten ihn nach der Ursache dieses Vorfalls. Er antwortete, der Teufel habe versucht, ihn zu entführen, aber es wäre ihm nicht gelungen, denn, nachdem er vor den Richtern den Eid abgelegt habe, sei jede Verbindung zwischen ihm und dem Teufel abgerissen."

Auch die spanische Mystikerin Teresa de Jesús aus Avila (1515—1582), die als die größte christliche Mystikerin gilt, war zu allen Manifestationen des Mystizismus befähigt: sie kannte Verzückungen, Entrückungszustände, heilige Ekstasen und in deren Verlauf auch Levitationen. Vor den Karmeliterinnen ihres 1563 gegründeten Klosters hat sie sich mehrmals in die Lüfte erhoben. In ihrem auf Befehl ihrer Oberinnen geschriebenen Buch (32) schildert sie ihre Erleuchtungen, ihre inneren Kämpfe um Vollkommenheit, erklärt aber auch den Zustand ihrer Verzückung: „Ehe man sich sammeln kann, kommt der Geist über einen wie ein plötzlicher und starker Schock. Man sieht ihn und spürt ihn wie eine Wolke oder einen mächtigen Adler, der sich zum Himmel aufschwingt und einen auf seinen Fittichen davonträgt. Das ist so erschreckend, daß ich sehr oft Widerstand leisten wollte, besonders dann, wenn die Verzückung vor allen Leuten über mich kam. Manchmal konnte ich mich um den Preis einer gewaltigen Anstrengung eine kurze Zeit wehren, aber dann wurde ich überwältigt, als hätte ich gegen einen übermächtigen Riesen gekämpft. Bei anderen Gelegenheiten waren alle meine Anstrengungen vergebens. Meine Seele wurde davongetragen und fast immer auch mein Verstand, und manchmal sogar mein ganzer Körper, so daß er von der Erde emporgehoben wurde."

Überliefert ist auch ihr Gespräch mit dem spanischen Mystiker und Dichter San Juan de la Cruz (1542 bis 1591).

Johannes vom Kreuz, Erneuerer des Karmeliterordens, 1726 heiliggesprochen

Bei diesem Gespräch war eine Nonne gegenwärtig. Sie sah plötzlich, wie die beiden (künftigen) Heiligen sich über den Boden erhoben und in Verzückung dahinschwebten, als wären sie absolut schwerelos.

Noch im Jahre 1731 wurde in Frankreich einer Frau namens Cadière, die gegen ihren Willen die geheimnisvolle Gabe der Levitation besaß, der Prozeß gemacht. Ein Pater namens Girard, der sie verhörte, tadelte sie, weil sie sich an einen Stuhl klammerte, „als sie im Begriff war, sich in die Luft zu erheben". (Sicherlich hätte er sie gern fliegen sehen, um sie verurteilen zu können.)

Drei Jahre später verwunderten sich die Einwohner von Bayeux über ein Dienstmädchen namens Anne Neel, das manchmal nicht mehr auf dem Fußboden gehen konnte und von einem Zimmer ins andere durch die Luft schwebte. Die Ärzte der Sorbonne, Andry und Winslow, die sie untersuchten, kamen zu dem Schluß, daß ihre Levitation nicht auf „natürliche Kräfte" zurückzuführen sei.

Damit wären wir bei quasi profanen Levitationen. Angesichts der großen Zahl von Berichten kann man das wirkliche Vorkommen von religiös-ekstatischen Levitationen in alten Zeiten kaum bezweifeln.

Profane Levitationen von Menschen sind insbesondere in neuerer Zeit dagegen wesentlich seltener. Es gibt jedoch einen Fall, der auch von englischen und amerikanischen Ärzten geprüft wurde, und der sich nicht in Indien, sondern in Chikago abspielte. Dort lebte ein Bankkassierer, Reynard Beck, der eines Morgens feststellte, daß er gewissermaßen sein Gewicht verloren hatte. Er war so leicht geworden, daß er mit Bequemlichkeit gewaltige Sprünge machen konnte. In unbekleidetem Zustand war die Körperverfassung Becks besonders unangenehm und seltsam, da er kaum in der Lage war, richtig im Bett zu liegen. Als er sich bei einem Arzt untersuchen ließ und auf dessen Waage gewogen wurde, zeigte diese genau zehn Pfund — das war das Gewicht seiner Kleider und Schuhe. Eine Zeitlang wurde Beck in verschiedenen Ausstellungshallen Amerikas gezeigt. Er brauchte auf der Bühne nur einige seiner merkwürdigen Sprünge auszuführen oder gewissermaßen in der Luft zu sitzen, um helle Begeisterungsstürme zu erwecken. Aber die Leute hielten alles für Bluff. Die Universitäten lehnten es ab, ihn zu untersuchen, und die Zeitungen weigerten sich, Berichte über ihn aufzunehmen, in der Befürchtung, sich lächerlich zu machen. Eines Tages vergiftete sich der „Mann ohne Schwerkraft", nachdem er einen vergeblichen Versuch unternommen hatte, sich zu erhängen. Eine physiologische Erklärung für den Fall konnte man niemals erbringen.

Glaubwürdiger klingt es, wenn Benjamin Franklin in seinen Memoiren erzählt, daß er einst beim Baden — auf dem Rücken liegend — einschlief und eine Stunde lang in seiner Stellung verblieb.

Ein ähnlicher Fall ereignete sich vor einigen Jahren in Deutschland und ging damals durch die Presse: ein Lehrer war beim Schwimmen im Niederrhein ohnmächtig geworden und — auf dem Rücken liegend — sechs Stunden stromabwärts getrieben, ohne unterzugehen und ohne in die Schraube eines Schiffes zu geraten. —

Über das Wasser gehen konnte in ihren Jugendjahren übrigens auch die Dichterin Annette Freiin von Droste-Hülshoff (1797—1848), wenn sie den Weg zur väterlichen Wasserburg abschneiden wollte. Sie war die sonderbar veranlagte Tochter eines — für unsere Begriffe — merkwürdigen Vaters, der sich als Alchimist und Wünschelrutengänger versuchte, ein Buch mit wundersamen Geistergeschichten geschrieben hat und nach der Kunst trachtete, sich auf magische Weise unsichtbar zu machen.

Als skeptischer Europäer ist man zweifellos geneigt, derartige Berichte als Täuschung oder Betrug abzutun. Ganz so leicht sollte man es sich indessen nicht machen. Möglich ist immerhin, daß mit der Lockerung der religiösen Bindungen, mit der immer seltener werdenden Disposition zu religiösen Ekstasen auch die seelischen Spannungszustände kaum noch erreicht werde, die offenbar eine wesentliche Voraussetzung für die Freisetzung jener Kräfte sind, die eine vorübergehende Aufhebung der Schwerkraft bewirken können. In diesem Zusammenhang wird sicherlich das folgende Zitat von Professor Dr. Otto Julius Hartmann auch für Skeptiker Anlaß geben, das Problem mit Vorsicht zu beurteilen: „Unter besonderen Umständen kann der physische Körper eines Menschen vorübergehend der Erdenschwere entrissen werden. Man spricht dann von Levitationen. Solche sind uns vielfach von mittelalterlichen Heiligen überliefert. Sie kommen aber auch noch heute und keineswegs bei Heiligen, sondern bei hysterisch-psychotisch-medialen Persönlichkeiten vor. Es sind Fälle aus der Gegenwart bekannt, wo sich der physische Leib einwandfrei viele Zentimeter über den Fußboden erhob und mit eng aneinander liegenden unbewegten Beinen dahinschwebte." (33)

Etwas ganz anderes als die Levitationen von Menschen, aber dem Wesen nach mit ihnen verwandt und genauso rätselhaft wie diese, sind die Elevationen von unbelebten Gegenständen. Für diese wahrscheinlich durch Schall und Schwingungen bewirkten Agravitationen finden sich auch in der neuesten Zeit viele sehr erstaunliche Beispiele, an denen fast das Erstaunlichste ist, daß man dieses Phänomen bisher so wenig erforscht hat.

Da gibt es zum Beispiel in Indien einen Mönchsorden, der einen riesigen, tonnenschweren Felsblock durch seine beschwörenden Gesänge meterhoch über der Erde schwebend erhalten kann. Lassen die Gesänge nach, so senkt sich der Felsblock. Werden sie verstärkt, so steigt er wieder.

Auch berichten europäische Techniker von indischen

Transportarbeitern, die, obgleich von schmächtigem Wuchs, Lasten zu heben vermögen, die bei uns nur mit technischem Hebezeug verladen werden können. Diese Arbeiter singen zu ihrer Arbeit bestimmte Formeln und Gesänge, Ha-ho-bé-Rhythmen, Levitations-Mantrams,

> Ein Mantram ist eine Vereinigung rhythmisch angeordneter Wörter oder Silben, die — wenn sie laufend gesprochen oder gesungen werden — auf höheren Ebenen bestimmte Schwingungen hervorbringen.

die zwar das physikalische Gewicht des zu hebenden Gegenstandes nicht verändern, wohl aber die Kräfte der Arbeiter vervielfachen. Um diesen wichtigen Schwingungsgesetzen auf die Spur zu kommen, müßten einmal die Hebe-Mantrams der farbigen Eingeborenen der verschiedenen Erdteile unter die Lupe genommen und auf ihre okkulten Wirkungen hin untersucht werden. Denn bei dieser Art von „Sprechchören" handelt es sich wohl meist um stammeseigene Mantrams, die aus dunklen Urzeiten her überliefert wurden und ohne Kenntnis der metaphysischen Hintergründe einfach benutzt werden. Von den eingeborenen Transportarbeitern Asiens, Afrikas und Südamerikas ist bekannt, daß sie alle mantramartige Sprechchöre anwenden, um Lasten zu bewältigen, für die der Europäer einen Kran braucht.

Belo Skornicel schildert in seinem Buch: „Äthiopiens Engel sind schwarz" (34) solch ein unglaubliches Wunder aus eigener Anschauung:

„Aus dem Trubel dieses Bahnhofes (Djibuti) ist mir noch eine zweite merkwürdige Beobachtung deutlich in Erinnerung geblieben. Ich sah einer Gruppe Eingeborener aus dem Somaliland zu, die schwere Eisenkonstruktionen in einen Waggon verluden. Es waren an die zehn Männer, einer magerer als der andere. Namentlich ihre Arme und Beine waren so dünn, daß man ihnen kaum zutrauen konnte, ein größeres Stück Holz zu heben, geschweige denn diese mächtigen Röhren und eisernen Träger.

Nun waren die dünnen schwarzen Arme gerade dabei, eine große Eisenwalze zu verladen, die gut ihr Dutzend Zentner wog. Mindestens fünfzig kräftige Männer, so sollte man meinen, mußten für diese Arbeit notwendig sein. Diese kleine Gruppe von Eingeborenen stellte sich aber neben den Träger, auf dem die Walze lag, hochaufgerichtet, die Hände in die Hüften gestemmt.

Ihr Vorarbeiter begann plötzlich mit tiefer Stimme zu singen: ,Ha ho bé, ha ho bé' — Die anderen sangen ihm nach. Immer abgehackter, immer durchdringender: ,Ha ho bé ...'

Die ganze Umgebung wurde von diesem Gesang erfüllt. Immer rascher und erregender klang der Rhythmus.

,Ha ho bé ...' donnerte es schließlich, als ob Schläge auf eine mächtige Trommel fielen, und das monotone Lied drang jedem wie geheimes Gift in die Seele. Und die dunklen Töne donnerten rascher und rascher. Es war kein Singen mehr, eher das Heulen eines verwundeten Raubtieres. Und plötzlich strafften sich die dünnen schwarzen Arme, die mächtige Eisenwalze hob sich wie eine Feder in die Höhe und fiel mit dumpfem Aufprall in den Waggon. Niemals sah ich eine gewaltigere Leistung menschlichen Willens."

Hierher gehört ein Zitat des Runenforschers Rudolf John Gorsleben (1883—1930): „Daß die Schwerkraft durch rhythmisierten Atem, durch das Wort aufgehoben werden konnte, war bereits der Vorzeit bekannt."

In der Tat wurde das Zauberwort „Sesam, öffne dich!"
schwerlich von ungefähr erfunden. Die Samenkapsel der
Sesampflanze springt, sobald sie reif ist, von selber auf.
Ein tiefer Ton vermag jedoch das gleiche zu bewirken.
Diese Erscheinung war nicht nur den Ägyptern bekannt.
Es ist anzunehmen, daß sie mehr über die Macht des Wortes wußten als wir Heutigen. Nach alten ägyptischen
Handschriften mußten die Priester von Karnak, Abydos
und Theben über deutliche, starke und schöne Stimmen
verfügen. Wenn sie ein einziges Wort in einer ganz bestimmten Weise aussprachen, so konnten sie eines der großen und schweren Tore der Tempel nach dem anderen auf-
springen lassen ...

Auf diese Weise wurden wahrscheinlich auch die Pyrami-
denquader und die sogenannten zyklopischen Mauersteine
der Inka-Tempel in den Anden aufeinandergetürmt —
fugenlos.

Die prähistorischen Menschen scheinen das Phänomen der
Schwingungen sehr genau gekannt zu haben; es gestattete
ihnen, durch Anwendung der Stoßwellen den Feuerstein
zu spalten. Von ihrem Kadmos, ihrem Geist der Zivilisation,

> Henoch bei den Israeliten, Trismegistos bei den
> Ägyptern

erzählen die alten Griechen, er habe gesehen, wie die
Steine der Königsburg von Theben, durch die Klänge der
Lyra Amphions gleichsam lebendig geworden, sich von
selbst erhoben und aneinanderreihten.

Und wurden nicht die Mauern Jerichos durch gewaltige
Posaunentöne zum Einsturz gebracht?

Das Rätsel der Telepathie

Unerklärliche Begebenheiten teils harmloser Natur, teils unheimlichen Charakters, und häufig in enger Nachbarschaft des Todes, begleiten die Menschheit seit Anbeginn. So auch das Phänomen der Gedankenübertragung.

„Zu allen Zeiten haben die Menschen an die Bedeutung von Ahnungen, seltsamen Geräuschen, Prophezeiungen, Warnungen und Gedankenlesen geglaubt", schreibt Professor Joseph Banks Rhine,

> 1895 geboren, Professor der Psychologie und Direktor des Parapsychologischen Laboratoriums an der Duke University (Durham, N. C.), Erfinder des Psi-Kartentestes und einer der ersten Vorkämpfer für die Erforschung der Außersinnlichen Wahrnehmung (ASW).

„und ebenso an die Kraft des Geistes, über die Grenzen der mechanischen und sinnlichen Welt hinaus vorzudringen."

Die Telepathie wird oft fälschlich auch „Gedankenlesen" genannt. Aber Telepathie ist mehr.

Der von dem englischen Professor F. W. H. Myers 1883 erstmalig eingeführte Begriff umfaßt die unmittelbare Übertragung seelischer Vorgänge (Gefühle, Empfindungen, Antriebe, Gedanken) von einer Psyche auf eine andere ohne Vermittlung der bekannten Sinnesorgane. Spontane telepathische Übertragungen vollziehen sich in den meisten Fällen in Zuständen herabgesetzten Bewußtseins des Empfängers und kommen in Traumbildern, Visionen, einem plötzlichen Wissen um Dinge, die man eigentlich nicht wissen kann, zur Äußerung. Affektive Beziehungen zwischen „Sender" und „Empfänger" scheinen die telepathische Verbindung zu begünstigen: etwa Mutter-Kind-Beziehungen, enge Bande zwischen Ehepaaren und dergleichen.

Die Parapsychologie hat durch die Untersuchung telepathischer Medien sowie durch statistische Experimente in den letzten Jahren ein so umfangreiches Material vorlegen können, daß die Telepathie als bewiesen gilt.

Eines der ersten Zeugnisse für Gedankenübertragung steht im Zusammenhang mit Christian Rosenkreutz (1378 bis 1484), auf den und dessen geheimnisumwobene Jüngerschaft später noch ausführlich zurückgekommen wird. Christian Rosenkreutz reiste Ende des 14. Jahrhunderts in den Orient. Er war damals ein junger Mann und verfügte noch nicht über seine späteren Kontakte zu den Magiern und Eingeweihten in aller Welt. Dennoch muß er seine Reisepläne den „Weisen von Dhamar" unbewußt angekündigt, oder sie müssen ihn auf telepathischem Weg zu sich gerufen haben. Jedenfalls war man im Yemen auf seinen Besuch gut vorbereitet:

„Da entfingen jhn die Weysen, als er selber bezeuget, nicht wie einen Frembden, sondern gleichsamb auff denen sie lange gewartet hetten, nennt jhne auch mit Nahmen, zeigten jhme auch andere Heimblichkeiten aus seinem Kloster an, dessen er sich nicht genugssamb verwundern können." (22)

Ein anderer großer Magier der Vergangenheit, Agrippa von Nettesheim (1486—1535), beschrieb im 6. Kapitel des 1. Bandes seiner Erkenntnisse und Erfahrungen, betitelt

„Von der wunderbaren Natur des Wassers, der Luft und der Winde", die Möglichkeit der Telepathie: „Auf ganz natürliche Art, ohne allen Aberglauben und ohne die Vermittlung irgendeines Geistes ist es möglich, daß ein Mensch dem anderen auf jede noch so weite, ja sogar unbekannte Entfernung in der kürzesten Zeit seine Gedanken mitteilen kann. Ich verstehe dies Kunststück und habe es öfters probiert; auch der Abt Tritheim

> Dem Abt Johannes Trithemius (1462—1512), eigentlich Heidenberg aus Trittenheim an der Mosel, zuletzt Abt zu St. Jacob in Würzburg, hatte der „dämonische Ritter" seine damals höchst bedenkliche „De philosophia Occulta" als Fachmann zur Begutachtung vorgelegt und einen überschwenglich zustimmenden Brief seines Lehrers und telepathischen Korrespondenten erhalten. Beide Schreiben sind im 1. Band abgedruckt.

versteht dasselbe und hat es einst ausgeübt." (35)
Wenn der große Magier Agrippa von Nettesheim die Telepathie in einem Kapitel über die Luft und die Winde erwähnt, so sicher deshalb, weil er — dem unser heutiger physikalischer Arbeitsbegriff des „Äthers" noch fremd war — Luft und Winde als Träger der Gedanken ansah.
Man verließ sich auch damals bei telepathischen Kontakten keineswegs auf unkontrollierbare Eingebungen, sondern bediente sich der verschiedensten, teilweise recht seltsam anmutenden Hilfsmittel. Eine viel geübte Methode war die der Blut-Telegraphie, für die Kieser (1779—1862) eine Anleitung gibt, die er von Bartholin (1616—1680) übernommen hat (36):
„Die eine Person ritzt sich mit einer Messerspitze den linken Arm blutig und wäscht das Blut mit einem

Schwamme säuberlich ab; die andere macht sich gleichfalls eine Ritze im Gold- oder Ringfinger und läßt aus dieser einen Tropfen Blut in die Wunde der ersteren fallen, worauf diese den Arm und jene den Finger verbindet, bis beider Wunden vollkommen geheilt sind. Darnach verwundet sich die zweite Person den Arm, die erste den Finger, und nachdem ein Tropfen Blutes aus der Fingerritze in die Wunde des Armes getröpfelt ist, wird wieder beides bis zur völligen Heilung verbunden gehalten. Wenn nun eine dieser Personen, wie weit sie auch immer von der anderen entfernt sein mag, sich mit einer Nadel in die Narbe der zugeheilten Wunde sticht, so fühlt die andere gleichzeitig denselben Stich. Ist noch überdies im voraus verabredet worden, was der erste, zweite, dritte Stich usw. bedeuten solle, so kann auf diese Weise der eine Mensch dem anderen, in jedem beliebigen Augenblicke, von seinem Befinden und anderen Umständen immer sogleich Nachricht erteilen." (37)

Eine fast gleiche Gebrauchsanweisung findet sich bei Papus. (38)

Eine Abart dieser Methode ist die Verwendung des „magisch-magnetischen Papieres oder Tuches": „Von dem ‚magisch-magnetischen Papier' ist in alten Sympathiebüchern viel die Rede. Zwei Freunde, die sich in der Ferne verständigen wollen, tauschen etwas Blut, das sie in Papier der magischen Gärung unterziehen. Durch Nadelstiche, die nach Art der Morsezeichen diesem Papier zugefügt werden, soll Verständigung auf weite Ferne möglich sein." (39) „Gebraucht man das Blut zu ‚magisch-magnetischem Papier' oder Tuch, um seine Gedanken in die weiteste Ferne kundzutun, so müssen wir zur Gärung des Blutes ein offenes Gefäß nehmen und das Blut an sonnenwarmen

Tagen, aber im Schatten, trocknen. Immer ist als Regel festzuhalten, daß wir nicht anstatt der Gärung die Zerstörung eines Stoffes herbeiführen." (40)

Ein der Blut-Telegraphie verwandtes Verfahren, mit Fernstehenden telepathischen Verkehr zu pflegen, ist das der „Haut-Telegraphie". Über sie berichtet Johann Baptista von Helmont (1577—1644) in seinen Schriften:

„Zwei einander zugeneigte Personen schrieben sich mit unverwischbarer Tinte die Buchstaben des Alphabets auf ihre Haut nieder und nahmen alsdann eine Hauttransplantation vor. Mußten die beiden voneinander scheiden, so konnten sie dennoch eine gegenseitige Unterhaltung führen. Es genügte hierzu, daß der eine von ihnen einen Buchstaben auf dem angepfropften Hautlappen mit dem Finger berührte, wodurch der andere alsogleich ein Jucken und Kribbeln genau an der Hautstelle verspürte, wo bei ihm der entsprechende Buchstabe vermerkt war. Auf diese Art war es ihnen möglich, durch Zusammenbuchstabieren miteinander zu verkehren."

Zitiert sei an dieser Stelle auch der schottisch-britische Arzt Dr. William Maxwell (1619—1669), dessen Werk erst zehn Jahre nach seinem Tode erschien:

„Zwischen dem Leib und den aus dem Leibe hervorgehenden Exkrementen besteht eine Verkettung der Geister oder Strahlen, wenn auch die Exkremente sehr weit entfernt werden. Bei den vom Körper getrennten Teilen, wie auch beim Blute, findet ganz dasselbe Verhältnis statt. Daher stammt auch jenes hohe Naturwunder, daß einer vermittelst des Blutes, Geistes und Fleisches in die entferntesten Gegenden der Erde einem Freunde sein Anliegen mitteilen kann, ein Geheimnis, das des unwürdigen Pöbels halber nicht geoffenbart werden soll." (42)

Ein ganz anderes geheimnisvolles Vehikel zur Kontakt-
aufnahme mit in der Ferne weilenden Menschen war der
„telepathisch-magnetische Zeigertelegraph".

In einer alten Sammlung von Transmutationsgeschichten
(41) befindet sich als Nr. 70: „Eine aus einem holländischen Schreiben verdeutschte hermetische Historie von
Jesse Abraham und Salomon Teelsu." Dieses Schreiben datiert vom 30. Januar 1731, als Verfasser zeichnet der
Famulus des Hamburger Kabbalisten und Rosenkreuzers
Benjamin Jesse (1642—1730).

Das Schreiben berichtet vom Heimgange und der Hinter-
lassenschaft des Benjamin Jesse, welche an seine beiden in
der Schweiz wohnenden Vettern Abraham Jesse und Salomon Teelsu fiel und aus magischen Instrumenten, ‚Kunst-
büchern', dem ‚roten Löwen' und alchymisch erzeugten
Goldstangen bestand:

„Als der Theurg in der Hansestadt verschieden war, da
habe ich — getreu meinem Versprechen — solches an seine
Vettern in der Schweiz geschrieben und seinen Tod bekannt gemacht; ich bekam aber den folgenden Tag schon
von gedachtem Herrn Jesse wegen meines Herrn einen
Brief, in welchem er mir schrieb, ihm zu melden, ob mein
Herr tot oder lebendig wäre? Nicht anders, als ob er alles
mit angehört hätte, was in dieser Gegend sich zugetragen,
welches ich dann mit Verwunderung las. Ich werde aber
in folgendem die Ursache anzeigen, aus welchem Grunde
solches geschehen sey, nämlich durch ein besonderes Instrument oder Kunststück.

Als die Erben am Tage nach ihrer Ankunft in Hamburg
die vom Erblasser versiegelten Zimmer betraten, sah ich
einen wohlgemachten Schrank, aus Ebenholz bearbeitet.
Ferner sah ich über diesem Schrank einen anderen hängen.

Es war ein Schrank mit einem besonderen Instrument, auf eine ähnliche Art wie ein Uhrwerk, das einen Weiser oder Zeiger hat; anstatt der Stundenzahlen aber waren es die Buchstaben des Alphabets, womit es besetzt war. Da Herr Jesse sagte, daß dieses Instrument sich in eben dergleichen Weise bewegte als das seine, welches er in der Schweiz hätte und durch welches der selige Mann seinen bevorstehenden Tod hätte kund werden lassen. Aus diesem Grunde hatte vorgenannter Herr Jesse vorgedachten Brief den Tag nach dem Überleben meines seligen Herrn geschrieben, weil er aus des Instrumentes Anzeige seinen Tod vermutete, und zwar sobald als der Weiser stille stand, und das Instrument sich nicht mehr bewegte."

Ganz ähnlich findet man in dem Albertus Magnus (1207 bis 1280) zugeschriebenen „Grimoire" — auch „Der Große und Kleine Albert" genannt — einen merkwürdigen Telegraphen beschrieben, der uns vielleicht das Prinzip des Jesse'schen Instrumentes verrät. Der betreffende Abschnitt ist betitelt: „Wunderbares Geheimnis, um das ‚Sympathetische Zifferblatt' anzufertigen, durch das man augenblicks mit einem entfernten Freunde korrespondieren kann." (43) Hier die Übersetzung aus dem französischen Urtext:

„Laßt Euch zwei Schachteln aus feinem Stahl anfertigen — ähnlich den gebräuchlichen Behältnissen für Seekompasse — von gleichem Gewicht, gleicher Größe, gleichem Aussehen, mit einem ziemlich großen Rande versehen, um darauf ringsum alle Buchstaben des Alphabets anzubringen. Beide sollen auf ihrem Innenboden einen Zapfen aufweisen, auf dem man einen Zeiger, wie bei einem gewöhnlichen Zifferblatt, befestigen kann. Es ist Augenmerk darauf zu richten, daß die Behältnisse sauber gearbeitet und poliert sind. Dann suche man unter mehreren Stücken feinen und guten Magnetsteins ein Exemplar aus, welches von der Seite, die nach Mittag weist, weiße Adern aufweisen muß. Das als längstes und geradstes ausgewählte Stück lasset in zwei Teile zerschneiden, so genau wie möglich, um daraus zwei Zeigernadeln für Eure zwei Schachteln zu machen. Beide Zeiger müssen von gleicher Dicke und Gewicht und im übrigen mit einem Loch versehen sein, um sie auf den Zapfen im Gleichgewicht lagern zu können. Wenn dies alles bewerkstelligt ist, gebt eine der Schachteln dem Freunde, mit dem Ihr in Korrespondenz treten wollt und macht mit ihm eine bestimmte Stunde am Tage oder in der Woche aus. Allerdings muß man eine viertel, eine halbe oder eine ganze Stunde vor der ausgemachten Zeit bereits im Gemache sein, alsbald seine Zeigernadel aufs Zäpfchen setzen und es während dieser Zeit ansehen. Zu Anfang des Alphabets muß ein Kreuz oder ein anderes Merkzeichen stehen, damit der Partner sieht, wenn die Nadel daraufsteht: Man will anfangen, Nachricht zu übermitteln. Denn die Zeigernadel muß sich von selbst bewegen, nachdem Euer entfernt wohnender Freund sie ebenfalls auf das Beginnzeichen gerichtet hat. Dann lenkt der eine den Weiser auf einen Buchstaben und im selben Augenblick wird sich der andere Anzeiger von selbst auf den gleichen Buchstaben drehen, durch die Beziehung, in welcher sie zueinander stehen. Auf die gleiche Weise wird geantwortet und nach Schluß der Übermittlung wird der Weiser auf die Ausgangsmarke zurückgedreht. Nach Gebrauch sind Schachtel und Zeiger getrennt und sorgsam in Baumwolle zu hüllen, in ein Holzkästchen zu verschließen und besonders vor Verrostung zu schützen." Solche Mechanismen oder ähnliche Uhr- oder Zeigerwerke konstruierten die Rosenkreuzer vielfach, und andere Okkultisten desgleichen. Die Zeigeruhr diente nur zu magischen Zwecken; sie war ein reines Werkzeug, das von den auf rätselhafte Weise ausgesandten Strahlen informatorisch in Bewegung versetzt wurde. Das Alphabet oder eine andere festgelegte Symbolik diente als äußeres Verständigungsmittel, ähnlich wie in spiritistischen Séancen die Planchette.

> Eine Vorrichtung zum automatischen Schreiben im Spiritismus, bestehend aus einer herzförmigen hölzernen Platte auf drei Beinen mit Stahlkugeln an den Enden; in der Mitte der Fläche ist ein Loch, in welchem ein Bleistift steckt. Das Medium und andere Personen legen ihre Hände auf die Planchette, worauf diese zu schreiben beginnt.

Sicherlich war der Apparat, den der englische Romancier, Rosenkreuzer und Freimaurer Edward George Bulwer-Lytton (1803—1873) in einem seiner Bücher beschreibt, ein solches Kommunikationsmittel:
„Wir entdeckten in dem aufgebrochenen Fach einen sehr merkwürdigen Apparat, der in peinlicher Ordnung aufgestellt war. Auf einem kleinen, dünnen Buche, flach wie eine Platte, stand eine gläserne Schale, die mit einer durchdringenden Flüssigkeit angefüllt war. Auf dieser schwamm eine Art Kompaß mit einer Nadel, die sich rasch rundum drehte. Doch auf der Kompaß-Spitze waren statt der gewöhnlichen Zeichen sieben merkwürdige Zeichnungen angebracht, nicht unähnlich denjenigen, mit welchen die Astrologen die Planeten zu bezeichnen pflegen"
(44).
Auch das automatische Buchstabierinstrument „Hesperus Additor" des berühmten Geigenvirtuosen Florizel von

Reuter, das dieser für die Experimente mit seiner Mutter verwendete, scheint dem Apparat des Benjamin Jesse sehr ähnlich gewesen zu sein (45).

Eine wiederum andere, früher sehr beliebte Methode der Telepathie ist das „Siderische Pendel". Diese Pendel wurden über oder in einer Glasglocke aufgehängt. Nach einem konventionellen Code erhielt man die Nachrichten durch Schlagen des Pendels gegen die Glaswände. Der erste Schlag bedeutete a, zwei Schläge b und so weiter. Man konnte natürlich auch ein anderes Schema wählen. Solche Apparaturen waren früher in ganz Europa verbreitet, nicht allein in Frankreich. Nicolas Lenglet-Durresnoy (1674—1755) beschreibt so ein Zauberinstrument, ebenso Stanislaus Marquis de Guaita (1860—1898). Berühmt geworden ist auch der Fall „einer jungen Jüdin, Tochter eines Rabbi des Ghetto zu Eger, der ein weiser Kabbalist war. Die Tochter lehrte Frauen mittels eines an einem Haare ihres goldroten Geflechtes hängenden Goldringleins vielerlei Fragen zu beantworten, die sonst kein Sterblicher beantwortet hätte" (47).

Die Pendeltelegraphie gibt es auch heute noch: „Die Pendler legen eine Scheibe mit den Buchstaben des Alphabets auf ihren Schreibtisch und behaupten, vermittels ihres Pendels eine Botschaft zu empfangen, die man ihnen mit einem zweiten Schwingring, der auf gleicher Platte von Buchstabe zu Buchstabe gehalten wird, seitens ihres Partners zukommen läßt" (46).

Ein französischer Ruten- und Pendelgänger bestätigte: „Die Pendler-Vereinigung von Mont-de-Marsan hat im Sommer 1935 eine direkte Verbindung zwischen zwei Posten hergestellt, die über 100 Kilometer voneinander entfernt waren. Jeder dieser ,Posten' war Sender und

Empfänger, und richtiggehende Gespräche wurden mittels der Pendelung geführt" (48).

Auch ein Hamburger Hermetiker beschäftigte sich erfolgreich mit dem Pendel: „Das Telegraphieren mittels eines Pendels ist mir nicht neu. Schon vor ca. 30 Jahren übte ein Bekannter von mir, der Kabbalist Franz Buchmann, diese Kunst aus. Er telegraphierte häufig von Berlin nach Süddeutschland sehr exakt und hat über seine Versuche verschiedene Artikel in der ‚Metaphysischen Rundschau' veröffentlicht."

„Das Allerunglaublichste an der Sache ist", schrieb Arthur Usthal zu diesem Thema, „daß der durch bloße Gedankeneinstellung versuchte ‚Telefonanschluß' mir sogar bei mir vollkommen unbekannten Personen glückt, von deren Existenz ich bis zum Augenblick nicht die geringste Ahnung hatte. Es genügt mir, nur irgendeinen beliebigen Namen zu nennen, ich stelle mich dann in Gedanken auf die betreffende Person ein, indem ich ihren Namen einige Male suggestiv vor mich hin flüsterte, und der Anschluß ist erreicht" (49).

Einen wenig bekannten Fall von Telepathie mit einem höchst ungewöhnlichen Hilfsmittel schilderte C. P. van Rossem im Jahre 1933 über die Versuche eines Professors Allex mit Schnecken.

Allex setzte weibliche Schnecken auf die weißen Felder eines Dame-Brettes, ebenso — nur in einem anderen Zimmer — männliche Schnecken auf die weißen Felder. Sodann schob Allex alle Schneckendamen auf die schwarzen Felder; die Schneckenmänner im anderen Zimmer folgten den Bewegungen der Frauen, zwar sehr langsam, aber auch sehr sicher. Schob Allex die weiblichen Schnecken über zwei, drei, vier Felder hinweg, so wanderten auch die männlichen Schnecken zu den entsprechenden Plätzen, die ihnen von den Schneckenfrauen angewiesen waren. Spätere Versuche zwischen Paris und Marseille über 800 Kilometer ergaben das gleiche verblüffende Resultat!

Der Strom der „Affinität", wie Professor Allex es nannte, sei so zuverlässig, daß man ihn zum Telegraphieren benutzen könne.

Eine dagegen recht einfache Form der „Fernerfahrung", wie man die Telepathie auch gern nennt, kann jedermann erleben, womit das Rätsel freilich keineswegs aufgeklärt ist: hat jemand ein Faß mit Südwein im Keller (Marsala oder Tarragona), so rumort der Wein im Faß, sobald im Heimatland die Reben blühen.

Hierher gehört auch die sogenannte „Schülermagie", die verbreiteter ist als man allgemein glaubt. Fast jeder von uns wird in seiner Schulzeit ein Phänomen gekannt und instinktiv danach gehandelt haben, über das Willy Schrödter folgendes berichtet:

„Hatte ich mein Schulpensum gut gelernt, so konzentrierte ich mich darauf, daß mich der Lehrer rufen sollte, indem ich ihn anschaute. Ohne mir lange den Arm ausrenken zu müssen, kam ich ‚dran'. Aber weit häufiger wollte ich nicht drankommen, und da gab's zwei Verfahren: entweder zu wollen, daß er mich nicht aufrufen sollte, oder aber — und das erschien mir als das Sichere mit der Zeit — unter Anhalten des Atems möglichst überhaupt nicht zu denken, also quasi nicht da zu sein. Ich folgerte, durch vereinzelten Mißerfolg gewitzigt, ganz richtig: willst Du nicht aufgerufen werden, weil der Gedanke dahintersteckt, Du kannst nichts, so kann der Lehrer, wenn dieser Gedanke stärker wird als der Wille, nicht aufgerufen zu werden, ihn bemerken (‚erfühlen') und Dich erst recht aufrufen, denkst Du aber gar nichts, so erreicht ihn überhaupt kein Gedanke von Dir, Du bist einfach für ihn nicht da" (50). Solch harmlos kindliche Magie hat sicher jeder von uns in früher Jugendzeit betrieben. Zu ihr bekennt sich auch der Dichter Hugo von Hofmannsthal (1874—1929), wenn er über seine Jugend äußert: „Der Anfang war pure Magie." Weit weniger harmlos ist es, daß man in neuester Zeit bekanntlich daran arbeitet, die Telepathie für militärische Zwecke nutzbar zu machen.

Nachdem bereits vor Jahren auf getauchten amerikanischen Atom-Unterseebooten Versuche zur wissenschaftlichen Erforschung der Telepathie gemacht wurden, haben sich die Militärs beider Hemisphären entschlossen, diese geheimnisvolle Kraft in den Dienst künftiger Kriege zu stellen: warum sollte es nicht möglich sein, fragen sie, mit Hilfe der Gedankenkraft zum Beispiel die Aufmarschpläne des Gegners zu erfahren?

Auch in den Raumfahrtzentren der USA und der UdSSR macht man sich Gedanken darüber, wie man die Gedankenübertragung bei größeren interplanetarischen Flügen nutzbringend anwenden könnte, dann nämlich, wenn Funk- oder Sprechverkehr ausfallen. Ein menschlicher „Sender" in der Bodenstation mag eines Tages vielleicht einem menschlichen „Empfänger", dem jeweiligen Astronauten oder Kosmonauten im Raum, auf telepathischem Wege Informationen und Befehle übermitteln.

Das ist beim heutigen Stand der Wissenschaft keine Utopie mehr. Die Tatsache der Telepathie steht heute wissenschaftlich fest, ob sie nun mit oder ohne Hilfsmittel erreicht wird. Seiner Zeit voraus, hatte der Physiker Dr. Paul Vogeler schon 1922 den Standpunkt vertreten: „Als Physiker ist mir die Existenz elektromagnetischer

‚Gedankenwellen' als Begleiterscheinung der Atomumlagerungen im Gehirn und der Resonanz in fremden, aufnahmebereiten Hirnen, also Gedankensuggestion, ungefähr ebenso selbstverständlich wie zwei mal zwei gleich vier ist. Hätte man für Gedankenübertragung keine Fälle, so müßte man geradezu danach suchen. Denn sie müßte vom physikalischen Standpunkt aus einfach existieren ..."
Diese Äußerung war damals freilich seinem wissenschaftlichen Ruf nicht sonderlich gut bekommen.

Von wirklichen Wundern

So geheimnisvoll die rätselhaften Erscheinungen auch sein mögen, von denen bisher die Rede war, so gehören sie doch nicht zu jenen ganz besonders seltenen Geschehnissen, die wir als Wunder bezeichnen.

Ein ganz ungewöhnliches und erstaunliches Wunder aber ist die Geschichte eines jungen Mannes, dem ein Bein amputiert wurde, das später in voller Lebendigkeit wieder am Körper war.

Dieses Wunder ist historisch so gut belegt, daß kein Zweifel an seiner Echtheit bestehen kann.

Hier ist die Geschichte dieses wohl einzigartigen Wunders, an das in Saragossa nahe der Basilika „Unserer Lieben Frau del Pilar" eine Straße, die „Calle del Miraculo", erinnert:

Es war um das Jahr 1636.

Der damals siebzehnjährige Miguel Juan Pellicer verließ das Landgut seiner Eltern und reiste nach Castelon-de-la-Plata bei Valencia zu seinem Onkel Jaime Polaseo, um dort zu arbeiten.

Mitte 1637 geriet er unter die Räder eines schwer beladenen Karrens, sein rechtes Bein wurde gebrochen.

Miguel kam ins Spital des Ortes; später wurde er in das Krankenhaus von Valencia transportiert. Das Bein schmerzte ihn sehr und eiterte beständig. Da keine Besserung eintrat, wurde ihm Ende Oktober 1637 das Bein amputiert. Der Arzt Diego Millaruelo hatte keine andere

Möglichkeit mehr gesehen, Miguels Leben zu retten. Das amputierte Bein wurde vom ersten Assistenten des Arztes, Juan Lorenzo Carcia, in Gegenwart mehrerer Zeugen auf dem Friedhof des Spitals beerdigt.

Nach einigen Monaten war die Amputationswunde soweit abgeheilt, daß Miguel auf Krücken das Spital verlassen konnte. Er war mittellos und auf sich allein angewiesen. So beschloß er, in Valencia zu bleiben. Hier wallfahrte er täglich zur Basilika, wo er auch bettelnd sein Brot verdiente. Bald hieß er „Der hinkende Bettler Unserer Lieben Frau", denn als Türsteher an der Pforte der Basilika war er bald der ganzen Gemeinde bekannt. Eine überaus dürftige Ruhestätte im Hause eines mitleidigen Menschen namens Domingo Martin diente ihm als Nachtquartier. Dort entdeckten ihn auch später zwei Priester und einige Bekannte aus seiner Heimat. Sie überredeten ihn, wieder in seine Heimat zurückzukehren und stellten ihm einen Maulesel zur Verfügung.

Das war im Jahr 1640.

Wieder zu Hause, wollte er den Seinigen nicht zur Last fallen. So fuhr er mit einem klapprigen Karren jeden Tag hinaus und brachte abends genügend erbettelten Proviant mit. Sein tägliches Hauptziel war aber stets die Kirche der Madonna del Pilar in Saragossa, die er regelmäßig aufsuchte. Jeden Morgen sah man Miguel bei der wundertätigen Madonna, wo er innigst betete und seine Wunde mit dem Öl aus der Ewigen Lampe bestrich.

Am 26. März 1640 kehrte er ermüdet und erschöpft von seiner Bettelreise zurück. Gegen 10 Uhr abends nahm er sein hölzernes Bein ab und legte sich mit Hilfe seiner Mutter auf ein improvisiertes Bett, denn ein einquartierter Soldat hatte das seine belegt. Todmüde schlief er ein.

Die Mutter, etwas unruhig wegen ihres total erschöpften Sohnes, ging gegen 11 Uhr nachschauen, ob der Mantel des Vaters, den man ihm als Decke gegeben hatte, ihn auch gut einhüllte. Sie erschrak zutiefst: es waren zwei Beine sichtbar. Voller Angst, am ganzen Körper bebend und im Glauben, ein Soldat habe sich unter Miguels Mantel versteckt, rief sie ihren Mann. Dieser hob ganz bestürzt den Mantel empor — dann weckte er seinen Sohn, was erst nach viel Mühe gelang. Als der Sohn wach war, deutete der Vater wortlos auf die beiden Beine.

Auf die verschiedenen Fragen seiner fassungslosen Eltern antwortete Miguel nur, er habe am Abend ganz innig Maria um die Gnade seiner Heilung angefleht und sei dann eingeschlafen. Nachts habe er eine Art Schauung gehabt. Wie im Traum sei er in der Gnadenkapelle Unserer Lieben Frau del Pilar von Saragossa gewesen und habe den Beinstumpf mit dem Öl der Marienlampe eingerieben.

Das großartige Wunder verbreitete sich sofort mit Windeseile. Alles eilte herbei, um das Unglaubliche zu schauen. In einer Prozession strömten die Menschen mit dem noch hinkenden Miguel zur Kirche, um Gott und Maria für diese Gnade zu danken.

Der Geheilte hatte nach drei Jahren sein altes Bein mit allen seinen Narben und besonderen Kennzeichen wiedererlangt. Eine rötliche Trennungslinie markierte die Stelle, an der das Bein angewachsen war. Die volle Gehfähigkeit kehrte erst nach und nach zurück, doch nach den notwendigen Übungen konnte er sich wieder bewegen und laufen wie einst. Die Ärzte, die das Bein früher gesehen hatten, erkannten die Narben und besonderen Kennzeichen.

Der Bischof ordnete eine kanonische Untersuchung an, die

bis April 1641 tagte. Der Erzbischof von Saragossa pro-
klamierte am 27. April 1641 die Echtheit des Wunders,
und auch der berühmte und weitgereiste Kardinal Jean
François Paul de Retz (1613—1679) mußte sich trotz
aller Unglaublichkeit von der unbedingten Echtheit des
Wunders überzeugen.

Die reichhaltigen Dokumente der Untersuchungen sind in
den Archiven von Saragossa aufbewahrt. 24 Gemälde sind
dem Wunder gewidmet, und ein fünfundzwanzigstes Bild
zeigt, wie König Philipp IV. (1621—1665) im Schloß zu
Madrid in Gegenwart aller Hofherren und Hofdamen
kniefällig das geheilte Bein Miguels betrachtet und küßt.
1961 veröffentlichte die Zeitschrift „Benediktusbote" eine
ausführliche Schilderung dieser wundersamen Heilung;
daraufhin wurden zahlreiche Anfragen an den Erzbischof
von Saragossa gerichtet. In der Antwort vom 30. August
1961 wurde die vollständige Übereinstimmung mit den
vorhandenen Prozeßakten bestätigt, und zur ausführlichen Information und kritischer Begutachtung auf ein
1960 erschienenes Buch des Abbé Deroo verwiesen (51).

Natürlich hat man nach Erklärungen für das „Wunder
von Calanda" — wie es nach dem Heimatort Miguels
meist genannt wird — gesucht. Ebenso natürlich hat man
eine Erklärung nicht finden können. Immerhin haben
Parapsychologen aber die Richtung gewiesen, in der eine
mögliche Erklärung zu suchen wäre. Sie haben zwei
Hypothesen aufgestellt.

Einmal sehen sie die Möglichkeit einer wunderbaren Konservierung des abgenommenen Beines, wie dies von be-
erdigten Leibern mancher Heiliger bezeugt ist; dann wäre
der spätere Apport und die Wiederverbindung dieses kon-
servierten Gliedes vorstellbar.

Zum anderen denken sie an die direkte Materialisation des verlorenen Gliedes. Man kennt sogenannte mediale Materialisationen recht gut. Mehrfach hat man Gipsabgüsse materialisierter Hände und Füße aus verschiedenen Materialisationssitzungen anfertigen können. Man hat solche Abdrücke unter allen erdenklichen Sicherungsvorkehrungen erhalten: die sichtbaren oder unsichtbaren Phantome tauchten ihre Hände oder Füße abwechselnd in flüssiges Paraffin und kaltes Wasser, und die so erhaltenen Gußformen wurden mit Gips ausgegossen.

Der auffällige Unterschied zwischen dem „Wunder von Calanda" und diesen von Medien bewirkten Materialisationen ist jedoch der, daß es sich hier um eine bleibende, dort meist um rasch vergängliche Materialisationen handelte.

Eine zweifellos interessante Parallele zu Miguels „Bein-Wunder" bildet ein bei dem amerikanischen Medium Ethel Post-Parrish durch Infrarotaufnahmen einwandfrei festgestellter Fall, bei dem einem beinamputierten älteren Mann das fehlende Bein anmaterialisiert wurde, leider in diesem Fall aber wiederum nur vorübergehend.

Weitere Parallelen bilden jene fast unglaublich anmutenden Fälle, bei denen Körperteile des Mediums vollständig dematerialisiert wurden, um später wieder zu erscheinen. So verschwand beispielsweise bei dem isländischen Medium Indridason ein Arm in Gegenwart mehrerer Wissenschaftler, die seine offene, nur noch von Teleplasma umkleidete Schulter genau befühlen konnten; die gleiche Erscheinung wurde bei dem englisch-französischen Medium Madame d'Esperance festgestellt. Es war eine ihrer ungewöhnlichsten Fähigkeiten, Teile ihres Körpers zu dematerialisieren. Sie wurde sich dieser Tatsache selbst nur durch einen Zufall bewußt, worüber sie schreibt: „Mein Kopf, besser gesagt mein Nacken, schmerzte mich stark und ich umschloß ihn deshalb von hinten mit meinen gefalteten Händen, um ihn zu stützen. Doch meine Arme ermüdeten in dieser Stellung rasch, und ich hatte schließlich das Bedürfnis, sie wieder herunterzunehmen und auf meinen Knien in Ruhestellung zu bringen. Als ich das tat, stellte ich plötzlich fest, daß meine Beine verschwunden waren und daß meine Hände statt auf den Beinen auf dem Stuhl lagen, auf dem ich saß. Darüber war ich nicht wenig erschrocken und ich zweifelte im ersten Augenblick an der Richtigkeit meiner Beobachtung; ich dachte, ich träume. Aber der Raum war hell genug erleuchtet, und ich verständigte den Teilnehmer, der mir am nächsten saß, von meiner merkwürdigen Beobachtung."

> Madame d'Esperance fiel während der Sitzungen nie in Trance, sondern erlebte sämtliche Vorgänge voll bewußt.

Auf einer Séance in Helsingfors dematerialisierte sich der ganze Unterkörper von Madame d'Esperance. Fünf Personen waren bei dieser ungewöhnlichen Sitzung zugegen, und alle bekräftigten, daß nur noch die oberen Teile des Körpers des Mediums vorhanden waren. Auf dem Stuhl lagen lediglich ihre leeren Kleider. Ihre Arme, Kopf, Schultern und Brust waren, wo sie hingehörten. Sie konnte reden, den Kopf und die Arme bewegen und Wasser trinken. Sie konnte dabei auch ständig ihre Beine fühlen, obwohl diese augenscheinlich nicht vorhanden waren. Dieser Zustand dauerte etwa eine halbe Stunde, und in Madame d'Esperance begannen bereits Bedenken aufzusteigen, ob ihre Beine überhaupt zurückkommen würden.

Staatsrat Professor Aksakoff, der berühmte russische spiritistische Forscher, der viel mit Madame d'Esperance als Medium arbeitete, hat erklärt, daß bei Medien Dematerialisationen von Körperteilen viel häufiger vorkommen, als man anzunehmen geneigt ist.

Die Geschichte des Spiritismus kennt sogar vollkommene Dematerialisationen von Medien, die — von Geistwesen — in Minutenschnelle über große Entfernungen „transportiert" und dort wieder rematerialisiert wurden. Besonders bekannt für seine Ganz- und Teilmaterialisationen war das inzwischen verstorbene brasilianische Medium Carlos Mirabelli.

Doch zurück zum „Wunder von Calanda". G. W. Surya berichtet über ein verwandtes Ereignis, nämlich über den äußerst interessanten Fall eines jungen Mannes aus Grimsby (England), der von Geburt an augenleidend war und schließlich durch Auseiterung beide Augen vollständig verlor. Durch tiefen Glauben und inbrünstige Gebete erlebte er plötzlich an einem einzigen Tage des Jahres 1890 ein vollkommenes Wunder: am Abend hatte er die volle Sehfähigkeit wiedererlangt — nachdem er am Morgen des gleichen Tages noch die Finger in die leeren Augenhöhlen hatte legen können (28).

Ein ganz ähnlicher Fall wird aus der Wirksamkeit des bekannten Pater Pio (1887—1968) berichtet, der als Ortsheiliger und Schutzpatron in der 21 000-Seelen-Gemeinde San Giovanni Rotondo in Italien vielerlei ganz erstaunliche Wunder bewirkte. Am 14. Februar 1949 wurde ein junger Arbeiter namens Giovanni, der mit Kameraden Felsblöcke sprengte, durch die unerwartete Explosion einer Dynamitladung so verletzt, daß das rechte Auge vollständig auslief und auch das linke sehr in Mitleidenschaft gezogen wurde. Nach einer hoffnungweckenden nächtlichen Erscheinung von Pater Pio bei dem im Spital liegenden Giovanni war in wenigen Tagen das ausgelaufene Auge zugleich mit dem anderen wiederhergestellt.

Wunder geschehen immer wieder — auch heute noch in unserer angeblich so an Wundern armen Welt.

Die Geschichte der wunderbaren Heilungen von Lourdes gehören teilweise sicherlich auch hierher. In der Zeit von 1937 bis 1952 wurden aus einer bedeutend größeren Zahl tatsächlich erfolgter Heilungen nach strengster Siebung durch die dritte Prüfungsinstanz — eine beauftragte Kanonische Kommission — immerhin elf dieser Heilungen als Wunder anerkannt. Und auch aus jüngster Zeit — aus dem Jahr 1971 — sind wieder zwei Spontanheilungen bekanntgeworden, die man schlechthin als Wunder bezeichnen muß.

Der erste Fall betrifft die Nonne Mamerta aus Arnheim (Holland). Sie war über vier Jahre lang gelähmt und konnte sich nur auf Krücken bewegen. Nach einer Gehirnblutung blieben ihr linker Arm und ihr linkes Bein vollständig gelähmt. Sie mußte ihren Beruf als Lehrerin schwer erziehbarer Kinder aufgeben und konnte nur noch eine leichte Tätigkeit als Pförtnerin in einem katholischen Heim für Körperbehinderte ausüben.

Am 24. Mai 1971 fuhr sie mit ihrer Mitschwester Maria Joseph in einer Gruppe von 40 Personen nach Lourdes, wo sie die Quelle, die Grotte und andere der heiligen Jungfrau geweihte Stätten besuchte. Sie hatte auf kein Wunder gehofft, und sie hatte — wie ihre Ärzte — längst den Gedanken aufgegeben, wieder gesund zu werden.

Doch am Tag der Abreise geschah das Wunder:

„Als ich aufwachte, wollte ich mit der rechten Hand wie

immer die Stahlmanschette für mein gelähmtes linkes Bein anlegen. Plötzlich bemerkte ich, daß ich den linken Arm wieder bewegen konnte. Ich fühlte wieder Kraft in der Hand. Sie war auch nicht mehr kalt wie in den Jahren zuvor".

Ihre Mitschwester Maria Joseph forderte sie auf: „Steh auf und versuch zu laufen. Vielleicht ist auch Dein Bein wieder gesund!" Tatsächlich konnte Mamerta aufstehen, das Bein gehorchte, sie konnte wieder gehen — seit Jahren zum erstenmal ohne Krücken.

In Lourdes wurde die Wunderheilung zunächst geheimgehalten. Doch die Mitglieder der Reisegesellschaft erzählten, was geschehen war. Die freudige Botschaft verbreitete sich wie ein Lauffeuer.

Noch von Lourdes aus rief Schwester Mamerta ihre Mutter in Utrecht an, und im Juni 1971 konnte sie ihre Mutter zum erstenmal wieder besuchen.

Schwester Mamertas Oberin, die zu dem Vorfall interviewt wurde, bestätigte: „Mamerta arbeitet wieder in ihrem alten Beruf und läuft nun rascher als wir über Flure und Treppen." An die Reporter gewandt, fügte sie noch einen Satz hinzu, der uns zu denken geben sollte: „Wir alle reden gelegentlich von Wundern, aber die Bedeutung geht einem erst auf, wenn man selber eines erlebt."

Der zweite Fall betrifft ein krebskrankes Kind, das die Ärzte schon aufgegeben hatten. Nach zweimaligem Baden in der heiligen Quelle von Lourdes war es wieder gesund. Der Glasgower Kinderarzt Dr. med. Stewart Mann vom Oakbank-Hospital, der die Krankengeschichte der kleinen Frances Burns verfolgt hat, bestätigte nach der Heilung im August 1971: „Nach dem gegenwärtigen Stand der Wissenschaft kann die Heilung nicht erklärt werden.

Frances war dem Tode nahe, als sie Glasgow verließ. Und als sie aus Lourdes zurückkam, erholte sie sich innerhalb von wenigen Tagen. Die Heilung kann wahrhaftig als ein Wunder bezeichnet werden."

Vorausgegangen war folgendes: 1966 war dem damals einjährigen Baby eine Niere entfernt worden. Doch der Krebs zerstörte unaufhaltsam den Körper des Kindes, Tochtergeschwülste (Metastasen) breiteten sich überall aus. Röntgenstrahlen und Injektionen halfen nicht. Als Frances Burns drei Jahre alt war, gaben die Ärzte sie auf.

Die verzweifelten Eltern des kleinen Mädchens erinnerten sich an Berichte von unerklärlichen Heilungen in dem südfranzösischen Wallfahrtsort Lourdes. Sie entschlossen sich zu einer Pilgerfahrt. Freunde und Verwandte der Familie Burns sammelten das Geld für die Reise.

In Lourdes badete Mrs. Burns ihr todkrankes Kind im Wasser der heiligen Quelle. Nachts wachte die Mutter im Krankenhaus von Lourdes am Bett ihrer Tochter. Sie kühlte das fiebernde Kind mit Handtüchern, die sie in geweihtes Lourdes-Wasser getaucht hatte.

Doch dies alles schien nichts zu helfen.

Frances wurde so schwach, daß die Ärzte befürchteten, sie würde die Rückreise in die Heimat nicht überstehen.

Schweren Herzens entschloß sich die Mutter zur Rückkehr nach Glasgow, wo sie Frances wieder ins Krankenhaus brachte. Die Mutter rechnete nicht mehr damit, das Kind lebend wiederzusehen. Was Mutter Burns beim Besuch ihrer Tochter am nächsten Tag erlebte, schilderte sie später so: „Als ich ins Zimmer trat, saß Frances aufrecht im Bett und aß eine Apfelsine. Innerhalb einer Woche gingen die Geschwülste zurück — schon nach zwei Wochen konnte meine Tochter entlassen werden."

Papst Paul VI. ist gebeten worden, die Heilung der Frances Burns als Wunder zu bestätigen. Wer die strengen Maßstäbe kennt, die in solchen Fällen angelegt werden, bevor die katholische Kirche ein Wunder als solches anerkennt, weiß, daß Jahre, manchmal Jahrzehnte darüber vergehen können. Ob aber päpstlich anerkannt oder nicht, man wird diese Heilung kaum anders denn als Wunder bezeichnen können.

Zu den wundersamsten Beispielen aus der Geschichte der Mystik zählen auch die unerklärlichen, jedoch vielfach bezeugten Geschehnisse im Leben des katholischen Geistlichen Abbé Vachère de Grateloup. Sie sind so erstaunlich, daß sogar der als besonders ausgeprägter Rationalist bekannte italienische Arzt und Universitätsprofessor Nazari sich davon betroffen zeigte. „Dies ist das unerhörteste Faktum", räumte er ein, „seit es das Gerede vom Übernatürlichen gibt."

Abbé Vachère de Grateloup (1852—1921) entstammte einem alten Adelsgeschlecht. Schon als Kind zeigte sich bei ihm die Neigung zum Priesterberuf. Später erwarb er sich durch seine Energie und den Schwung seiner Predigten einen bedeutenden Ruf.

In den Jahren 1905 bis 1908 war er in Rom tätig und wurde bereits fünf Monate nach seiner Ankunft zum Ehrenkanonikus und Generalvikar der Diözese Pescina ernannt. Sogar ein Bischofssitz wurde ihm in Aussicht gestellt. In diesen Jahren prophezeite ihm eine im Rufe der Heiligkeit stehende Zisterzienserin, daß bei ihm einmal wunderbare Dinge geschehen würden, wegen deren er viel zu leiden haben würde.

Der Abbé war eine imponierende und energische Persönlichkeit, eine leidenschaftliche Willensnatur, bis zur Rücksichtslosigkeit offen und unabdingbar direkt in seinen Äußerungen. Er pflegte von sich selbst zu sagen, er sei eine Natur von Feuer und Pulver. Seinem energischen Eingreifen war es zu verdanken, daß eine Stigmatisierte die Aufhebung ihrer zehnjährigen Exkommunikation erreichte. Vachères Energie und Offenheit schufen ihm aber auch viele Feinde im Klerus, vor allem unter den Kardinälen.

Nach seiner römischen Tätigkeit nahm er seinen Wohnsitz in Mirabeau bei Poitiers, wo er eine kleine Villa besaß, an die er eine Privatkapelle anbauen ließ. Als feinsinniger Kenner und Freund der religiösen Kunst widmete er sich der Ausstattung dieser Kapelle mit ganz besonderer Liebe. Darin befand sich auch seine große Reliquiensammlung von etwa 2000 Reliquien.

In dieser Kapelle nun geschah es, daß sich am 8. September 1911 zum erstenmal auf der Stirne eines Herz-Jesu-Bildes Blutstropfen bildeten. Es war dies ein fast lebensgroßes Brustbild des Heilandes mit besonders anziehendem Gesichtsausdruck, ein Farbendruck, der ihm einst von einer verstorbenen römischen Doktorswitwe namens Sacchetti vermacht worden war und das auf seinem Altar unter dem großen Kruzifix seinen Platz gefunden hatte, so daß er es bei der Messe stets vor Augen hatte.

Immer mehr Blut sickerte aus den Stirnwunden der Dornenkrone und bald auch aus den Wundmalen der Hände und des Herzens und floß in mehr oder weniger breiten Rinnsalen über das Bild herab. Aus den Augen rannen Tränen. Das Blut wurde mit Leinenläppchen aufgefangen oder mit Federn aufgenommen und in kleine Fläschchen abgefüllt.

Dieses seltsame Geschehen erregte natürlich ungeheures

Aufsehen, und bald wimmelte die Kapelle von Gläubigen und Neugierigen. So wurden an einem einzigen Sonntag etwa 3000 Besucher gezählt.

Das Blutwunder dauerte gewöhnlich eine halbe Stunde, dann versiegten Blut und Tränen; nur ausnahmsweise zog sich das rätselhafte Geschehen über mehrere Stunden hin, und nur einmal dauerte es ohne Unterbrechung zwölf Stunden. Dies geschah am 30. März 1912.

In der Zeit vom 6. bis 11. Juni 1920 wohnte der Abbé — von Rom kommend — in einem Hause am sogenannten Hühnermarkt in Aachen. In diesen wenigen Tagen zeigte sich an einem — von fremder Hand in seinem Gastzimmer aufgehängten Herz-Jesu-Bild und an einer der Hausbesitzerin gehörenden Jesus-Statue wiederum das sogenannte Blutwunder. Ohne jede ersichtliche Ursache begann bei beiden aus den Wunden der Dornenkrone, der Hände und des Herzens Blut zu fließen, und aus den Augen Tränen.

Eine ungeheure Aufregung entstand in der Stadt. Große Menschenmassen hielten den Platz vor dem Hause des Wunders besetzt. Lange Zeit war das unglaubliche Ereignis Stadtgespräch. Denn auch die sorgfältigsten Prüfungen, Überwachungen und Kontrollen ließen keine natürliche Ursache des geheimnisvollen Blutwunders erkennen.

Die Besucher konnten das nur mit Heftzwecken leicht an der Wand befestigte Bild, einen einfachen Farbendruck, abnehmen und die unblutige weiße Rückseite untersuchen, sie konnten auch von dem Blut mitnehmen und es von vereidigten Gerichtschemikern untersuchen lassen. Diese vielfach vorgenommenen Untersuchungen bewiesen immer wieder eines: daß es sich um echtes Menschenblut handelte. Gewöhnlich dauerte das Bluten etwa eine halbe Stunde und hörte dann auf, so daß das Blut im Laufe der nächsten Stunden eintrocknen konnte. Das Schauspiel wiederholte sich nach einem oder mehreren Tagen, wobei das Blut unter der Kruste des alten hervorbrach.

Zeugen haben die Menge des während einer Blutung herausgeflossenen Blutes auf etwa 5 bis 7 Kubikzentimeter geschätzt.

In den 10 Jahren bis zum Tode des Abbé zeigte sich das Blutwunder an insgesamt vier Bildern des gleichen Farbendrucks, von denen eines sich unter Glas befand, ferner an zwei Jesus-Statuen, an einem Kruzifix und an neunzehn Hostien.

Die Erscheinung war — so kurz vor dem ersten Weltkrieg — eine zutiefst erschütternde Demonstration. Blut und Tränen, welch furchtbare Verkündigung war das in einer Zeit, die unter diesen Zeichen stehen sollte. Eine gewaltige Mahnung zur Einkehr, zur Buße und Umkehr. So wurde sie auch fast allgemein verstanden.

Beschämenderweise führte sie dennoch zur rigorosen Exkommunikation des frommen Abbé.

Diese Maßnahme des Vatikans beruhte jedoch auch auf dem Umstand, daß Abbé Vachère auch „Botschaften der inneren Stimme" vernahm — so wurde ihm beispielsweise der Beginn des ersten Weltkrieges in einer Schauung mitgeteilt — und daß er diese Botschaften auch seinen Gläubigen mitteilte.

Ein solches Verhalten, das über seine seelsorgerischen Aufgaben weit hinausging und sogar Auswirkungen auf das Verhältnis zwischen dem Staat und der Kirche haben konnte, und das im übrigen aber auch dem Dogma widersprach, konnte der Vatikan nicht hinnehmen.

Abbé Vachère legte — als aufrechter Mann von bestem Gewissen — gegen seine Exkommunikation beim Heiligen

Stuhl in scharfer Form Beschwerde ein und verlangte die Einsetzung einer kirchlichen Untersuchungskommission. Er wiederholte diese Proteste, bis 1921 ein Herzschlag seinem Leben ein Ende bereitete. Doch er erhielt keine Antwort. Mit dem Tode des Abbé hörten auch die Blutwunder auf, ebenso die vielfach erfolgten staunenswerten Wunderheilungen von Blinden und Lahmen jeden Alters von Schwindsüchtigen und Epileptikern, die er bewirkt hatte. Jetzt unternahm es der Wissenschaftler Dr. Henri Birven, ein versierter Parapsychologe, diesen in mancher Hinsicht unglaublichen Fall einer gründlichen wissenschaftlichen Untersuchung zu unterziehen, deren Ergebnis er einige Jahre später vorlegte (53).

Die vielen von ihm zusammengetragenen Zeugenaussagen schließen die Möglichkeit des Betruges endgültig aus; er distanziert sich jedoch ebenso von jenem Wunderbegriff, der in dem ganzen Phänomen einen direkten Eingriff Gottes sehen möchte. Er hält die Erscheinungen statt dessen für Offenbarungen einer noch unbekannten Naturwissenschaft.

Nach Birven war Abbé Vachère nicht der passive Typ des selbst mitleidenden Stigmatisierten, sondern der leidenschaftlich nach Tat drängende aktive Christ. Darum wußte seine unterbewußte Seele Wege zu finden, die Zeichen des Leidens auf geheimnisvolle, magische Weise auf Bildnisse und Hostien zu übertragen.

Dr. Henri Birven hat sich auch nach historischen Vergleichsfällen umgesehen. Einen gut bezeugten und nachprüfbaren Fall aus der neueren Zeit fand Birven in der Dominikanerin Columba Schonath (1730—1787), mit der sich auch Dr. Hans Heim beschäftigt hat (54). Auch sie hörte die Stimme des Heilandes, der ihr ein Zeichen versprach. Tatsächlich begann kurz darauf das Kruzifix ihres Zimmers Blut zu weinen, und auch aus der Seite der hölzernen Figur floß Blut. Diese Blutungen stellten sich immer häufiger ein. Einmal blutete sogar der Körper auf der ganzen Oberfläche so, als würde ein lebendiger Leib gegeißelt. Eine überzeugendere Demonstration der ungeheuren Macht der Seele und des Geistes über die Materie läßt sich schwer vorstellen.

Wenn in früheren Zeiten ein Kruzifix blutete oder ein Mutter-Gottes-Bild Tränen vergoß, so war sehr rasch von einem „Wunder" die Rede. Die Kirche kam in den vergangenen Jahrhunderten dem der menschlichen Natur innewohnenden Bedürfnis nach Verehrung des Unerklärlichen weitgehend entgegen, und auf die Äußerungen desselben wirkte sie mehr ordnend und lenkend als hemmend ein. Im Laufe der Zeit ist sie immer vorsichtiger, immer zurückhaltender geworden. Rationalismus und Aufklärung, die alles Ungewöhnliche im kirchlichen Raum als Pfaffenbetrug zur Volksverdummung diskriminierten und verhöhnten, haben Unsicherheit ausgelöst, mit ihren letzten Ausläufern aber bis in die kirchliche Sphäre selbst Eingang gefunden. Paranormales wird dort heute als überwiegend störend, wenn nicht gar als peinlich empfunden. Aber so dankenswert Zurückhaltung und schärfere Kritik einerseits sein mögen, so hängen sie doch andererseits mit einer Weltanschauung zusammen, für die zwischen irdisch-materiellen Vorgängen und transzendentalem Geschehen ein Abgrund klafft, den der antike und auch noch der mittelalterliche Mensch nicht kannte. Hinter angeblich exakter, streng wissenschaftlicher Einstellung verbirgt sich nur allzuoft Ratlosigkeit, wenn nicht Hilflosigkeit. Hierfür ein Beispiel aus jüngster Vergangenheit:

108

Im Herbst 1969 wurde einem Stadtpfarrer in Florenz aus Privatbesitz ein Madonnenbild gebracht — wahrscheinlich eine Arbeit aus der Schule des spanischen Malers Murillo oder eine gute Kopie —, das plötzlich am 8. September, dem Fest Mariä Geburt, zu bluten begonnen hatte. Ein dicker Blutstreifen fiel von der linken oberen Brustseite über das Händchen des Jesuskindes und den rechten Arm der Madonna in deren Schoß.

Der Vorgang, seine Plötzlichkeit und die substantielle Echtheit sind einwandfrei bezeugt, aber das Geschehnis bringt die kirchlichen Kreise heute in größte Verlegenheit. Das Bild wird demzufolge in einem der Allgemeinheit unzugänglichen, meist abgeschlossenen Sakristeiraum verwahrt. Von einer Verehrung desselben Abstand zu nehmen wird jeder gebeten, der es ausnahmsweise zu sehen bekommt.

Man kann diesen Maßnahmen und denjenigen, die sie getroffen haben, nicht einmal das Verständnis versagen. Vor die Alternative gestellt, eine reaktionäre Minderheit zu fanatisieren und eine erdrückende Majorität zum Spott herauszufordern oder über den ganzen Vorgang nach Möglichkeit Stillschweigen zu wahren, haben sich der Stadtpfarrer und seine Vorgesetzten für letzteres entschieden. Ihnen daraus einen Vorwurf zu machen, wäre wohl nur derjenige berechtigt, der eine bessere Lösung des Problems wüßte — eine Lösung, die zugleich mittels einer Erklärung des Phänomens all denen, die sich von einer solchen Erscheinung betroffen fühlen, psychologisch gerecht würde. Das aber dürfte immer noch ein Ding der Unmöglichkeit sein.

Eine Variante der blutenden Christus- und Marienbilder sind natürlich die weinenden Ikonen, über die die „Herder-Korrespondenz" im November 1960 das Folgende berichtete:

„Seitdem am 16. März dieses Jahres einem frommen griechisch-orthodoxen Ehepaar in Island Park (Staat New York) ein besonderes Zeichen göttlicher Gnade zuteil wurde, ist das Phänomen von weinenden Ikonen der Mutter Gottes zum Mittelpunkt starker religiöser Erweckung und Aktivität in weiten Kreisen der orthodoxen Kirche in Amerika geworden. ‚Dieses erstaunliche Phänomen, das durch den menschlichen Verstand nicht erklärt zu werden vermag', heißt es in einem der Presse übergebenen Bericht des griechischen Exarchats in Amerika, sei von über siebzig orthodoxen und nichtorthodoxen Augenzeugen bestätigt worden. Der griechische Exarch, Erzbischof Iakovos, veranlaßte alsbald die Überführung der Ikone in die griechische Kirche von Hempstead, Long Island. Die Haus-Ikone einer anderen griechischen Familie, bei der sich später gleichfalls die Erscheinung der Tränen zeigte, wurde ebenfalls in die Kirche von Hempstead gebracht, wo seither ein ununterbrochener Zug von Gläubigen den weinenden Ikonen Verehrung erweist."

Ein Gegenstück hierzu wiederum ist die weinende Madonna von Syrakus. Dort hatte 1953 ein Herz-Mariä-Bild in einer Kommunistenwohnung vier Tage hindurch menschliche Tränen vergossen. Der sizilianische Episkopat hatte damals den übernatürlichen Charakter dieses Tränenwunders bestätigt.

In der alten Kirche von Langres in Mittelfrankreich begann am Palmsonntag 1921 während des Hochamtes ein Christus blutige Tränen zu weinen. Aus dem Winkel des rechten Auges quoll langsam eine rote Flüssigkeit hervor, die dann gerann, als ob es Blut wäre. Diese wunderbare

Erscheinung hat sich später in unregelmäßigen Abständen verschiedentlich wiederholt.

Die Kirchenbehörde beobachtete dieses Wunder sehr zurückhaltend und tat alles, um die seltsame Erscheinung zu verheimlichen.

Der Grazer Theurg Dr. Alfred Strauß (1881—1935) ist der Auffassung gewesen, „daß eine heiligmäßige Person unbewußt medial Urheberin dieses magischen Tränenwunders gewesen sein muß".

Er schilderte einen weiteren Fall der „Verlebendigung" — zwar nicht eines Bildes, aber eines großen Kruzifixes — in der Pfarrkirche zu Limpias an der spanischen Biskayaküste. „Die Erscheinungen zeigten sich zum erstenmal am 30. März 1919 anläßlich einer von einem Kapuziner dort abgehaltenen Mission. Nach der Kommunion erscholl auf einmal der Ausruf ,Milage!' ,Ein Wunder!' Das Antlitz des Herrn schien zu leben. Der Erlöser bewegte die brechenden Augen und sah voll Liebe auf das kniende Volk. Die Sache sprach sich schnell herum: immer neue Scharen strömten herzu, das Wunder zu sehen, aber auch der Widerspruch regte sich. Nicht alle sahen die Erscheinungen. Im Sakristeibuch finden sich die Zeugnisse von über 5000 Personen aller Stände und von Gläubigen wie von Religionslosen."

Erklären lassen sich Geschehnisse dieser Art nicht — der magische Bereich entzieht sich dem Verstandesdenken.

Im Jahre 1959 wurde aus der Gegend von Dandazzo, nahe bei Palermo auf Sizilien, berichtet, daß dort eine in der Kirche befindliche Christusstatue mehrmals am Tage die Hände zum Segen erhoben habe. In ganz Sizilien wurde von diesem Wunder gesprochen. Obwohl fotografische und kinematografische Aufnahmen diese seltsame

Erscheinung zu bestätigen schienen, verhielten sich die kirchlichen Kreise auch hier abwartend und ablehnend.

Auch hier bietet sich nur die „Erklärung" an, daß die Statue durch ekstatische Betrachtung, inbrünstige Gebete, Wunsch- und Wunderdenken magisch aufgeladen und mit einem gewissen Eigenleben erfüllt wurde. Es war aber nicht das Bild an sich, die Statue, die sich plötzlich bewegte, sondern es waren, wie die Inder meinen, „Pitha"-Ströme, feinstoffliche Ströme, die vom Andächtigen, vom Betenden ausgingen und sich auf den Gegenstand der Betrachtung übertrugen.

Wunder dieser und jener Art, unerklärliche, ja unfaßbare, hat es zu allen Zeiten gegeben; über sie haben Hunderte, Tausende von Menschen berichtet — zutiefst Gläubige, Skeptiker, aber auch Ärzte und Wissenschaftler, an deren Zuverlässigkeit und Wahrheitsliebe keinerlei Zweifel bestehen kann.

Die meisten dieser Wunder waren einmalige Erscheinungen. Selten kam es vor, daß ein Wunder sich in der gleichen Form und am gleichen Ort über ein Menschenalter hinweg wiederholte.

Ohne jede Parallele dürfte daher ein Wunder sein, das sich seit Jahrhunderten bis heute in immer gleicher Form — und immer am gleichen Ort — manifestiert: „Das Wunder des Heiligen Januarius."

Januarius war Bischof von Benevent, einer Provinz in Süditalien. Im Zuge der Christenverfolgungen unter dem römischen Kaiser Diokletian (284—305 n. Chr.) geriet er zwischen die Mahlsteine der damaligen äußerst strengen Justiz und wurde — als Rebell und Widersacher gegen die bestehende Staatsform — den wilden Tieren zum Fraß vorgeworfen. Schon hier geschah ein Wunder: die Löwen verletzten ihn nicht, töteten aber seinen Diakon Fetus, seinen Lektor Desiderius und andere Gefährten.

Kaiser Diokletian, überheblich wie fast alle römischen Kaiser, weigerte sich, an das Wunder einer möglichen Unverletzbarkeit des Heiligen zu glauben und ließ ihn enthaupten.

Das war um das Jahr 305 n. Chr. und geschah auf dem Marktplatz des Fischerdorfes Puzzoli, am Nordrand des Golfes von Neapel.

Man sagt, die Freunde des allseits verehrten Heiligen hätten sich seines Leichnams angenommen und sein Blut aus der Enthauptungswunde in zwei Glasphiolen aufgefangen und wohlverwahrt. Nach anderen Berichten soll eine Witwe das Blut des enthaupteten Heiligen aufgefangen und es dem Bischof Severus zu Neapel verehrt haben.

Jedenfalls wurde der Heilige Januarius in der nach ihm benannten Kathedrale zu Neapel beigesetzt; er ist der Schutzpatron dieses Gotteshauses, und die beiden Glasphiolen mit dem Blut des Heiligen werden als Reliquien verehrt. Dieses Blut des Januarius, das natürlich seit langem eingetrocknet ist, hat eine unerklärliche Eigenschaft: dreimal im Jahr, nämlich am ersten Samstag im Mai, am 19. September (dem Todestag des Heiligen) und am 16. Dezember verflüssigt es sich und wallt es in den beiden Glasampullen auf.

Besonders am 19. September erfaßt Unruhe die Stadt Neapel. Die Einwohner strömen in den Dom, in dessen Gruft der Leichnam ihres Schutzheiligen begraben liegt und vor dessen Hauptaltar eine silberne Büste des Januarius zur Verehrung aufgestellt ist, die das vermutlich mumifizierte Haupt des Märtyrers enthält.

Dort verwandelt sich während des Gottesdienstes das geronnene, verkrustete Blut des Heiligen in frisches rotes Blut. Dieses wahrhaft unbegreifliche Geschehen wiederholt sich seit dem Jahre 1389 regelmäßig fast jedes Jahr dreimal. Bleibt das „Wunder des Heiligen Januarius" einmal aus, so befürchten die Einwohner Neapels Schlimmes für ihre Stadt.

Ausgeblieben ist die Verflüssigung des Blutes in den Jahren 1527, dem Jahr der Pest in Neapel, 1569, das eine schwere Hungersnot brachte, 1835, dessen Choleraepidemie viele tausend Einwohner dahinraffte, und 1941 mit seinen schweren Luftangriffen auf die Stadt.

1967 bangte die Stadt von neuem. Eine westdeutsche Tageszeitung berichtete darüber am 10. Mai 1967 das Folgende:-„Mit 24stündiger Verspätung hat sich am letzten Sonntagabend um 18.20 Uhr das am ersten Samstag im Mai erwartete Januarius-Wunder doch noch ereignet. Dem Phänomen der Verflüssigung des eingetrockneten Blutes wohnten im Dom von Neapel über tausend Gläubige bei. Die Glocken aller Kirchen Neapels, in denen seit dem Morgen um das Wunder gebetet worden war, kündigten die freudige Botschaft der ganzen Stadt an. Die beiden Ampullen mit dem eingetrockneten Blut des Märtyrers der diokletianischen Christenverfolgung waren am Samstagabend in feierlicher Prozession vom Dom in die Basilika Santa Chiara gebracht worden, wo sich die Kopfreliquie des Heiligen befindet. Nachdem man dort etwa zweieinhalb Stunden lang vergeblich auf das (wissenschaftlich bisher noch nicht geklärte) Ereignis, daß sich das Blut in den Ampullen verflüssigt und aufwallt, gewartet hatte, wurden die Ampullen wieder in den Dom zurückgebracht. Dort fanden bis Mitternacht Betstunden statt. Eine Gruppe von Gläubigen verharrte in der Nacht auf dem

Domplatz im Gebet. Nachdem das Januarius-Wunder am Samstag ausgeblieben war, hatte es in Neapel einige Aufregung gegeben. Die Neapolitaner deuten das Ausbleiben des seit dem Jahre 1389 belegten Blutwunders — und die Geschichte scheint das zu bestätigen — als schlechtes Vorzeichen für die nächste Zukunft."

Bei all diesen wunderbaren Geschehnissen mag nun die Frage auftauchen, warum solche Wunder so selten oder gar einzigartig sind.

Die fast unerläßliche Voraussetzung solcher Wunder ist der Glaube an ihre Möglichkeit. Hier wird dieses Rätsels Lösung gesucht werden müssen, denn unbeirrbarer Glaube ist der geheime Schlüssel zu den verborgensten Kräften der Seele.

In allen Fällen von Spontanheilungen war der Glaube an die Möglichkeit solchen Wunders derart stark und lebendig, daß es an dieser unerläßlichen Voraussetzung nicht mangelte. Der Durchschnittsmensch hingegen, der wenig oder nichts glaubt, zieht diese Möglichkeit überhaupt gar nicht in Betracht. Wie könnte ihm da solcherart geholfen werden?

Wunder dieser Art sind also wohl auch eine nachdrückliche Mahnung an die Menschheit, die Hoffnung auf geistige Hilfe niemals fallen zu lassen.

Eine im Gefolge der Aufklärung stehende Theologie hat mit wachsendem Erfolg versucht, die Bedeutung des Übersinnlichen und der biblischen Wunder möglichst zu verkleinern. Am liebsten hätte sie die vielen Wundergeschichten aus der Bibel ganz entfernt. Sie vergaß dabei, daß es ohne die Wundertaten Christi und ohne seine Auferstehung das Christentum kaum gegeben haben würde. Hätte Jesus seine ungewöhnlichen Lehren nicht durch auffällige

Wunder bekräftigt, so wäre er zu den vielen anderen gezählt worden, die sich im Laufe der Jahrhunderte mit bescheidenerem Erfolg über das Seelenheil der Menschheit Gedanken gemacht haben; die Weltgeschichte wäre über ihn hinweggegangen.

Aber zurück zu den Wundern. Nahezu alle in diesem Kapitel beschriebenen Erscheinungen kreisen um das Problem der rätselhaften Veränderung, oder gar der neuen Erschaffung materieller Körper oder Körperteile, der sogenannten Materialisation, die nach den uns bekannten Gesetzen der Physik als unmöglich gilt. Festzustehen scheint, daß derartige Erscheinungen der Mitwirkung von Menschen außergewöhnlichen spirituellen Konzentrationsvermögens, von sogenannten Medien, bedürfen; es scheint dabei ohne Bedeutung zu sein, ob diese Menschen sich ihrer medialen Kräfte bewußt sind oder nicht.

Ganz sicherlich muß man sich hüten, der Erklärung all dieser Erscheinungen wiederum mit Begriffen näher kommen zu wollen, die dem konventionellen naturwissenschaftlichen Denken entstammen. Immerhin aber sei die Hypothese erwähnt, die von der modernen Parapsychologie für diese Phänomene bereitgehalten wird. Ihr zufolge wird von dem Körper des Mediums durch seine Haut, meist unter Bevorzugung der Schleimhäute, eine höchst geheimnisvolle gas- oder dampfförmige bis flüssige Substanz — Teleplasma genannt — ausgeschieden, die in einer wunderbaren Verbindung mit der Psyche des Mediums bleibt, so daß alle Berührungen dieser Substanz dem Medium bewußt werden. Und aus dieser wunderbarsten aller Substanzen bauen sich dann mehr oder weniger rasch — oft blitzartig — die mit den Merkmalen echten Lebens ausgestatteten handelnden und sprechenden Gestalten auf, wobei diese geheimnisvolle Substanz beim Verschwinden der Erscheinungen wieder in den Körper des Mediums zurückkehrt.

Dies wäre ein Vorgang, der für Biologen und Physiker von unerhörtem Interesse sein müßte. Materialistisch eingestellte Wissenschaftler indessen pflegen um diese Phänomene einen großen Bogen zu machen mit der ein wenig billig anmutenden Ausrede, das alles sei nur raffinierter Betrug. Wesentlich vorsichtiger und wesentlich überzeugender klingt dagegen ein Bekenntnis des namhaften englischen Astronomen Professor M. W. Ovenden: „Wir sollten nie vergessen, daß die Naturwissenschaft auch dann, wenn sie ein hohes Maß an Vollkommenheit erreicht hat, aus der gesamten Wirklichkeit unserer Welt prinzipiell nur einen sehr kleinen Bereich, den Bereich des physischen Seins, erfassen kann. Was die Naturwissenschaft behauptet, ist richtig, aber es ist nicht alles. Wenn wir den Teil, den sie uns zeigt, jedoch fürs Ganze nehmen, so entspricht das Bild der Welt, das wir uns machen, nicht mehr der Wirklichkeit.“

Die Erde, das unbekannte Wesen

Gibt es noch Orte, gibt es noch Gegenden, Landschaften auf unserer Erde, die von Geheimnissen umwoben sind, von geradezu phantastischen Geheimnissen, die keiner klären und erklären kann und die in unser herkömmliches Weltbild nicht passen? Gibt es Gegenden, wo unsere Erde noch eine „terra incognita", ein unbekanntes Land, ein unbekanntes Wesen ist?

Wir denken hier nicht an England als das klassische Land des Spuks, auch nicht an Schottland mit seinen düsteren und verwunschenen Schlössern, nicht an Irland, das Land der magischen Geheimnisse, und nicht an Prag, die Stadt, in der einst Rabbi Löw den Golem, den furchterregenden Robotermenschen erschuf.

Wir denken an etwas anderes, viel Unglaublicheres. In der Beilage der „Münchener Neueste Nachrichten" vom 24. September 1925 (Nr. 177) findet sich ein seinerzeit viel beachteter Aufsatz von Harry von Hafferberg: „Der Tempel des Lebens."

In diesem Bericht wird mitgeteilt, daß es dem im Fernen Osten bekannten mongolischen Forscher, Historiker und Archäologen, dem Chinesen Dr. Lia Zsiu gelungen sei, jenseits der Wüste Gobi ein nach rosenkreuzerischen Grundsätzen geleitetes Kloster aufzufinden.

Die Bauwerke dieses Klosters, so heißt es in dem Bericht Hafferbergs, sollen älter sein als die ägyptischen Pyramiden, älter als die große Chinesische Mauer.

Das klang sensationell. Denn immerhin wurde die Cheops-Pyramide bei Giseh etwa 2800 vor der Zeitwende erbaut; sie zählte zu den „Sieben Weltwundern" des Altertums.

Man erinnerte sich sogleich an Dambin Dschangsang, den Rächer- oder Sieger-Lama, Massenhypnotiseur und Blendwerkskünstler, der seit 1918 König eines unabhängigen Staates in der Gegend von Kobdo in der westlichen Mongolei war und dem man nachsagte, daß er der Sekte der „Roten Lamas" angehöre. Diese Sekte bewohne das „Kloster des ewigen Lebens", erlerne dort seltsame Zauberkünste, und ihre Mitglieder gehorchten nicht einmal dem Gesetz der Schwerkraft. Von diesem geheimnisvollen Kloster hatte es bis dahin nur Gerüchte gegeben, denen zufolge es „irgendwo im Himalaya" liegen und gewöhnlichen Sterblichen nicht zugänglich sein sollte, sondern nur gewissen auserwählten „Verfleischlichungen", Menschen also, die von irgendeinem großen Geiste der Vergangenheit beseelt und dazu ausersehen seien, Zauberkräfte zu erlangen. Diejenigen, welche den Weg zum „Kloster des ewigen Lebens" fänden, so hieß es, kehrten mit übermenschlichen Kräften ausgestattet zurück. Wenn die „Erwählten" einander zufällig in der Welt begegneten, so würden sie einander daran erkennen, daß sie beim Essen die Sehnen des Fleisches auf besondere Weise zerschneiden — ein Ritus, der nur ihnen bekannt sei. War dies das von Dr. Lia Zsiu entdeckte Kloster?

Unter dem deutschen Titel „Irgendwo in Tibet" erschien 1937 zu Wien das Buch „Lost Horizon" (55) von James Hilton, in dem gleichfalls von einem geheimnisumwitterten Kloster Shangri-La erzählt wird. Seltsam genug heißt es auch da, die Mönche des Klosters seien meist mehrhundertjährige Europäer, die als Abt einen Franzosen aus der Zeit Ludwigs XV. (1710—1774) hätten. Kann es dergleichen geben?

Kurz vor dem Abtransport der britischen Truppen aus Indien kam der seit fünf Jahren vermißte Leutnant Alf Walpole zu seiner Kompanie zurück; tibetische Strauchritter hatten ihn ins Landesinnere verschleppt. Auch er berichtete von einem verborgenen Kloster hinter Rungmar-Thak, in dem vorwiegend Europäer lebten. Was ist davon zu halten?

Der mongolische Archäologe Dr. Laotschin hatte bei einer seiner Forschungsexpeditionen ein Erlebnis, das uns vielleicht weiterführt: „Die Wüste Gobi ist bekannt wegen ihrer ungewöhnlichen Luftspiegelungen, die sich selbst akademische Forscher wie Sven Hedin und Roy Chapman Andrews nicht erklären können. Obgleich sie die Eigentümlichkeiten einer gewöhnlichen Fata Morgana aufweisen, haben sie das Besondere an sich, daß sie Szenerien aus vergangenen Jahrhunderten hervorzaubern. Während ich nach Spuren der verschwundenen Uighur-Zivilisation in der Dsungarei suchte, erwachte ich eines Morgens in meinem Zelt von einem seltsam surrenden Geräusch, das von dem Motor eines über mich hinfliegenden Flugzeuges verursacht zu werden schien. Ich trat hinaus. Die Sonne ging gerade auf. Unten am östlichen Horizont gewahrte ich den Vorhang eines ungewöhnlichen Nebels, aus dem für mein Auge die Gestalten einer Prozession von Pilgern hervorzutreten begannen, die, eine Gruppe nestorianischer Mönche an der Spitze, Banner in den Händen tragend zu einem Tempel zogen. Ich war verwirrt, denn ich wußte, daß es in der Wüsti Gobi keine nestorianische Gemeinde gibt. Ich bestieg mein Pferd und begann, dem ungewöhnlichen Phänomen entgegenzugaloppieren. Es entfernte sich weiter und weiter, bis es hinter einem felsigen Hügel verschwand, aber die singenden Stimmen waren noch von jenseits des Hügels her zu hören. Als ich an der Stelle angelangt war, wo die Erscheinung verschwand, befand ich mich auf den alten Ruinen eines von Buschwerk überwachsenen und mit Sand bedeckten großen Gebäudes. Die Ausgrabungen, die ich nun vornahm, ergaben, daß ich von der seltsamen Luftspiegelung zu den Ruinen einer großen nestorianischen Kathedrale aus der Zeit Kublai Khans (1260—1294) geführt worden war. Ich fand die erstaunlichsten Reliquien vom Priester Johannes, jenem legendären christlichen Herrscher Asiens, der von den Tartaren-Khanen besiegt wurde; darunter befanden sich Pergamentblätter mit der Prophezeiung eines alten Orakels, wonach das von den Schwelgereien und Prassereien seiner Bewohner geschändete Gebiet von dem Fluche Gottes heimgesucht werden würde. Wie eine mittelalterliche Szene sich in einer Fata Morgana entfalten konnte, ist mir nach wie vor ein Rätsel; aber solche Phänomene kommen vor in unseren Einöden" (56).

Der Journalist und Schriftsteller Walter Boshard bestätigt dies. Er hatte ein vergleichbares Erlebnis während einer nächtlichen Autofahrt vom Jurtenlager des Fürsten Dewa-gun nach Dschagan Kurian Suma, dem in tibetischem Stil erbauten Sitz des Schweden Franz August Larson in der Nähe der Stadt Dschang-Beh-hsien. Er und seine Begleiter sahen ein riesiges Totenheer: „So weit das Auge reichte, gespensterhafte lautlose Reiterscharen" (60).

Derartige optische und akustische Fata Morganen sind auch in Westeuropa gelegentlich vorgekommen. Zum Beispiel hört man in der italienischen Ortschaft Ripafratta, 15 km von Pisa,

121

nachts „von der Klosterruine Waffengeklirr, das sich in manchen Nächten so verstärkt, als lieferten sich panzerbewehrte Ritter eine Schlacht. Dann verstummt der Kriegslärm und wird von einem frommen Männerchor, schließlich von dem Zusammenklingen mehrerer Glocken abgelöst" (57).

Die Einwohner von Dieppe beschwören, daß sich das erfolglose englische Landungsunternehmen vom 19. August 1942 zu nächtlicher Stunde wiederholt. Man hört das Heulen und Jaulen der Granaten, Maschinengewehrfeuer, Flugzeuglärm und das Krachen der aufschlagenden Bomben. Das akustische Phänomen dauert knapp zwei Stunden, dann herrscht wieder Ruhe am Strand (58). „In Frangokasto, der alten venetianischen Festung auf der Insel Kreta, sieht die dortige Inselbevölkerung Mitte Mai alljährlich in der Morgendämmerung über dem Lybischen Meer ein ganzes Heer von Kriegern zu Fuß und zu Pferd. Je weiter der Tag fortschreitet, desto mehr verblassen die Gestalten, um bei den ersten Sonnenstrahlen gänzlich zu verschwinden. In Griechenland gibt es Hunderte von lebenden Zeugen, die die Erscheinung selbst gesehen haben. Es soll sich um die griechischen Freiheitskämpfer handeln, die am 17. Mai 1828 mit ihrem Führer Michalis von Mustapha Pascha niedergemacht worden waren (59).

War also das Kloster mit seinen Bewohnern aus der Vergangenheit auch eine dieser seltsamen Luftspiegelungen? Jedenfalls aber soll es in dem kaum erforschten Gebiet jenseits der Wüste Gobi noch etwas anderes höchst Merkwürdiges geben, nämlich den Eingang zu dem sagenumwobenen, mythischen Reich Agartha, das unter der Erde liegt und von dem die Überlieferungen der Zigeuner wissen, jener heimatlosen Rasse, deren Herkunft man bis heute nicht hat aufklären können.

Über dieses seltsame Reich unter der Erde — Agartha — gibt es die verworrensten Berichte, die seltsamsten Erzählungen, märchen- und sagenhafte Darstellungen.

Die fernöstliche Literatur kennt neben den Veden, den Upanishaden, neben der Bhagavadgita und anderen Mythen ein Werk, das — weitgehend unbekannt — gleichfalls in die Reihe uralter klassischer Bücher gehört: „Das Buch Dzyan."

Das Buch Dzyan gilt als eines der bedeutendsten „Zauberbücher" Tibets, doch in Wirklichkeit ist es viel mehr als nur ein „Zauberbuch". Es behandelt ein Thema, mit dem der westliche Mensch nicht allzuviel anfangen kann: es spricht von der Realität und dem Begriff einer oder — je nach Auffassung — zweier östlicher Gegenden, über die wir außer Andeutungen über ihr tatsächliches Vorhandensein so gut wie nichts wissen, weil noch keines Forschers Fuß diese Gegenden je betrat — nämlich den „Nabel" unserer Welt in seinem Plus- und Minuspunkt, symbolisch als Agartha und Shamballa bezeichnet.

Dem Buch Dzyan entnehmen wir, daß diesem „Nabel der Welt" zwei Kraftquellen entströmen: die Quelle der kontemplativen Kräfte und die der materiellen Kräfte. Das Buch Dzyan verlegt den geistigen, kontemplativen Quell als den schutzbedürftigeren, rechten in das Innere der Erde hinein, in ein unterirdisches Kloster, das in einer Stadt namens Agartha liegen soll. Den materiellen als den linken Quell schildert das Buch Dzyan als die sagenhafte Stadt Shamballa in einer zauberhaften Landschaft. Diese geheimnisvolle Stadt soll auf der Oberfläche der Erde liegen, „irgendwo in der Wüste Gobi".

Agartha und Shamballa sind jene Stätten, an denen sich Himmel und Erde begegnen, wo Geistiges und Irdisches ineinanderfließen. Dieser Nabelpunkt soll so alt sein wie das Leben selbst. Wir wissen nicht, wie viele Kulturen und Zivilisationen ihm schon ihre Befruchtung verdanken.

Kosmische Seher sahen Shamballa schon vor sechzig Jahrtausenden leuchtend und blühend wie heute. Es hat die Zeiten überdauert. Es war seit eh und je der Sitz des Manus, der von dort aus die menschlichen Rassen entwickelte. Der „Nabel der Welt" soll sechseinhalb Millionen Jahre alt sein. Er entstand mit der Herabkunft der „Herren der Flamme" vom Planeten Venus, durch die erst das Leben in seiner heutigen Form auf unserem Planeten entwickelt wurde. In diesen sagenhaften Zeiten wogte dort, wo heute die Wüste Gobi liegt, noch das Meer. Eine „Weiße Insel" lag darin, von der die „Herren der Flamme" Besitz ergriffen, um für alle Zeiten dort ihren Sitz zu nehmen: Shamballa.

C. W. Leadbeater berichtet darüber in seinem Buch „Der Mensch woher, wie und wohin" (61) das Folgende: „Ein großes astrologisches Ereignis war für einen Zeitpunkt ausersehen, an dem eine ganz besondere Stellung der Planeten zueinander eintrat und der magnetische Zustand der Erde der denkbar günstigste war ...

Mit dem gewaltigen Getöse des schnellen Niederstiegs aus unberechenbaren Höhen, umgeben von blendenden Feuermassen, die den Himmel mit zuckenden Flammenzungen erfüllten, schoß der Wagen der Söhne des Feuers, der Herren der Flamme, von der Venus durch die Räume der Luft; er hielt und schwebte über der Weißen Insel, die lächelnd im Busen des Gobi-Meeres ruhte. Grün, strahlend lag sie unter Hügeln wohlriechender, vielfarbiger Blüten; die Erde bot ihr Bestes und Schönstes, um ihren kommenden König zu bewillkommnen. Da stand Er, Der Jüngling von sechzehn Sommern, Sanat-Kumara, der Ewige Jungfrau-Jüngling, der neue Herrscher der Erde, der in sein Reich gekommen war, und mit ihm seine Schüler, die drei Kumaras, seine Gehilfen; dreißig machtvolle Wesen waren gekommen, groß über jede irdische Berechnung, doch von verschiedenen Graden und Ordnungen, gekleidet in herrliche, mittels Kriyashakti geschaffene Körper, die Erste Okkulte Hierarchie, Zweige des einen sich ausbreitenden Banyan-Baumes, die Wiege und Schule der künftigen Adepten, der Mittelpunkt alles okkulten Lebens." Soweit C. W. Leadbeater.

Über die geographische Lage Shamballas nach unseren heutigen Begriffen haben sich viele Forscher Gedanken gemacht. So schreibt beispielsweise Helmut Hoffmann in seinem Werk „Die Religionen Tibets": „Das Land Shamballa müssen wir zweifellos außerhalb Indiens suchen, und es dürfte sich bei ihm ursprünglich auch um ein wirkliches, irdisches Gebiet gehandelt haben, während es in späterer Zeit zu einem rein mythischen Königreich verblaßte. Es wird nach übereinstimmendem Zeugnis der Quellen nördlich des Flusses Shîtâ lokalisiert.

Csoma hat die Shîtâ, den nördlichen der vier großen Weltströme, die nach der buddhistischen Kosmographie aus dem heiligen Mânasarovar-See hervorströmen, mit dem Jaxartes identifizieren wollen, aber manche der märchenhaften Beschreibungen des Weges nach dem geheimnisvollen Shamballa weisen eher auf den Tarim in Ostturkestan. Es sind bisher nur späte tibetische, also sekundäre Beschreibungen dieses Weges bekanntgeworden, während ein altes, in der Enzyklopädie des Tanjur enthaltenes, noch aus dem Sanskrit übersetztes Werk bisher keine Bearbeiter gefunden hat. Shamballa wird als ganz von Schneebergen umgeben geschildert. Im Zentrum des Landes liegt eine gewaltige Stadt mit dem Königspalast Kalâpa .. " (62)

Es ist wahrscheinlich, daß die spätere Entzifferung vieler noch unausgewerteter alter Texte einmal eindeutig ergeben wird, wo auf der Erdoberfläche sich dieses sagenumwobene Shamballa nun wirklich befindet oder befand.

Wie aber steht es mit dem angeblich unterirdischen Königreich Agartha?

Stimmt unser gegenwärtiges Weltbild, so stellt sich notwendigerweise die Frage: kann es in der „dunklen" Erde, selbst wenn sie noch so große Hohlräume hat, eine Stadt oder gar ein ganzes Königreich geben, noch dazu bewohnt von Menschen, die uns gleichen? Sollten sie existieren können ohne das zum Leben notwendige Licht der Sonne?

Der Wissenschaft ist seit langem bekannt, daß sich in der Erde riesige Hohlräume befinden — Hohlräume, von deren Dimensionen wir uns überhaupt keinen Begriff machen können.

Die Dunkelheit aber, so könnte man meinen, das Fehlen der Sonne mache Leben in diesen Räumen unmöglich.

Aber was wissen wir schon über die Gesetze des Lichtes? Eine phantastisch anmutende und doch einleuchtende Erklärung hat ein Eingeweihter, John Uri Lloyd, in seinem Einweihungsroman „Etidorpha" gegeben (63). Er meint, daß das Sonnenlicht ein Ausdruck gestörter Energie ist, deren Modifikation sich dem Menschen sichtbar und fühlbar macht. Und er wirft die Frage auf, ob die Substanz der Erde dem Durchgang der Sonnenkraft wirklich ein Hindernis bieten könne? Er hält es für sehr wohl vorstellbar, daß ein Teil dieser lichterzeugenden Essenz die Oberfläche der Erde durchscheint und in deren Inneres dringt, wie das Licht auch den Raum durchdringt und von dort in einem für die Menschen nicht wahrnehmbaren Zustande wieder zur Sonne zurückkehrt.

Dem widerspricht freilich unsere Erfahrung, daß es in allen uns bekannten großen und kleinen, tief- und hochgelegenen Höhlen gleichermaßen dunkel ist. Erinnern wir uns aber des Denkgebäudes der Hohlwelt-Theorie, derzufolge wir im Innern einer als Hohlkugel vorstellbaren Welt leben, lassen wir unsere sicherlich berechtigten Zweifel beiseite und hören wir uns an, was der ehemalige Professor an der Kriegsschule in Warschau, Dr. Ferdinand Ossendowski, über Agartha zu berichten weiß.

Ossendowski stand in einer sibirischen Stadt im Dienste der russischen Regierung, als der Sturm der Revolution über Rußland fegte. Er entzog sich seiner drohenden Verhaftung durch die Flucht in die riesigen sibirischen Wälder. Hier interessieren nicht die Zeiträume, die er als Einsiedler und Flüchtling mit oftmals geradezu unwahrscheinlichen Erlebnissen und Begegnungen in Sowjet-Sibirien durchlebte. Interessant wird seine Flucht erst, als er das geheimnisvolle Tibet erreichte, die nicht minder geheimnisvolle Mongolei durchquerte und mit Mönchen und Äbten, mit Lamas, Pandits, inkarnierten Göttern und dem „Lebenden Buddha" selbst in Berührung kam, die alle mehr oder weniger seine Freunde wurden, ihn in die fernöstlichen Mysterien einweihten und in seiner Gegenwart auch Wunder wirkten.

Sein geradezu ungeheures Erleben hat Ossendowski in dem Buch „Tiere, Menschen und Götter" niedergeschrieben.

Diesem Ossendowski, der an allem Okkulten und an allen Mysterien als Forscher interessiert war, verdanken wir Europäer die ersten wirklich ausführlichen Berichte über das unterirdische Königreich Agartha.

Dieses sagenhafte Königreich ist für die Tibeter und Mongolen, für den ganzen Religionskreis, den die „Gelbe Kirche" umfaßt, eine Realität wie etwa für uns der Vatikan.

Ungezählte Menschen wurden schon von einem Papst in Audienz empfangen, und ungezählte Menschen des Fernen Ostens haben den „König der Welt" mit eigenen Augen gesehen, nahmen teil an den Wundern, die durch ihn und um ihn geschahen, und bürgen für ihn und sein Reich.

Ossendowskis Aufzeichnungen verdienen es wirklich, für eine breite Öffentlichkeit der Vergessenheit entrissen zu werden:

„Auf meiner Reise durch Mittelasien hörte ich zum ersten Male von dem ‚Mysterium der Mysterien'. Ich kann ihm keinen anderen Namen geben. Anfänglich schenkte ich ihm nicht viel Beachtung und maß ihm nicht so viel Bedeutung bei, wie ich es später tat, nachdem ich mancherlei sporadische, nebelhafte und oft widersprechende Hinweise von seiner Existenz analysiert und gesammelt hatte.

Alte Leute am Ufer des Amylflusses erzählten mir, daß einer alten Legende zufolge ein gewisser mongolischer Stamm, um den Anforderungen Dschingis Khans zu entgehen, sich in einem unterirdischen Land verborgen habe. Ein Sojot, der aus der Nähe des Sees Nogan Kul stammte, zeigte mir das rauchende Tor, das einen Eingang zum Königreich von Agartha darstellen sollte. Durch dieses Tor sei früher einmal ein Jäger in das Königreich gekommen. Nach seiner Rückkehr habe er erzählt, was er dort alles gesehen hatte. Daraufhin hätten ihm die Lamas die Zunge herausgeschnitten, um ihn daran zu hindern, weitere Mysterien preiszugeben. Im hohen Alter sei er dann zu der Eingangsstelle der Höhle zurückgekehrt und, magisch angezogen durch die alten Erinnerungen, in dem unterirdischen Königreich verschwunden.

Über dies alles erhielt ich realistischere Mitteilungen vom Hutktu

Die höchste Stufe lamaistischer Mönche

Jelyb Djamsrap des Narabantschi Kure. Er erzählte mir die Geschichte des mehr irdisch aufgefaßten Kommens des mächtigen Königs der Welt aus dem unterirdischen Königreich, von seiner Erscheinung, von seinen Wundern und seinen Prophezeiungen. Von da ab begann ich Erkundigungen einzuziehen.

Der Lieblingsgelong

Hoher lamaistischer Priester

des Fürsten Hultun Beyli und auch der Fürst selber erzählten mir einiges von dem unterirdischen Königreich.

Alles in der Welt, sagte der Gelong, befindet sich beständig in einem Zustand der Wandlung und des Übergangs — die Völker, die Wissenschaft, die Religionen, die Gesetze und die Sitten. Wie viele große Kaiserreiche und glänzende Kulturen sind schon untergegangen! Das, was allein unverändert bleibt, ist das Böse, das Werkzeug der bösen Geister. Vor mehr als sechzigtausend Jahren verschwand ein Heiliger mit einem ganzen Menschenstamm unter dem Erdboden, um sich niemals wieder an der Erdoberfläche zu zeigen. Viele Menschen haben indessen dieses Königreich besucht, Sakkia Mouni, Undur Gheghen, Paspa, Khan Baber und andere; aber niemand weiß, wo sich das Königreich befindet. Die einen sagen in Afghanistan, andere in Indien. Dort jedenfalls ist das Volk gegen das Böse geschützt. Verbrechen gibt es nicht innerhalb seiner Grenzen. Die Wissenschaft hat sich dort ruhig entwickelt, nichts dort ist von Zerstörung bedroht. Das unterirdische Volk hat das höchste Wissen erreicht. Das Land unter der Erde ist jetzt ein großes Königreich. Zu ihm gehören Millionen von Menschen. Sein Herrscher ist der König der Welt. Er kennt alle Kräfte der Welt und vermag in den Seelen der Menschheit und in dem großen Buch ihres Geschickes zu lesen. Unsichtbar regiert er über die Menschen, die auf der Erdoberfläche leben. Sie sind jedem seiner Befehle unterworfen!

Fürst Hultun Beyli fügte hinzu: Dieses Königreich ist Agartha; es erstreckt sich über alle unterirdischen Gänge der Welt. Ich hörte, wie ein gelehrter Lama aus China dem Bogdo Khan erzählte, daß die unterirdischen Höhlen in Amerika von der ehemaligen Bevölkerung dieses Kontinents bewohnt seien. Alle unterirdischen Völker und alle unter der Erde befindlichen Räume werden von Herrschern regiert, die dem König der Welt untertan sind. Darin liegt nichts allzu Wunderbares. Sie wissen ja, daß es früher in den beiden größten Ozeanen des Ostens und des Westens zwei Kontinente gegeben hat, die unter der Wasseroberfläche verschwanden. Deren Bevölkerung gehört jetzt zu dem unterirdischen Königreich.

In den Höhlen unter der Erdoberfläche herrscht ein besonderes Licht, dem es zu danken ist, daß dort Getreide und Pflanzen wachsen, und daß die Menschen ein langes, von Krankheiten freies Leben führen können. Es gibt dort mancherlei verschiedenartige Völker und Stämme. Ein alter buddhistischer Brahmane von Nepal führte den Willen der Götter aus, indem er dem alten Königreich Siam einen Besuch abstattete. Dort traf er einen Fischer, der ihm befahl, in seinem Boot Platz zu nehmen und mit ihm auf das Meer hinauszufahren. Am dritten Tage erreichten sie eine Insel, auf der der Brahmane Menschen vorfand, die zwei Zungen hatten und deshalb in zwei verschiedenen Sprachen sprechen konnten. Diese Menschen zeigten ihm ganz sonderbare Tiere, Schildkröten mit sechzehn Füßen und mit einem Auge, riesige Schlangen mit sehr schmackhaftem Fleisch, und Vögel, die Zähne hatten, so daß sie für die Inselbevölkerung Fische fangen konnten. Diese Leute erzählten ihm, daß sie von dem unterirdischen Königreich emporgestiegen seien, und sie beschrieben ihm gewisse Teile desselben!

Der Turguten-Lama, der mit mir von Urga nach Peking reiste, gab mir weitere Einzelheiten: Die Hauptstadt von Agartha ist von Städten umgeben, die von Hohepriestern und Männern der Wissenschaft bewohnt sind. Sie erinnern an Lhasa, wo der Palast des Dalai Lama, der Potala, die Spitze eines Berges darstellt, der mit Klöstern und Tempeln bedeckt ist. Der Thron des Königs der Welt ist von Millionen inkarnierter Götter umringt. Es sind die heiligen Panditas. Der Palast selber wird eingefaßt von den Palästen der Goro, die alle sichtbaren und unsichtbaren Kräfte der Erde, der Hölle und des Himmels beherrschen und für das Leben und Sterben der Menschen alles tun können. Wenn unsere wahnsinnige Menschheit einen Krieg gegen das unterirdische Königreich beginnen sollte, so wäre dieses imstande, die ganze Oberfläche unseres Planeten in eine Einöde zu verwandeln ...

Einige indische Brahmanen und tibetanische Dalai Lamas haben bei ihren mühevollen Versuchen, die Spitzen von Bergen zu erreichen, die noch nie ein menschlicher Fuß betreten hat, auf den Felsen Inschriften und im Schnee Fuß- und Wagenspuren entdeckt. Der gesegnete Sakkia Mouni hat auf einer Bergspitze Steintafeln gefunden, die

Worte trugen, die nur er im hohen Alter verstehen konnte. Danach ist er zum Königreich Agartha vorgedrungen, von wo er Bruchstücke des heiligen Wissens, die in seinem Gedächtnis haften geblieben waren, mit auf die Welt brachte. In Agartha leben in Palästen, die aus wunderbaren Kristallen gebaut sind, die unsichtbaren Herrscher über alle frommen Menschen, der König der Welt oder Brahytma, der mit Gott sprechen kann, so wie ich jetzt mit dir spreche, und seine beiden Gehilfen: Mahytma, der die Zwecke aller zukünftigen Ereignisse kennt, und Mahynga, der die Ursachen dieser Ereignisse beherrscht...

In Erdeni Dzu hat es einmal einen Pandita Hutuktu gegeben, der von Agartha gekommen war. Als er starb, erzählte er von der Zeit, in der er nach dem Willen der Goro auf einem roten Stern im Osten gelebt, auf dem eisbedeckten Ozean getrieben und zwischen den stürmischen Feuern in der Tiefe der Erde geschwebt hatte...

Als ich das Arbeitszimmer des Bogdo Hutuktu verließ, stieß ich mit dem Bibliothekar zusammen, der vor mir hinausgegangen war.

Wieviel Menschen sind jemals in Agartha gewesen? fragte ich ihn.

Sehr viele, antwortete dieser. Aber sie alle haben geheimgehalten, was sie dort sahen. Nachdem die Olets Lhasa zerstört hatten, drang eine ihrer Abteilungen in den Bergen des Südwestens in das Randgebiet von Agartha ein. Hier lernten die Olets einige der geringeren mysteriösen Wissenschaften kennen und brachten sie mit auf die Erdoberfläche zurück. Das ist der Grund, warum die Olets und Kalmücken so geschickte Zauberer und Propheten sind. Auch aus den Gebieten des Ostens drangen einige Stämme schwarzen Volkes in Agartha ein und lebten dort mehrere Jahrhunderte hindurch. Später wurden sie aus dem Königreich ausgewiesen und kehrten auf die Erde zurück. Sie besaßen nun das Geheimnis der Wahrsagungen nach Karten, Gräsern und den Linien der Hand. Diese Leute sind die Zigeuner ... Irgendwo im Norden Asiens gibt es einen Stamm, der jetzt ausstirbt und der auch von den Höhlen von Agartha kam. Er ist besonders befähigt, die Geister von Toten zurückzurufen ...

Mehrere Male haben die Hohepriester von Lassa und Urga Boten zum König der Welt entsandt, fuhr der Lama-Bibliothekar fort, aber diese konnten ihn nicht finden. Nur ein gewisser tibetanischer Führer fand nach einer Schlacht mit den Olets eine Höhle, deren Eingang die Inschrift trug: Dies ist das Tor von Agartha.

Aus der Höhle trat ein gut aussehender Mann heraus, der dem Tibetaner eine goldene Tafel mit mysteriösen Inschriften überreichte und sagte: Der König der Welt wird vor allem Volk erscheinen, wenn die Zeit für ihn gekommen sein wird, um die guten Menschen der Welt gegen die schlechten zu führen. Doch diese Zeit ist noch nicht gekommen. Die schlechtesten Menschen sind noch nicht geboren worden ...

Als ich den Hutuktu von Narabantchi zu Beginn des Jahres 1921 in seinem Kloster besuchte, erzählte dieser mir folgendes: Als der König der Welt vor dreißig Jahren vor den von Gott begünstigten Lamas in unserem Kloster erschien, machte er für das bevorstehende Jahrhundert folgende Prophezeiung: ,Mehr und mehr werden die Menschen auf ihr leibliches Wohl bedacht sein. Die größte Sünde und Verderbtheit wird auf der Erde herrschen. Die Menschen werden wie wilde Tiere sein und nach dem Blut und dem Tod ihrer Brüder dürsten. Der Halbmond wird düster werden und seine Gefolgschaft wird in Bettlertum und endlosen Krieg versinken ... Die Kronen von Königen, großen und kleinen, werden fallen ... Eine schreckliche Schlacht wird unter allen Völkern stattfinden. Die See wird sich röten ... Die Erde und der Meeresboden werden mit Knochen bedeckt sein ... Königreiche werden der Auflösung verfallen ... Ganze Völker werden dahinsterben ... Und Hunger, Krankheit und Verbrechen, wie die Welt sie vorher nie gesehen hat, werden herrschen. Die Feinde Gottes und des Göttlichen Geistes werden kommen ... Erdbeben werden kommen ... Millionen werden ihre Sklavenfesseln und ihre Erniedrigung mit Hunger, Krankheit und Tod vertauschen. Die alten Straßen werden von Menschenmassen bedeckt sein, die von Platz zu Platz wandern. Die größten und schönsten Städte werden im Feuer vergehen ... Der Vater wird gegen seinen Sohn, der Bruder gegen seinen Bruder und die Mutter gegen ihre Tochter aufstehen ... Laster, Verbrechen und die Zerstörung von Leib und Seele werden folgen ... Familien werden auseinandergerissen ... Glauben und Liebe werden verschwinden ... Die ganze Erde wird leer werden. Gott wird sich von ihr abwenden, und über ihr wird es nur Nacht und Tod geben. Dann werde ich ein Volk, ein jetzt unbekanntes Volk senden, das das Unkraut der Tollheit und des Lasters mit starker Hand ausreißen und diejenigen, die dem Geiste der Menschheit treu geblieben sind, zum Kampf gegen das Böse anführen wird. Dieses Volk wird auf der durch den Tod der Nationen gereinigten Erde ein neues Leben begründen. Im fünfzigsten Jahre werden drei große Königreiche in Erscheinung treten, die einundsiebzig Jahre lang glücklich bestehen werden. Danach wird es achtzehn Jahre des Krieges und der Zerstörung geben. Dann werden die Völker von Agartha aus ihren unterirdischen Höhlen auf die Oberfläche der Erde kommen ...'"

Soweit Ferdynand-Antoni Ossendowski, der sich bemühte, in der Mongolei alles nur Erreichbare über Agartha zusammenzutragen. Er schließt seine Erinnerungen, indem er sich nochmals das Bild des Hutuktu von Narabantchi, des höchstrangigen Lama-Mönches, eines Heiligen und inkarnierten Gottes, in die Erinnerung ruft: „Durch wirbelnden Schnee und die treibenden Sandwolken der Gobi ziehen die Gedanken zurück zu dem Antlitz des Narabantchi Hutuktu, der mir seine innersten Gedanken mit ruhiger Stimme, indem er mit seiner zarten Hand gegen den Horizont wies, also eröffnete: ‚In der Nähe von Karakorum und an den Ufern von Ubsa Nor sehe ich riesige vielfarbige Lager, Herden von Pferden und Rindern und die blauen Jurten der Führer. Darüber sehe ich die alten Banner Dschingis Khans, der Könige von Tibet, Siams, Afghanistans und indischer Fürsten, die heiligen Zeichen aller lamaistischen Hohenpriester, die Wappen der Khane der Olets und die einfachen Zeichen der nordmongolischen Stämme ... Da stehen zahllose Scharen alter Männer, Frauen und Kinder, und jenseits im Norden und Westen ist der Himmel, so weit das Auge blicken kann, rot wie eine Flamme. Dort sind das Gebrüll und das Krachen des Feuers und wilder Kampfeslärm zu hören ... Wer führt diese Scharen unbewaffneter alter Männer und Frauen an? Ich sehe strenge Ordnung, tiefes religiöses Verstehen der Zwecke, Geduld und Ausdauer ... Eine neue große Wanderung der Völker, den letzten Marsch der Mongolen ...'"

Dr. Robert Ernest Dickhoff weist nach, daß Berichte und Legenden über eine unterirdische Welt in alten Schriften in Europa, Kleinasien, China, Indien, Ägypten und Amerika zu finden sind. So erzählt eine Eskimo-Legende von einem herrlichen Paradies im Norden, einem Lande ewiger Jugend, wo die Menschen mehrere tausend Jahre alt werden, groß, stark und schön sind. Dr. Dickhoff behauptet, daß unterirdische Tunnel die Erde durchziehen und auch unter dem Pazifischen und Atlantischen Ozean hindurchgehen.

Gebaut wurde dieses Tunnelsystem angeblich von voreiszeitlichen Menschen der hyperboräischen Zivilisation, die ihre Blütezeit hatte, als das Klima am Pol noch tropisch war. Diese Menschen waren Übermenschen, die Tunnelbau-Maschinen besaßen. Dickhoff beschäftigt sich auch mit dem Bericht des Direktors der Internationalen Akademie für Sanskritforschung in Mysore, der eine alte Abhandlung über Äronautik entdeckte, die vor etwa 3000 Jahren geschrieben wurde. Diese enthält Beschreibungen von drei Flugzeugtypen, einschließlich unverbrennbarer und unzerbrechlicher Apparate (64).

Nun, das alles klingt recht phantastisch, und wir können den Wahrheitsbeweis dafür schwerlich antreten. So unsicher indessen die Spekulationen über die tatsächliche Existenz des sagenhaften Landes Agartha im Inneren der Erde sind, so sicher ist etwas anderes: jeder Wissenschaftler von Rang, der heute ernsthaft behaupten würde, es gäbe im Inneren der Erde riesige Hohlräume, in diesen Hohlräumen ein unterirdisches Reich von Pracht und Schönheit, bewohnt von einer uns unbekannten Rasse — der würde wohl nicht nur Hohn und Spott ernten, sondern auch seinen guten Namen, seinen Ruf als Wissenschaftler opfern.

Aber oft genug haben gerade Wissenschaftler geirrt. Unsere

Erde ist gewiß noch längst nicht erforscht, birgt sicher noch viele Geheimnisse, ist immer noch ein unbekanntes Wesen. Zu den Geheimnissen, die sie bietet, gehört auch der von Legenden und Sagen umsponnene Mount Shasta, ein Bergriese von 4375 Meter Höhe im nördlichen Kalifornien, ein erloschener Vulkan.

Die meisten Menschen werden kaum jemals etwas über die mysteriösen Vorfälle um diesen Berg gehört haben, nicht einmal seinen Namen kennen. Um diesen Mount Shasta ranken sich indessen die seltsamsten Geschehnisse, die sich am Fuße und an seinen Hängen zugetragen haben sollen und sich angeblich auch heute noch ereignen.

Der Name des Berges — Shasta — bestand schon vor dem Kommen der Weißen. Ursprünglich glaubte man, es handle sich um einen reinen Indianernamen, dann stellte sich heraus, daß „Shasta" eigentlich ein etwas verstümmeltes Sanskritwort ist, nämlich „Shastra", was „Heilige Bruderschaft" aber auch „Heiliges Buch" bedeutet.

Tatsächlich soll der Berg der Wohnort einer heiligen Bruderschaft hoher Persönlichkeiten sein. Die Anwesenheit der Shastamenschen und die fast übernatürlichen Ereignisse um den Shastaberg stellen aber bis zum heutigen Tag das undurchdringlichste Geheimnis des kalifornischen Landes dar.

Die Umgebung des Bergriesen bis hinauf zum Klamathfluß bietet viele Rätsel: die Klamath-Falls-Schrift, die — wie die Urschriften Südamerikas — unentziffert ist und von der sich an verschiedenen Orten der Gegend Dutzende in Stein gemeißelt vorfinden; die über das Land verstreuten Sandsteine (Menhirs), die hieroglyphenartige Inschriften tragen, als ob sie von Ägypten nach Nordamerika versetzt worden wären; die in den Wortschätzen der dort ansässigen Indianerstämme unerklärlichen Einmischungen von lateinischen, griechischen und Sanskritworten.

Hier erheben sich Fragen über Fragen:

Wie kam das Sanskritwort „Shastra" als Bergname nach Kalifornien?

Woher stammt die uralte Bezeichnung des Klamathtales als „Valla-Waskeeny", was „Tal der Wissenschaft" bedeutet?

Seit rund 150 Jahren werden immer wieder stilfremde Steinruinen von Jägern, Schürfern, Trappern und Forschern gefunden. Aber seltsamerweise werden die Entdekker dieser Forschungsobjekte immer wieder durch völlig unerklärliche Ereignisse oder befremdende Vorfälle gehindert, zu den Fundorten zurückzukehren und gründliche Untersuchungen an Ort und Stelle vorzunehmen. Es heißt, in der dortigen Gegend seien mysteriöse Kräfte, unbekannte Einflüsse am Werk, die ein unwiderstehliches Halt gebieten.

Das eigentliche Rätsel setzte schon mit den Goldfieberjahren um 1848 ein. Damals, als Goldsucher Kalifornien kreuz und quer durchforschten, wurden die ersten Gerüchte laut, daß es um den Berg herum nicht ganz geheuer sei: Man sah gelegentlich majestätische Gestalten, die weiße Kutten mit weißen Kapuzen trugen. Im Winter waren sie in säuberlich geschneiderte Bärenfelle gekleidet. Diese Wesen hatten die Eigenart, bei der Annäherung von Menschen urplötzlich zu verschwinden. Oft geschah dies durch scheinbares Verschmelzen mit dem Waldschatten, manchmal durch plötzliche Auflösung in einem Feuerblitz. Auf das Abklingen des Goldrausches folgte das Zeitalter der Holzindustrie. Überall wo Wald war, wurden Sägemühlen und die Camps der Holzfäller angelegt. So entstand auch die Ortschaft Weed, die noch heute nicht viel mehr als ein Holzfällercamp ist.

Zum größten Erstaunen der Bevölkerung erschienen die hoheitsvollen Gestalten auch in Weed. Gelegentlich kauften sie irgendeine Kleinigkeit ein, fragten aber nie nach Preisen und zahlten mit Goldklumpen, die den vielfachen Wert des gekauften Gegenstandes hatten. Niemals nahmen sie das dargebotene Wechselgeld entgegen. Gold stellte für sie offensichtlich keinen Wert dar.

Wenn sich solche Vorfälle herumsprachen, waren stets einige Goldsucher zur Hand, die den Fremdlingen folgten, um die Goldadern zu finden, aus denen die mysteriösen Männer ihren Reichtum schöpften. Dabei soll es sich öfters ereignet haben, daß Leute tatsächlich in das Gebiet der Wundermenschen kamen. Doch diese Eindringlinge wurden regelrecht „festgebannt". Gewöhnlich waren solche Bannungen mit knisternden Entladungen wie von Elektrizität oder einer uns unbekannten Energie verbunden. Oft war den so Gebannten ein Weitergehen völlig unmöglich, meist jedoch war der Rückweg frei. Verschiedentlich wurde berichtet, daß insbesondere in der Nähe der „Sandsteine" öfters strahlendes, bläulich-weißes Licht, manchmal auch ein Feuerschein gesehen wurde. Bei günstigem Wind sollen auch Chorgesänge aus dieser Richtung hörbar gewesen sein. Neugierige, die vorsichtig vordrangen, um die Vorgänge aus größerer Nähe zu beobachten, wurden ebenfalls plötzlich „gebannt". Bei späteren Untersuchungen waren indessen keine Spuren eines Feuers festzustellen.

Die Shastamenschen tragen Kapuzen mit einem herzförmigen Lappen, der bis zur Nasenwurzel herunterreicht, gleichsam ein drittes Auge verbergend. Sie tragen Sandalen, haben langes, welliges Haar, sind groß und in jeder

Hinsicht majestätisch in Haltung und Auftreten. In Weed sagt man, daß sie perfektes Englisch sprechen.

Bei ihren nächtlichen Festlichkeiten wurden schon Gruppen von mehreren Hundert beobachtet. Das Licht, dessen sie sich hierbei bedienen, ist von bläulich-violetter Intensität und erleuchtet sogar niedrig dahinziehende Wolken.

Wenn sich Waldbrände gegen die Waldungen des Shastaberges hinziehen, so senkt sich regelmäßig ein eigenartiger Nebel hernieder, der dem weiteren Vordringen des Feuers Einhalt gebietet und den Wald so wirksam schützt, daß man mit freiem Auge leicht den Sperr-Ring sehen kann, der das mysteriöse Gebiet umgibt. (Hier drängt sich der Gedanke auf, daß diese seltsamen Wesen über „Feuerschutz"-Praktiken verfügen, wie sie in der gesamten okkulten Literatur beschrieben werden).

Die zwei gängigsten Theorien über die Herkunft dieser seltsamen Menschen sind entweder, daß es sich um eine Bruderschaft von Druiden handelt, oder daß die uns unbekannten Wesen Nachkommen der Lemurier sind, die sich beim Untergang ihres Mutterlandes Lemurien, als dieses in den Fluten des Pazifik versank, nach Kalifornien retteten. Eine dritte Theorie besagt, daß die Shastamenschen die Nachkommen jener Rasse sind, die zur paradiesischen Zeit der Königin Califa in Kalifornien lebten.

Es ist bisher noch nie gelungen, einen Shastamenschen zu fotografieren. Versucht man es, so tritt er in einen Schatten und ist verschwunden, oder er löst sich in einen Feuerblitz auf. Es ist auch schon vorgekommen, daß der Fotograf vom Shastamenschen einen derart zwingenden Blick erhielt, daß er seine Kamera nicht auslösen konnte. Andere wieder behaupten, daß sie den Auslöser zwar betätigen konnten, daß aber der entwickelte Film keine Spur des Shastamenschen zeigte. (Von indischen Fakiren ist ja Gleiches bekannt).

Nicht mit den Shastamenschen zu verwechseln, aber in der gleichen Gegend beheimatet und von ebenso rätselhafter Art sind die sogenannten „Sasquatch". Während die Shastamenschen dem modernen Menschen offensichtlich in vieler Hinsicht überlegen sind, so handelt es sich bei den Sasquatch, die nur wenige Kilometer weiter nördlich leben, um eine Monstrosität, einen Tiermenschen im wahrsten Sinne des Wortes.

Diese Sasquatch leben im Frazertal bei Vancouver in Britisch Kolumbien, einer Provinz von Kanada, unfern der Reservation der Chehalis-Indianer. Der Name „Sasquatch" kommt vom indianischen „Saskahevas" und heißt soviel wie: „Haariger Riese".

Der erste offizielle Bericht über die Sasquatch stammt aus dem Jahre 1846 von A. C. Anderson, einem Inspektor der Hudson Bay Company. Seither gibt es Hunderte solcher Berichte und auch eidesstattlicher Erklärungen. Hierüber ist jedoch fast nichts in die Öffentlichkeit gedrungen.

Im Frazertal wurden oft Fußabdrücke der Sasquatch gefunden; sie maßen zwischen 42 und 54 cm Länge. Die Körpergröße der Haarigen Riesen beträgt wohl etwa drei Meter. Was man von ihnen erfährt, weist auf eine Verwandtschaft mit den sagenhaften „Schneemenschen", den „Yeti" hin, die in den abgeschlossenen tibetanischen Hochebenen existieren sollen und über die ähnliche Berichte bekannt geworden sind.

Im Jahre 1939 rüstete die Universität von Kalifornien eine Expedition aus, um den Sasquatch nachzuspüren. Den Chehalis-Indianern wurden 15 Dollar pro Tag und Mann geboten, wenn sie als Führer und Träger dienen würden.

Das war für die damalige Zeit sehr viel Geld; doch trotz dieser verlockenden Geldsumme war ein einziger Indianer der ganzen Reservation zum Mitkommen zu bewegen, und die Expedition scheiterte.

Man hat nichts darüber gehört, daß jemals ein Mensch von den Sasquatch getötet worden sei; es sollen indessen schon wiederholt Indianer wie auch Weiße von ihnen gefangengenommen worden sein.

Am 8. März 1907 rettete der Dampfer „Capilano" die Bevölkerung eines ganzen Indianerdorfes, als diese ins Wasser sprang, entsetzt über das fürchterliche Grunzen und Heulen eines Sasquatch, der am Strande lebende Muscheln suchte und aß.

Eine unanfechtbare eidesstattliche Erklärung über die Sasquatch stammt von einem Holzfäller und Trapper namens Albert Ostman aus Fort Langley und datiert aus dem Jahre 1924.

Ostman hatte sich im Walde in seinem Schlafsack zur Ruhe gelegt. Er erwachte mitten in der Nacht, als er plötzlich recht unsanft hochgehoben und in seinem Schlafsack umhergeschleudert wurde. Dieses rauhe Spiel dauerte ungefähr drei Stunden, ohne daß es Ostmann gelang, sich freizumachen. Bei Morgengrauen wurde er dann plötzlich aus dem Schlafsack geschüttelt und fand sich in Gesellschaft von vier riesigen Sasquatch, die sich vor Lachen bogen.

Ähnliche Erlebnisse hatten der Trapper William Rose im Oktober 1955 und der Jäger Stan Hunt im Mai 1956.

Ostman war mehrere Tage Gefangener der Sasquatch, dann gelang es ihm zu entkommen.

Andere Gefangene wurden von den Sasquatch zwar freigesetzt, doch waren ihnen vorher die Augen mit Tannenharz verschmiert worden. Sie wurden ungefähr eine Stunde lang von den Sasquatch begleitet und dann freigelassen ... Legenden, Gerüchte oder Tatsachen?

Sollte es etwa möglich sein, daß innerhalb einer zivilisierten bürokratischen Nation wie der USA eine solch geheimnisvolle Bruderschaft von Menschen aus der grauen Vorzeit existieren kann?

Und sollte es möglich sein, daß in Kalifornien ein Gebiet vorhanden ist — nämlich der Mount Shasta — auf und über dem ständig die seltsamsten Erscheinungen beobachtet wurden und werden, ohne daß sich die Wissenschaft, die militärischen Spionagedienste und die vielen Geheimdienste dieser mysteriösen Angelegenheit annehmen?

Das erscheint undenkbar.

Gleichwohl sollte man sich getrost vor Augen führen, daß der „Blamagenkatalog" der Fachwissenschaften zahllose Beispiele kleingläubiger Borniertheit und besserwisserischen Starrsinns enthält, die uns heute unglaublich scheinen. Einige Kostproben aus diesem Katalog mögen allzu selbstsichere Leser, die der Erde keinerlei Rätsel mehr zubilligen, zu einer gewissen Zurückhaltung ermahnen:

Julius Robert von Mayer (1814—1878) entdeckte um 1840 das Gesetz von der Erhaltung der Energie. Er wurde von der Gelehrtenwelt derart verspottet, daß er sich aus Verzweiflung aus dem Fenster stürzte.

Der Physiker Georg Simon Ohm (1789 bis 1854), dem wir das „Ohmsche Gesetz" der Elektrizitätslehre verdanken, wurde von seinen Zeitgenossen als Narr verspottet.

Das Königlich Bayerische Medizinalkollegium erklärte den Bau von Eisenbahnen für ein unverantwortliches Verbrechen gegen die öffentliche Gesundheit, da eine so schnelle Bewegung bei den Reisenden Gehirnerschütterung, bei den Zuschauern aber Schwindelanfälle erzeugen werde.

Ignaz Semmelweiß (1818—1865), dem Entdecker des infektiösen Charakters des Kindbettfiebers, wurde von den Fachgenossen solcher Widerstand entgegengesetzt, daß er sich aufrieb und im Irrenhaus endete.

Der englische Arzt William Harvey (1578—1657), der Entdecker des großen Blutkreislaufes, wurde von der gesamten medizinischen Fakultät mit beißendem Sarkasmus gequält.

Der italienische Naturforscher Luigi Galvani (1737 bis 1798) entdeckte 1789 im Froschschenkelversuch Erscheinungen, die er auf elektrische Entladungen zurückführte. Er leitete einen neuen Abschnitt der Elektrizitätslehre ein. Seine Entdeckung wurde allgemein mit ungeheurem Gelächter aufgenommen. Galvani schrieb darüber: „Ich werde von zwei verschiedenen Parteien angegriffen, von den Weisen und von den Dummen. Den einen wie den anderen bin ich ein Spott, und man nennt mich den ‚Tanzmeister der Frösche‘. Trotzdem weiß ich, daß ich eine neue Naturkraft entdeckt habe."

Als am 11. März 1878 in der „Académie des Sciences" der Physiker Du Moucel den versammelten Gelehrten den Phonographen Thomas Alva Edisons (1847—1931) vorführte, sprang der Akademiker Bouillaud dem Vertreter Edisons an die Kehle und schrie: „Sie Schuft! Glauben Sie, wir lassen uns von einem Bauchredner zum Besten halten?" Am 30. September des gleichen Jahres gab Bouillaud nach eingehender Prüfung des Edison-Apparates die Erklärung ab, er sei überzeugt, daß es sich nur um eine geschickte Bauchrednerei handele. Man könne doch nicht annehmen — so Bouillaud — „daß ein schäbiges Metall den edlen Klang der menschlichen Stimme wiedergeben könne".

Diese Aufzählung ließe sich beliebig verlängern. Wie man sieht, empfiehlt es sich also, nicht a priori als Unsinn abzutun, was nach dem jeweiligen Stand des allgemeinen Bewußtseins unvorstellbar scheint.

Diese Erinnerung ist sicherlich doppelt angebracht angesichts des folgenden Hinweises auf ein Phänomen, das dem Mount Shasta verwandt scheint, aber in unseren Breiten beheimatet ist und also in besonderem Maße mit Skepsis zur Kenntnis genommen werden dürfte.

Es handelt sich um den sagenumwobenen Untersberg zwischen Salzburg und Bad Reichenhall.

Seit sehr vielen Jahrhunderten gibt es aus dem sogenannten Rupertiwinkel zahlreiche Berichte über rätselvolle Begebenheiten im Zusammenhang mit dem Untersberg und den geheimnisvollen Bewohnern eines unterirdischen Höhlenreiches.

Es ist kaum anzunehmen, daß die Bevölkerung dieses Alpenlandes in der Vorzeit, im Mittelalter und auch in der beginnenden Neuzeit etwas von anderen geheimnisumwitterten Bergen — etwa dem Himalaya, dem Athos, dem Olymp oder dem Fujijama — gehört und das Gehörte auf den Untersberg projiziert hat — ganz zu schweigen von dem Mount Shasta. Was an Sagen, Märchen und Gerüchten um den Untersberg kreist, ist eigenständig und hat von außen keine Beeinflussung erfahren. Zum Himmel ragende Berge sind für jedes Volk schon immer Symbole des Überirdischen, des Göttlichen gewesen; auf ihren wolkenverhangenen Gipfeln wähnte man die Throne der Götter, in ihrem Innern vermutete man das Reich der guten und bösen Geister.

Aber mit dieser Erklärung allein kommt man den Untersberg-Überlieferungen nicht bei. Denn da soll, einer alten Prophezeiung zufolge, „aus dem Ei eines siebenjährigen Hahnes, das in das Salzburger Moorland gelegt wird, ein scheußlicher, menschenverschlingender Drache entstehen, der sein Unwesen in den unzugänglichen Schründen und Klüften des Untersberges treiben und das fruchtbare Land ringsum in Wüste verwandeln soll." Endlich wird ihm von der verzweifelten Bevölkerung eine holde Jungfrau zugeführt, die niederfällt und das Ungeheuer anbetet. Hierauf verwandelt sich der Drache in einen „berückend schönen Jüngling", dem sich alles Volk begeistert zuwendet.

Doch der schöne Jüngling ist die menschgewordene Bosheit und Sünde — er ist der Antichrist.

Seine Herrschaft ist furchtbar — voller Schrecken, Blut, Tränen und Tod.

Erst am Ende aller Zeiten soll der vom Himmel herabkommende Elias, unterstützt von Legionen von Engeln in einer letzten Schlacht am Walserfelde — zu Füßen des Untersberges — den Satanssohn und dessen Anhänger für immer besiegen.

Soweit die uralte Überlieferung. Parallel dazu gibt es im Salzburgischen und in Oberbayern seit undenklichen Zeiten den Brauch des sogenannten Haberfeldtreibens. Vermummte Bauernburschen ziehen im Frühjahr von Gehöft zu Gehöft, um über jeden Hofbesitzer, der sich im Laufe des Jahres etwas Ungebührliches zuschulden kommen ließ, „strenges Gericht" zu halten. Dieser Brauch war allgemein sehr gefürchtet und wurde von der Obrigkeit schließlich verboten.

Vereinzelt und im Geheimen wird das „Haberfeldtreiben"

aber in diesen Gegenden bis heute noch ausgeübt. Es heißt, daß die „Haberfeldtreiber" mit den Unirdischen im Untersberg in Verbindung stehen, und daß sie sich auch jedesmal nach diesem Femegericht, das stets erst spät in der Nacht endet, in den Untersberg begeben, „um Kaiser Karl, ihrem Herrn und Meister, getreulich Bericht zu erstatten". (65)

In vielen Almhütten des Untersberges soll es auch heute noch nicht ganz geheuer sein. Besonders im Spätherbst, nach dem Almabtrieb, zeigen sich hier manchem Wanderer oder Jäger noch erdgebundene Seelen Abgeschiedener, meist unredlicher Senner und Sennerinnen, die ein oft schreckenerregendes Unwesen treiben sollen. Mit Sonnenaufgang endet stets der Spuk, und die gespenstischen Scharen kehren durch eine nur Hellsichtigen erkennbare „eherne Pforte" in den Wunderberg zurück. Diese Pforte soll der Überlieferung nach bei Hallthurn, nächst den Trümmern der Plainburg, zwischen abgestürzten Felstrümmern sein.

In längst vergangenen Zeiten — so erzählt man sich — kamen auch „riesengroße Männer" am hellen Tage aus dem Untersberg heraus in das nahegelegene Dorf Gröding. Daselbst lehnten sie sich gerne an den romanischen Turm der Kirche, die bereits anno 780 urkundlich erwähnt wird und die der Gottesmutter geweiht ist.

Die „Riesen" unterhielten sich mit den Dorfbewohnern, und anfangs fürchtete man sich sehr vor ihnen, „denn sie überragten an Größe fast die Kirche". Da sie aber stets freundlich und gutmütig waren, so gewöhnte man sich später an sie, und alle Leute, jung und alt, hörten ihnen gerne zu. Ruhig, wie sie gekommen waren, sollen sie auch jedesmal wieder in den Untersberg zurückgekehrt sein.

Ein altes Volksbuch, das 1782 in Brixen in Tirol erschien

und auf verschiedenen alten Handschriften aus den zwei vorhergegangenen Jahrhunderten basiert, schildert „was Lazarus Gitschner, ein frommer Bauersmann von der Pfarr Berghaim, vor seinem Tod seinem Sohn Johann Gitschner in Gegenwart mehrerer geistlicher und weltlicher Personen geoffenbaret, und dieses alles nach seinem Tod bey vorgenommener Inventur schriftlich gefunden worden." (66)

Lazarus Gitschner (in manchen handschriftlichen Abschriften aus dem 16. und 17. Jahrhundert auch Geuer, Getzer, Gyczmayr oder Aigner bzw. Eigner genannt) hatte am 7. September 1529 mit einem Bürger, dem Pfleger, dem Stadtschreiber (dessen schreibkundiger Gehilfe er war) und dem Stadtpfarrer Martin Ellenberger von Reichenhall den Untersberg bestiegen. Das Ziel der fünf Wanderer war der Berchtesgadener Hochthron.

Endlich, nach stundenlangem Aufstieg, war der Gipfel erreicht, und die Bergsteiger wurden nicht nur durch den herrlichen Rundblick belohnt, sondern sie entdeckten überrascht auch ein vorher nie gesehenes kapellenartiges Felsgebilde, in dessen Wand eine Schrift mit folgenden silbernen Buchstaben eingehauen war:

S. U. R. G. E. T. S. A. T. U. M.

, Aufgehen wird, was gesät worden ist"

deren Sinn keiner von ihnen deuten konnte. Nach längerer Rast begab man sich wieder auf den Heimweg.

In Reichenhall angekommen, wollte dem Pfarrer Ellenberger die rätselhafte Inschrift nicht aus dem Kopf, und er bat Lazarus, den jungen Gehilfen des Stadtschreibers, am folgenden Tage nochmals auf den Untersberg zu steigen und ihm die Buchstabenfolge genau abzuschreiben.

Lazarus tat wie ihm geheißen, erreichte glücklich die Stelle
und fand auch die Inschrift noch vor, die er sich auf ein
Blatt Pergament abschrieb. Indessen war es Abend geworden, und Lazarus Gitschner überlegte, ob er bei ein-
brechender Dunkelheit noch den Untersberg hinabsteigen
oder besser auf demselben übernachten sollte. Er entschied
sich für das letztere.

Das war am Mittwoch, dem 8. September 1529.

Er schlief die Nacht über gut, stand am Donnerstagmor-
gen gestärkt auf und trat den Abstieg an. Eine Weile war
er schon unterwegs, als plötzlich „ein barfüßiger Mönch"
vor ihm stand, der einen Schlüsselbund über der Schulter
trug.

Lazarus war ohne jede Furcht, obwohl er einen Untersberger in ihm zu erblicken glaubte, und erzählte ihm, was
ihn auf den Untersberg geführt hatte.

Da machte der Mönch sich erbötig, ihm zu offenbaren, was
die Inschrift bedeute, führte ihn durch eine düstere Klamm
zu einer „eisernen Tür", öffnete dieselbe mit einem der
Schlüssel und führte Lazarus in den Wunderberg. Dabei
ermahnte er ihn: „Lege dein Hut allda nieder, so kannst
du wieder hinaus; und so du herinnen sein wirst, sprich
zu niemandem ein Wort, es sage einer zu dir, was er
wolle. Mit mir aber darfst du reden. Merke wohlauf, was
du siehst und hörst!"

Im Untersberg war es „taghell". Vor sich sah Lazarus
einen großen Turm, dessen „goldene" Uhr die siebente
Stunde zeigte. Ferner stand da ein herrlich schönes Gebäude „mit doppeltem Glockenturm" inmitten einer
üppig blühenden Wiese. Ein mächtiger Brunnen spendete
aus zwei Rohren klares Quellwasser. Auf der Blumen-
wiese standen hohe Bäume „mit den seltensten Früchten".

Dann gelangten sie zu einem Gotteshaus, das einen riesigen Hochaltar und über dreißig Orgeln hatte. Unzählige Mönche versammelten sich hier und sangen mit großer Andacht die Psalmen. Alle Glocken fingen zu läuten an und „eine unzählbar große Schar beiderlei Geschlechts, gar schön gekleidet", zog in die Kirche ein. Während des Gottesdienstes begannen alle Orgeln zu spielen und der Gesang der Menge war so schön, daß Lazarus sich in das Paradies versetzt glaubte.

Hernach verließ das Volk den heiligen Raum, und die Mönche verschwanden über dieselbe Stiege, die sie herabgekommen waren. Über diese Stiege — die achtzig Stufen zählte — führte nun der Mönch mit dem Schlüsselbund den Gast durch eine Vorhalle, durch deren Fenster man hinaus auf die blühende Wiese sehen konnte, in einen großen, hochgewölbten Saal mit vielen Fenstern und Tischen. Lazarus bekam hier Fleisch, Kraut und Gerste nebst einem Laiblein Brot".

Nach der Mahlzeit wurde Lazarus in die Bibliothek geführt, deren Wände angefüllt waren mit Büchern, in „Baumrinde" und dickes Leder gebunden. Von da aus erblickte er wiederum durch die Fenster den Garten und sah in diesem viele Frauen und Jungfrauen, Herren und Jünglinge in prachtvollen Gewändern herumspazieren.

Er fragte den Mönch, wer diese Leute wären, und bekam zur Antwort: „Es sind alte Kaiser, Könige, Fürsten, Ritter, Priester, Herren und Knechte, Edel- und Unedelgeborene, Frauen voll Tugend und Güte, wie überhaupt nur solche, welche den Glauben in der letzten Zeit des Bestandes der Welt verteidigen und retten werden."

Lazarus Gitschner durfte die seltsamen Bücher ansehen und fand in denselben auch die Inschrift, die er sich bereits für den Pfarrer von Reichenhall abgeschrieben hatte. Der Mönch las sie ihm vor, allein verstehen konnte er sie nicht, da sie in lateinischer Sprache verfaßt war.

Nach der Vesper zog der Lazarus mit seinem Begleiter und den anderen Mönchen paarweise nach dem großen Turm, zu dem Lazarus gleich nach seinem Eintritt in den Untersberg gekommen war. Der Turm hatte zwölf Türen. „Durch diese Türen gelangt man", so sprach der Mönch, „in die Domkirche von Salzburg, nach St. Nikolaus in Reichenhall, in die Kirche von (Groß-)Gmain, in die Kirche von Seekirchen, in jene von Maxglan bei Salzburg, nach St. Michael in Gnigl, in die Kirche St. Zeno, nach Maria-Egg bei Traunstein, in die Kirche von St. Gilgen, nach St. Dionysius in Vigaun, nach St. Bartholomä am Königsee und schließlich nach Maria-Kirchenthal."

In der ersten Nacht gingen sie mitsammen nach St. Bartholomä; ein schöner gewölbter Gang, so breit, daß ihrer drei und drei nebeneinander gehen konnten, führte sie dahin. Als sie ein Stück Weges zurückgelegt hatten, sagte der Mönch: „Jetzt gehen wir tief unter dem Königsee..." Gegen Mitternacht gelangten sie nach St. Bartholomä und sangen darin die Mette. Nach derselben kehrten sie lautlos, wie sie gekommen waren, in den Untersberg zurück, wo sie pünklich 6 Uhr morgens zur Prim anlangten.

In der nächsten Nacht gingen sie in die Domkirche von Salzburg. Da wären sie bald vom Meßdiener überrascht worden, wenn sie nicht durch die hintere Tür und durch „sich öffnende Türlein in den Mauern" wieder hinausgekommen wären.

In den folgenden Nächten wiederholten sich diese Kirchgänge, doch galt jedesmal der Besuch der Untersberger einem anderen Gotteshaus.

Am letzten Tag im Untersberg führte der Mönch den Lazarus Gitschner in die Bibliothek und las ihm dort aus großen Büchern alte Weissagungen vor: wie dermaleinst furchtbare Kriege, Hungersnot, Pestilenz und andere Übel in die Welt kommen würden.

Während sie noch miteinander redeten, sahen sie durch eines der Fenster „den Kaiser", Karl den Großen, mit den Seinen leutselig verkehren. Da zeigte der Mönch ihm auch einen Fürsten und sprach: „Jener dort ist Friedrich Barbarossa, der einst von der Erde entrückt worden ist. Sieh ihn dir wohl an, denn er trägt noch das nämlich Gewand wie damals ..."

Weiter sah Lazarus Gitschner noch viele andere edle Herren hier versammelt, so den Herzog Albrecht von Bayern, den Erzbischof von Salzburg, Leonhard von Keutschach, den Stiftpropst von St. Zeno bei Bad Reichenhall, den Propst von Berchtesgaden und manche andere, die er zu ihren Lebzeiten wohl gekannt hatte.

Am siebenten Tage endlich sagte der Mönch zu Lazarus, nachdem sie soeben von der Liebfrauen-Kirche in Gmain zurückgekehrt waren: „Lazarus, es ist Zeit, daß du wieder gehst, oder willst du am Ende hier herinnen bleiben?" Doch der Gehilfe des Stadtschreibers von Reichenhall, der im dreißigsten Jahr stand, verlangte noch nach seiner irdischen Heimstatt, worauf ihm der Mönch zum Abschied zwei Laiblein Brot gab und sprach: „Solches iß im Heimgehen — und sei hierfüre fein demütg, so lange du lebst!" Dann führte er ihn zur „Eisernen Tür", durch die Lazarus in den Untersberg gekommen war. Auf Verlangen seines Begleiters sah Lazarus noch einmal auf die Turmuhr, die „goldenen" Zeiger zeigten genau dieselbe Stunde an, in der er hereingekommen war: 7 Uhr früh.

Wieder in der Außenwelt angelangt, sagte der Mönch noch: „Schau, mein Lazarus, daß du deine Erlebnisse im Untersberg niemandem mitteilst, ehe fünfunddreißig Jahre verstrichen sind, so dir dein Leben lieb ist! Vergiß auch nicht, was du hier gesehen und gehört hast."

Wenn aber die Zeit von fünfunddreißig Jahren vorüber sein werde, so könne er das, was er im Untersberg erfahren habe, auch anderen offenbaren, „denn es werde hernach große Notzeit sein".

Dann verschwand der Mönch.

Lazarus Gitschner trat allein und nachdenklich den Rückweg nach Reichenhall an.

In Reichenhall angekommen, wurde er mit Fragen von allen Seiten bestürmt. Er aber schwieg und erzählte nicht ein Wort, von dem, was er im Berg gesehen und gehört hatte.

Fünfunddreißig Jahre danach lag Lazarus Gitschner auf dem Totenbett, „fromm und stark im Glauben", wie er gelebt hatte. Sterbend gab er sein Wissen weiter an seinen Sohn. Drei Tage später, am 6. Januar 1565, starb er.

So wurde sein Erlebnis im Wunderberg bekannt, und bis heute, mehr als vier Jahrhunderte lang, ist im Salzburgischen die Erinnerung daran und an die Prophezeiung des unirdischen Mönchs noch nicht erloschen.

Kamen die Unirdischen des Untersberges in den bisher erwähnten Erlebnisberichten ungerufen zu den Menschen, so trat Dr. Martinus Pegius aus Salzburg bewußt und gewollt mit ihnen in Verbindung. Das geht aus seiner „Beschreibung des Untersbergs und eigenhändigen Aufzeichnungen über den Aufenthalt, das Leben und Treiben der Berggeister" hervor, einem Manuskript des 16. Jahrhunderts, das ein gewisser Dr. Johannes B. Fickler, churfürstlich-bayrischer Rat, der achtundzwanzig Jahre lang in Salzburg ansässig war, in der von ihm verfaßten „Salzburger Chronik" anführte.

Dr. Pegius war ein Rechtsgelehrter und Liebhaber-Astronom. Seine Frau scheint ein großartiges Medium gewesen zu sein, denn in seiner „Beschreibung des Untersberges" berichtet dieser Gelehrte nicht nur ausführlich von den Gnomen und wilden Frauen und Männern, von sagenhaften Schätzen in unterirdischen Höhlen, die von einem riesigen, Tageshelle ausstrahlenden „Karfunkelstein" beleuchtet werden, und von wunderschönen Frauen und Männern „mit goldenen Kronen auf den Häuptern", sondern auch namentlich von einer bestimmten Unirdischen „aus dem Geschlecht der Heiligen Drei Könige" : der „Königin von Saba".

Diese „Königin von Saba" sei am Sonntag Reminiscere, dem 19. Februar 1581, in das Salzburger Wohnhaus des Dr. Pegius, ja, in die Stube seiner Frau gekommen und habe von dieser begehrt, „sie möge sich auf drei Jahre in den Untersberg hineinversprechen, dann wolle sie, die Königin von Saba, ihr so viel Geld und Geschmeide geben, daß sie ihr Lebtag reich genug sein würde . . ."

Obwohl Frau Pegius auf diesen Vorschlag nicht eingegangen sein soll, wäre sie gleichwohl öfters „in den Berg hineingekommen" und wäre dort „vieler Wunderdinge" ansichtig geworden. Die „Königin von Saba" habe auch später noch des öfteren Frau Pegius besucht und ihr „viele Geheimnisse anvertraut".

Ferner berichtet Dr. Pegius — oder vielmehr das Medium, seine Frau —, daß im Untersberg auch ein „Sultan von Ägypten", die „Königin von Sodom und Gomorrha" und „Herodiades", die Tochter des Herodes, anwesend seien.

Diese „Herodiades" kam auch einmal zu Frau Pegius und hat dieser erzählt, „wie es seinerzeit bei der Enthauptung des heiligen Johannes zugegangen wäre". Auch ein Sohn des Kaisers Augustus befände sich im Untersberg und soll am 8. April 1581 mitsamt der „Königin von Saba" das Ehepaar Pegius aufgesucht und ihnen „viel Wunderbares erzählt" haben.

Dieses Pegius-Manuskript ist eine der ältesten Aufzeichnungen spiritistischer Sitzungsberichte auf deutschem Boden, und daß es gerade im Umkreis des Unterberges geschrieben wurde, ist sicherlich kein Zufall.

Später, im 17. Jahrhundert, gab es in der Stadt Salzburg und im Rupertiwinkel schon eine „Zauberische Gesellschaft" mit mehr als hundert Mitgliedern, deren Begründer der sogenannte „Zauber-Jakl" gewesen ist, Sohn eines Abdeckers mit Namen Jakob Koller aus Mauterndorf. In den Jahren 1668 bis 1687 hat er nahe dem heute noch bestehenden Schloß, einer Hausburg aus dem 12. Jahrhundert gewohnt. Er soll es u. a. verstanden haben, in Tiergestalt zu ercheinen, und oft sah man ihn Holzspäne schneiden, „welche sich sofort in Mäuse verwandelten", weshalb ihm auch der Name „Mäusemacher" beigelegt wurde.

Er soll großen Zulauf gehabt haben; besonders Bettel- und Hüterbuben sollen ihm hörig gewesen sein, aber auch viele Erwachsene zählten zu seinen begeisterten Anhängern, freilich nur im Geheimen.

Die Aufnahme in seine Zaubergesellschaft vollzog sich bei ekstatischen Tänzen, verbunden mit einer Namengebung, während welcher dem Bewerber der Taufname förmlich von der Stirne gerieben, „abgeribbelt" und abgekratzt und ihm dann der „neue Name", meist von Tieren, beigegeben wurde, zum Beispiel Krähratz, Hirschhorn, Krötchen, Hasenfuß, Saubär und dergleichen.

Über den „Zauberer-Jakl" enthält das Mooshamer Archiv unter anderem folgendes: „Malefiz 279, Anno Domini 1681. Auf dem herumvagirenten Jakoben Koller oder sogenannten Zauberer Jaggl soll gute Obsicht getragen werden, wer ihme lebendig lifert, soll 600 fl., wer ihme aber Toder lifert, 300 fl. haben, um Willen er so ville Jugend und andere Personen verführt hat." Trotz des hohen Kopfpreises konnte man seiner jedoch „nie nicht habhaft werden", und der Betrag wurde nie ausgezahlt.

Aus dem Jahre 1738 hat sich in Salzburg ein weiterer Bericht über den Untersberg erhalten, und zwar von einem jungen Jäger, der im Auftrag seines Bruders, der Förster war, den Untersberg bestieg, um nachzusehen, ob die Holzknechte ihre Arbeit ordnungsgemäß erledigten.

Michael Holzögger, so hieß der Jäger, kam von seinem Kontrollgang nicht zurück. Schon waren achtundzwanzig Tage vergangen, ohne daß dem besorgten Bruder irgendeine Kunde von dem Verschollenen gebracht worden wäre; allgemein glaubte man, daß sich Michael, wie schon vor ihm viele andere, verstiegen und in irgendeiner Schlucht, an denen der Untersberg reich ist, den Tod gefunden habe.

Da beschloß der Förster, in der Liebfrauenkirche von Gmain am Fuße des Wunderberges einen Gottesdienst für das Seelenheil seines Bruders abhalten zu lassen. Als die Kirche schon mit Andächtigen gefüllt und der Priester eben an den Altar getreten war, betrat plötzlich der Totgeglaubte den Heiligen Raum. Nichtsahnend hatte er das Gotteshaus betreten, um Gott für die glückliche Rückkehr zu danken.

Als die heilige Handlung vorüber war, drängten sich alle
um den Zurückgekehrten, und jedermann wollte von ihm
wissen, wo er so lange geblieben und was ihm widerfahren
sei. Doch weder seinem Bruder noch irgendjemandem
teilte Michael Holzögger auch nur ein Sterbenswörtchen
darüber mit. Da die Leute aber des Fragens nicht müde
wurden, verwies er sie auf das, was seinerzeit Lazarus
Gitschner, der Gehilfe des Stadtschreibers von Reichenhall, auf seinem Sterbebette geoffenbart hatte.

Die Kunde vom Verschwinden und Wiederkommen des
Jägers verbreitete sich wie ein Lauffeuer im ganzen Land,
und bald kam sie auch dem von 1727 bis 1744 regierenden
Erzbischof Leopold Anton Firmian zu Ohren. Der ließ
den jungen Mann zu sich rufen, in der Meinung, daß
dieser ihm die Auskunft nicht verweigern würde. Michael
Holzögger vertraute ihm unter dem Siegel des Beicht-
geheimnisses sein Erlebnis im Untersberg an, und von
dieser Stunde an soll der geistliche Herr „hintersinnig"
gewesen sein; man sah ihn oft in Gedanken verloren, ja
bestürzt, ohne daß man in seiner näheren Umgebung einen
Grund hierfür gewußt hätte. Sechs Jahre danach nahm
der Salzburger Erzbischof das ihm anvertraute Wissen mit
in sein Grab.

Noch zu Beginn des 19. Jahrhunderts erzählten alte
Bauersleute aus Gröding, dem Dorf am Fuße des Untersberges, daß im Jahre 1753 oft wilde Frauen aus dem
Untersberg hervorgekommen wären, um armen Knaben
und Mägdelein, die nahe dem gotischen Schloß Glanegg
das Vieh hüteten, Brot zu schenken.

Zur Erntezeit sollen oft schon im Morgengrauen die wilden
Frauen nach Gröding gekommen sein und auf den Feldern
fleißig mitgeholfen haben. Nach dem Abendläuten kehr-

ten sie wieder in den Untersberg zurück, ohne an dem Abendbrot der Landleute teilzunehmen, obwohl man sie stets dazu eingeladen hatte. Ohne mit Geschwätz die Zeit zu vertrödeln, halfen diese guten Wesen, wo es nottat, dem einfachen Volk.

Zur selben Zeit begab es sich auch, daß zu dem einsamen Wirtshaus an der breiten Straße, die von Salzburg durch das „Moos" zum Untersberg führt, eines Abends ein unbekanntes Mädchen um Nachtherberge bat und sich am anderen Morgen als Dienstmagd anbot. Die Wirtin meinte zwar, daß das feingliedrige Ding für schwere Stallarbeit zu schwächlich sein würde, nahm es aber auf dessen dringliche Bitte hin doch in ihren Dienst.

Von da an gedieh in Haus, Stall, Feld und Garten alles aufs beste; das fremde Mädchen war nicht nur „außerordentlich folgsam, treu, fleißig und freundlich", sondern ihre Hilfe war so segensreich, daß die Wirtin die Stunde segnete, da diese Magd zu ihr gekommen war.

So blieb es mehrere Jahre, bis eines Tages ein Holzknecht, der vom Untersberg zurückkehrte, beim Mooswirt einkehrte und die junge Magd, die er nicht kannte, zu sich rufen ließ.

„Als ich heute oben am Berg Holz fällte", sagte er zu ihr, „hörte ich auf einmal aus einer Kluft eine Stimme rufen: ‚He, du — sag es der Magd beim Mooswirt, daß ihr Vetter verschieden ist!'"

Die Magd hatte die Botschaft kaum vernommen, als sie sich alsbald nach kurzem Abschied aufmachte und dem Untersberg zueilte. Seitdem wurde von dem Mädchen nie wieder etwas gehört oder gesehen.

Auf den Vierkasern, einer Alm am Untersberg, hörten die Sennerinnen oft, wie noch um 1870 verbürgt ist, an Samstagen und auch „Lostagen" waschen, und zwar klang es ganz so, als wenn man mit einem Brettchen auf nasse Wäsche schlägt, die auf einer Bank liegt — wie das Waschen bei den Bauern üblich war. Da meinten die Mägde der beiden oberen Almhütten, es werde in den unteren gewaschen — und umgekehrt. In Wahrheit sollen es jedoch die „wilden Frauen" gewesen sein, die „Kaiser Karls Wäsche" besorgen müssen.

Zu den seltsamsten Berichten über dergleichen nicht alltägliche Erlebnisse in der Gegend des Untersberges gehört sicherlich auch jener des Weinfuhrmanns Xaver Perl, der Anfang unseres Jahrhunderts mit einer Wagenladung Wein aus Tirol nach der Stadt Hallein (drei Gehstunden von Salzburg entfernt) fuhr. Ihm trat plötzlich ein Untersberger, ein Gnom entgegen und bat ihn, mit ihm in den Berg zu fahren und seinen Wein dort zu verkaufen.

Der Untersberger setzte sich neben den Fuhrmann auf den Bock und übernahm die Zügel. So ging es in flotter Fahrt dem Wunderberge zu.

Den überraschten Fuhrmann überkam große Müdigkeit, so daß er nicht mehr imstande war, sich wach zu halten. Er schlief ein — und als er wieder erwachte, fuhr der Wagen eben im Berge auf ein schloßartiges Gebäude zu, das aus einem „künstlich behauenen Felsen" aufragte.

Die Mauern waren aus rotem und weißem Marmor gebildet,

Im Untersberg befinden sich tatsächlich prächtige Marmorgrotten.

und eine lange Reihe klarer Fenster durchbrach die Front, die von einem mächtigen Turm überragt wurde, dessen Dach aus Kupfer war. Wollte man in das Schloß gelangen, so mußte man sieben Brücken und ebensoviele Tore und Fallgitter passieren. Im Inneren zeigten sich alsbald an allen Fenstern viele Gesichter, die den Ankömmling neugierig musterten. Bald kamen auch Unirdische in schönen Kleidern, andere aber nur „halb bekleidet" in den Schloßhof.

Trotz der durchaus freundlichen Begrüßung zitterten dem Fuhrmann die Knie, und er konnte keinen Laut hervorbringen. So führte man ihn vorerst in eine Stube, wo er mit köstlichen Speisen bewirtet wurde. Hierauf forderte man ihn auf, das Schloß zu besichtigen. Obwohl der Fuhrmann so müde war, daß er lieber sitzengeblieben wäre, wagte er keinen Widerspruch und folgte dieser Einladung. Über fünfundreißig goldene Stufen ging es in einen hellen Saal. Der Fußboden war mit Marmorfliesen belegt, die Wände schimmerten golden und die Fenster waren aus Kristall, „so daß die einfallenden Sonnenstrahlen in vielfarbigem Schimmer die gesamte Halle erglänzen ließen".

Das Merkwürdigste aber waren vier aus Gold gegossene riesige Standbilder; diese „Riesen" trugen schwere, goldene Ketten an den Armen, „als ob sie Gefangene wären". In der Mitte der Decke befand sich ein winziges Bergmännlein, das eine goldene Krone trug und die vier Enden der Ketten in Händen hielt.

Stumm bestaunte der Fuhrmann das Bildwerk, das ihm rätselhaft war.

Dann fragte ihn sein unirdischer Begleiter: „Fuhrmann, verstehst du, was die vier Riesen mit den Ketten und das Männlein mit der Krone für die Zukunft bedeuten sollen?"

Der Mann antwortete: „Das weiß ich nicht."

Da sagte der Untersberger: „Das ist recht. Es wäre auch nicht gut für euch Menschen, wenn ihr es wüßtet!" Daß die vier größten Herrscher auf Erden einmal von dem Kleinsten abhängig sein werden, möglicherweise dem Atom, ist eine der denkbaren Interpretationen dieses seltsamen Gleichnisses.

Im Weitergehen sah der Fuhrmann noch eine Menge kostbarer, mit Gold und Edelsteinen verzierter Rüstungen, Helme und Schwerter sowie auch viele „unbekannte" Waffen und Geschosse. An den Wänden standen Tische aus einem ihm „unbekannten Material" und im letzten Raum sah er kostbar verzierte Ruhebetten stehen. Hier wurde ihm auch der Lohn für den Wein ausbezahlt: Hundertachtzig Dutzend Dukaten. Die Untersberger befahlen ihm bei dieser Gelegenheit „solange er lebe" mit niemandem über sein Erlebnis zu sprechen.

Verwundert über das Geschaute, verließ der Weinfuhrmann mit seinem Lohn das Schloß — und befand sich alsbald mitsamt seinem Wagen und Pferden „an demselben Ort", wo er anfangs mit dem Untersberger zusammengetroffen war.

Auch der Fuhrmann, der aus Tirol gestammt haben soll, hat das Schweigegebot eingehalten und erst auf seinem Totenbett das Erlebnis im Untersberg geoffenbart, so daß es, von Zeugen verbürgt, der Nachwelt erhalten blieb.

Sicherlich spricht an all diesen Geschichten vieles dafür, daß es sich ganz einfach um Träume oder um Flunkereien gehandelt hat. Verblüffend bleibt aber doch, daß die Berichte, — seien sie nun wahr oder erfunden — über ein rundes Jahrtausend hinweg in unregelmäßigen Abständen wieder auftauchen und sich auf das eng begrenzte Gebiet des Rupertiwinkels konzentrieren wie keinerlei sonstige, vergleichbare Gerüchte in irgendwelchen anderen Gegenden der Erde.

Die meisten Menschen halten es gewiß für unglaubwürdig, daß es heute — im Zeitalter stürmischer technischer Entwicklungen — noch etwas Unentdecktes, Unerforschtes auf unserer Erde gibt.

Aber dieser Meinung fortschrittsgläubiger Menschen steht die Tatsache gegenüber, daß auch im Zeitalter der Satelliten unsere Mutter Erde erst zum kleinsten Teil kartografisch erfaßt ist. Tatsächlich gibt es wesentlich mehr weiße Flecken auf unseren Landkarten, als wir aus unseren Atlanten erkennen können.

Wir dürfen dabei nicht nur an die Polgegenden, an die großen Wüsten, an die unerforschten riesigen Gebiete Südamerikas, oder an die unzugänglichen Hochebenen und Täler des Himalaja denken, nein, auch in zivilisierten Gegenden gibt es Orte und Landschaften, die Geheimnisvolles, bisher Unerforschtes bergen, an denen Unerklärliches geschieht.

Als eine von Geheimnissen umwitterte Region, wo die Gesetze der Schwerkraft aufgehoben zu sein scheinen, gilt auch das „Phänomen von Santa Cruz". Auch intensive wissenschaftliche Untersuchungen konnten bisher keine Klarheit darüber bringen, warum in dieser Gegend der Erde Dinge geschehen, die vom physikalischen Standpunkt aus als unmöglich gelten müssen. Und zwar befindet sich in der Nähe von Santa Cruz, an der Bucht von Monterey, südlich von San Francisco, an einer Stelle, die als „Mystery Spot" bekannt ist, eine Art „magnetischer Wirbel". Menschen, die direkt im magnetischen Wirbel stehen, scheinen beträchtlich an Körpergröße zuzunehmen, solange sie sich in diesem Wirbel befinden.

Das ist keinesfalls eine optische Täuschung — das Phänomen wurde mehrfach durch Fotos bestätigt.

Tragbare Radio- und Fernsehgeräte versagen im Bereich des Wirbels völlig.

Über die Ursachen dieser seltsamen Erscheinungen bestehen verschiedene Ansichten: Eine Theorie besagt, es handele sich um eine Signalanlage, die — zum Zwecke der Orientierung — von UFO's angepeilt wird. Hellseher, die an Ort und Stelle waren, gewannen den Eindruck, daß der magnetische Wirbel durch den Absturz eines Raumschiffes verursacht wurde, dessen Antriebsmechanismus tief in die Erde einschlug und sich bis zum heutigen Tag durch seine Strahlung bemerkbar macht.

Immer wieder haben in den letzten 20 bis 30 Jahren Bergsteiger und Touristen darüber berichtet, daß in dieser seltsamen Gegend die Kompaßnadel ungewöhnlich reagierte und erst wieder in ihre normale Lage zurückkehrte, wenn ein bestimmter Bereich verlassen war.

Da die Gespräche über die unerklärlichen Geschehnisse in der Umgebung des rätselvollen Ortes nicht verstummten, wurde vor Jahren eine Untersuchungskommission entsandt, die des Rätsels Lösung finden sollte.

Es wurde festgestellt, daß Menschen, wenn sie an einer bestimmten Stelle des Abhanges standen, das unzweifelhafte Gefühl hatten, von einer unsichtbaren Gewalt gegen den Berg gedrückt zu werden.

Mit allen Mitteln der modernen Physik wurde der mysteriöse Berghang getestet. Dabei stellte man fest, daß sich auf halber Höhe der Neigung eine etwa 50 mal 50 Meter große Fläche befand, in deren Bereich gewisse Gesetze der Schwerkraft aufgehoben zu sein schienen. Jeder Mensch, der diesen fast kreisrunden Sektor betrat, mußte sich weit zurückbeugen, um das Gleichgewicht zu bewahren und in „aufrechter Haltung" zu bleiben.

Unter anderem wurde auch der Versuch gemacht, auf ein an den Hang angelehntes Brett eine hölzerne Billardkugel zu legen. Die Kugel rollte eine kurze Strecke bergauf, kam dann zur Ruhe und blieb auf dem schrägen Brett liegen.

Weitere Merkwürdigkeiten an diesem geheimnisvollen Ort geschahen mit dem Licht. An gewissen Stellen der Fläche wurde eine Brechung des Lichts festgestellt, und Gegenstände, die in einem bestimmten Winkel aufs Korn genommen wurden, erschienen plötzlich um die Hälfte kleiner als zuvor.

Die Kommission erreichte in der Mitte der kreisrunden Stelle eine Betonplattform, deren Fläche im rechten Winkel zum Erdmittelpunkt lag. Von dem einen Ende der Plattform aus erschienen alle Gegenstände auf der anderen Seite vergrößert, während beim Wechsel des Beobachtungsortes das Umgekehrte der Fall war.

Beobachtete man von der Plattform aus einen Menschen, der in das Tal hinabstieg, so entstand der Eindruck, als ob der Absteigende immer größer wurde, obwohl er sich mit jedem Schritt vom Beobachter entfernte.

Professor Charles Huddington, der sich zu Studien in Santa Cruz aufhielt, berichtete daß er sich eines Tages mit einem alten Indianer über das Phänomen unterhalten habe. Der habe behauptet, daß seine Vorväter die „schwerelosen Plätze" mittels „Magie" errichtet hätten. „Ich glaube", schreibt Huddington, „daß es eines Tages tatsächlich möglich sein wird, die Schwerkraft aufzuheben, wie sie aufgehoben war, als die Inkas ihre Tempel und die Mayas ihre Festungen aus Riesenquadern erbauten, ohne über technische Hilfsmittel zu verfügen."

Bis heute haben sich die Wissenschaftler indessen vergeblich bemüht, die Rätsel von Santa Cruz zu lösen.

Eine andere unerklärliche Erscheinung ist die der Wandersteine im Todestal in Kalifornien.

Das Todestal ist ein riesiger Talkessel, der bis zu 85 Meter unter dem Meeresspiegel liegt und dessen Kesselwände auf 1500 bis 3500 Meter ansteigen. Von den Randbewohnern, den Panamint- und Shoshones-Indianern, wird es „Thomesha" (Brennender Boden) genannt, denn in den Sommermonaten werden Temperaturen bis zu 60 Grad Celsius gemessen, wobei der Boden des Tales in fast furchterregender Art zu glühen scheint. Während der heißen Zeit vermag ein Mensch ohne reichliche Wasserversorgung das Tal nicht lebend zu durchqueren, da er nicht länger als sechs Stunden diese dörrende Hitze zu ertragen vermag. Daher der Name „Todestal". Das Gebiet ist von größtem wissenschaftlichen Interesse. An seinen sogenannten Playas, den völlig flachen Böden gänzlich ausgetrockneter Seen der westlichen Wüstengegenden werden die unregelmäßigen, kantigen Wandersteine, die durchschnittlich 500 bis 600 Kilogramm wiegen, gefunden.

Eine gänzlich unbekannte Kraft, vermutlich magnetischen Charakters, bewegt die Steine, die sich manchmal in geraden, manchmal in kurvenförmigen und oft in unregelmäßigen, sich überschneidenden schneckenartigen Spuren bewegen, welche sich auf der Playa über Strecken von mehreren hundert Metern Länge abzeichnen. Wissenschaftliche Untersuchungen über die Triebkraft dieser Steine wurden nie vorgenommen. Ob oder welche Beziehungen zwischen den Wandersteinen und dem magnetischen Wirbel von Santa Cruz bestehen, kann daher nicht festgestellt werden. Jedenfalls aber sind die sich an diesen beiden Orten manifestierenden Kräfte höchst ungewöhnlicher Art.

Das Sonnenwunder von Fatima

Im Mai 1967 besuchte Papst Paul VI. — trotz vieler Bedenken im Vatikan — Portugals Marienheiligtum Fatima. Auf den Tag genau waren fünfzig Jahre vergangen, seit drei Kindern dort die Jungfrau Maria erschienen war.

In seiner Rede, in der er die Reise ankündigte, begründete der Papst seinen Entschluß folgendermaßen: Er sei in tiefster Sorge um den Weltfrieden und er wolle in Fatima von der Madonna den Frieden erflehen.

Noch heute rätselt die Welt über den wahren Grund dieser Reise, und was Paul VI. zu diesem demonstrativen Entschluß bewog, werden nur einige wenige Auserwählte gewußt haben.

Es gibt Menschen, die behaupten, daß neben den Sorgen um den Weltfrieden das „dritte Geheimnis der Fatima" den Papst — von Unruhe getrieben — zu dieser Reise gedrängt habe. Aber dieses Geheimnis — wenn es ein solches gibt — kennt niemand außer dem Papst und ganz wenigen Eingeweihten aus seiner allerengsten Umgebung. Immerhin, sein Vorgänger, Johannes XXIII., Papst von 1958 bis 1963, soll erbleicht sein, als er die letzte Prophezeiung von Fatima gelesen habe.

Bezogen sich die ersten beiden Prophezeiungen auf den ersten und zweiten Weltkrieg, so soll in der dritten vom „Jüngsten Tag" die Rede sein. Doch diese letzte und überaus schreckliche Botschaft aus Fatima liegt wohlverwahrt in den Geheimarchiven des Vatikans.

Man spricht vom „Sonnenwunder" von Fatima als von einem religiösen Wunder schlechthin — einem Wunder, wie es sich bisher nicht wieder ereignet hat.

Tatsächlich gehörten zu den Zeugen dieses wohl grandiosesten und rätselhaftesten Wunders der katholischen Christenheit sowohl Gläubige wie Skeptiker, Christen und Atheisten gleichermaßen. Sie alle — mehr als 50 000 Menschen — sahen auf dem Höhepunkt der Ereignisse eine wahrhaft unfaßbare Himmelserscheinung: das „Sonnenwunder".

Was geschah wirklich in Fatima?

Am 13. Mai 1917, einem Sonntag, wurden in der Cova da Ira nahe bei Fatima drei Hirtenkinder, die zehnjährige Lúcia de Jesús dos Santos und die beiden neun- und siebenjährigen Geschwister Francisco und Jacinta Marto gegen Mittag durch einen grellen Blitz vom blauen, wolkenlosen Himmel aufgeschreckt. Als sie zum Himmel aufschauten, erblickten sie — wenige Meter vor sich, über einer meterhohen Steineiche schwebend — „eine sehr schöne Frau" in lichtweißem, golddurchwirktem Mantel, heller leuchtend als die Sonne.

Lúcia, das älteste der Kinder, hörte die Verkündigung der schönen Frau: sie würde, um die Abtrünnigen zu bekehren, am 13. jeden Monats zur gleichen Stunde und an der gleichen Stelle wiederkommen. Im Oktober, bei der letzten Manifestation, würde sie sich zu erkennen geben und gleichzeitig ein Wunder vollbringen. Nach diesen Worten entschwebte die strahlende Erscheinung nach Osten. Niemand im Dorf wollte den Kindern zunächst das Unwahrscheinliche glauben; Lúcias Vater beriet sich mit dem Dorfpfarrer, der das Geschehen als Blendwerk des Teufels bezeichnete.

Am 13. Juni 1917, wiederum um die Mittagszeit, sahen die Hirtenkinder wieder die Erscheinung, der abermals ein heller Blitz aus wolkenlosem Himmel vorausgegangen war. Anwesend waren an diesem Tag etwa 60 Menschen, die von der strahlenden Erscheinung allerdings nichts wahrnehmen konnten — sie hörten nur das Kind Lúcia reden. Einige Augenzeugen wollen an diesem Tag beobachtet haben, wie sich die Zweige der Steineiche nach Osten neigten, als die Erscheinung nach etwa zehn Minuten entschwebte.

Am 13. Juli 1917, zur gleichen Stunde und am gleichen Ort, erschien den Kindern die Vision abermals. Darüber hinaus wurde Lúcia — nach eigenen Angaben — das „Leiden der Verdammten" gezeigt. Um die armen Seelen zu retten, müsse zum Unbefleckten Herzen Marias inbrünstig gebetet werden; damit werde auch der Frieden in der Welt wiederhergestellt. Die an diesem Tage Anwesenden beobachteten ein Nachlassen des Sonnenlichtes und ein Sinken der Temperatur.

Am 13. August 1917 konnten die Kinder nicht am gewohnten Treffpunkt erscheinen: der glaubensfeindliche Bürgermeister der Kreisstadt Vila Nova de Ourém hatte die Kinder unter dem Vorwand entführen lassen, sie an den Ort der Erscheinung zu bringen. In Wirklichkeit wollte er ihnen das Geheimnis entlocken, das die Gottesmutter den Kindern mitgeteilt hatte. Doch die Kinder schwiegen; selbst auf Drohungen mit Gefängnis oder gar Tod reagierten sie nicht; sie blieben standhaft und stumm. Rund 18 000 Menschen, die an diesem Tag am Treffpunkt erschienen waren, gerieten in unbeschreibliche Aufregung, als sie von der Entführung der Kinder hörten. Eine Panik drohte auszubrechen. Plötzlich flammte ein greller Blitz auf und ein gewaltiger Donnerschlag erschütterte die Luft. Bei der Steineiche erschien eine grellweiße Wolke, die sich nach etwa zehn Minuten in die Luft erhob und dann den Blicken der Staunenden entschwand. Während dieses Vorganges neigten sich die Zweige des Baumes nach Osten. (Die Kinder selbst erlebten die Vision, nachdem sie wieder freigelassen worden waren, sechs Tage später, am 19. August.)

Am 13. September 1917 säumten etwa 30 000 Menschen die Straßen und Wege. Pilger und Neugierige knieten nieder und beteten. Um die Mittagszeit verlor die Sonne ihren Glanz. Eine Lichtkugel bewegte sich am wolkenlosen Himmel von Osten nach Westen und entschwand am Erscheinungsort. Die Steineiche und die Kinder wurden von einer weißen Wolke verhüllt. Plötzlich fielen große Schneeflocken vom Himmel, ähnlich einem Blütenregen, lösten sich aber spurlos auf, bevor sie den Boden erreichten. Als die Erscheinung entschwebte, hörte ebenso plötzlich der Flockenfall auf.

Am 13. Oktober 1917, dem Tag, da das verkündete Wunder geschehen soll, drängen sich zwischen 50 000 und 70 000 Menschen in Fatima. Unter ihnen sind Berichterstatter der großen Tageszeitungen aus aller Welt. Es regnet an diesem Tage in Strömen. Die Menschenmenge jedoch steht wie eine Mauer. Betend und singend warten die Menschen auf die Kinder und auf das verheißene Wunder.

Wenige Tage zuvor hatte der portugiesische Priester Manuel Nunes Formigao der kleinen Lúcia ins Gewissen geredet — ob sie denn keine Angst vor dem Spott der Menschen habe, wenn doch kein Wunder geschehen sollte? Doch Lúcia ist sich ihrer Sache sicher.

Als die Kinder auf dem Platz ankommen, der von Menschen übersät ist, öffnet die Menge ihnen respektvoll eine Gasse.

Es gießt noch immer in Strömen, doch Lúcia befiehlt, die Regenschirme zu schließen. Dann sehen die Kinder wieder die Erscheinung, unter den gleichen Umständen wie sonst. Sie erhalten erneut den Auftrag, die Menschen zu ermahnen, daß sie umkehren und sich bessern sollen. Danach entschwindet die Erscheinung, die Kinder segnend.

Nun plötzlich hört es auf zu regnen, die Wolkendecke über den Menschen zerreißt, und die Sonne tritt hell hervor, silberglänzend wie aus Perlmutt.

Was dann folgt, ist schlechthin unfaßbar, und es trug entscheidend dazu bei, daß die Erscheinungen von der Kirche offiziell für glaubwürdig erklärt wurden.

Es geschieht das Wunder, das für diesen Tag verheißen worden war: Die Sonne beginnt sich plötzlich vor den Augen der vielen tausend Menschen wie ein Rad mit rasender Geschwindigkeit zu drehen, wirft Funken und ganze Lichtbündel nach allen Seiten, taucht die Landschaft und die Gesichter der erstarrten Menschen in die Farben des Regenbogens, so daß die unirdische Szene einmal von rotem, dann von blauem, später von grünem, dann wieder von gelbem Licht beleuchtet wird — alle Farbtöne des Sonnenlichtes scheinen in einer Farbsymphonie ohnegleichen aufzuflammen.

Der Eindruck dieses farbigen Sonnenwunders auf die Menschen ist ungeheuer. Unbeschreibliche Szenen spielen sich ab. Auf dem Platz fallen Gläubige und Ungläubige gleichermaßen auf die Knie, jubeln, weinen, ringen die Hände voller Verzückung. „Das Wunder, das Wunder!" wird geschrien oder „Ave Maria" oder „Erbarme Dich unser!" Es muß gewesen sein, als seien die Menschen aus ihrer Erdenpein geradewegs in den Himmel entrückt worden.

Dieses Sonnenwunder wiederholt sich nach kurzen Pausen dreimal. Der „Tanz der Sonne", wie ihn die Lissaboner Zeitung „O Século" zwei Tage später in einer ausführlichen Berichterstattung nannte, dauerte etwa zehn Minuten. In diesen Minuten erblicken die Kinder noch ein anderes Geschehen: Beim Tanz der Sonne erscheint ihnen die Heilige Familie.

Dann aber geschieht das Unwahrscheinlichste, das bis heute völlig Ungeklärte: Die Sonne scheint sich aus ihrer Bahn lösen zu wollen, sie tanzt und taumelt und stürzt in Zickzacklinien der Erde zu, den vielen Tausenden entgegen, die atemlos und in ehrfürchtigem Staunen das Wunder nicht fassen können.

Diese Erscheinungen sind — so berichten Augenzeugen — in einem Umkreis von etwa vierzig Kilometern sichtbar gewesen.

Waren schon die Erscheinungen von Fatima vom Glanz des Wunders und vom Geheimnisvollen umgeben, so blieb die schreckliche Prophezeiung, die Maria den Kindern offenbart hatte, vollends geheimnisvoll. Dieses sogenannte dritte Geheimnis von Fatima hatte die einzige Überlebende der drei Hirtenkinder, Lúcia de Jesús dos Santos, im Jahre 1960 dem Bischof von Leiria preisgegeben, der es in einem Brief dem Papst Johannes XXIII. mitteilte. Dieser übergab das Schreiben, nachdem er es gelesen und über seinen Inhalt erblaßt war, kommentarlos dem Sekretär des Heiligen Offiziums, Kardinal Ottaviani, zur Aufbewahrung im Geheimarchiv der Kongregation.

Blieb das dritte Geheimnis bis zum heutigen Tage wohlverwahrt in den Geheimarchiven des Vatikans, so waren die ersten beiden Teile der Prophezeiung bereits im Jahre 1942 von der Kirche veröffentlicht worden.

Das erste Geheimnis betraf die Höllen-Vision, wie sie Lúcia bildhaft als das „Leiden der Verdammten" am 13. Juli 1917 geoffenbart worden war: „Die Mutter Gottes öffnete ihre Hände und wir sahen ein schrecken-erregendes Schauspiel — schwarze Teufel und Seelen in Menschengestalt in einem Flammenmeer."

Das zweite Geheimnis befaßte sich mit der Verehrung des Unbefleckten Herzens von Maria. Zu Lúcia soll die Erscheinung gesagt haben: „Ihr habt die Hölle gesehen, in der die Seelen der armen Sünder verweilen müssen. Um die Seelen zu retten, will der Herr die Verehrung für mein unbeflecktes Herz. Der Krieg geht bald zu Ende, aber wenn die Beleidigungen des Herrn weitergehen, dann wird es unter Pius XII. zu einem weit schlimmeren Krieg kommen. Wenn ihr in einer Nacht ein unbekanntes Licht seht, dann sollt ihr wissen, daß die Bestrafung der Welt bevorsteht durch Krieg, Hunger und Verfolgungen der Kirche. Um das zu verhindern, werde ich darum bitten, daß Rußland meinem unbefleckten Herzen geweiht wird."

Dieses unbekannte Licht, von dem die Erscheinung zu Lúcia gesprochen hatte, ist nach Meinung vieler das gewaltige Nordlicht gewesen, das in der Nacht vom 25. auf den 26. Januar 1938 über ganz Europa erschien und das Millionen gesehen haben.

Der Himmel erstrahlte in einem solchen — vorwiegend roten — Licht, daß in Österreich, Südtirol und in der Tschechoslowakei die Feuerwehren ausrückten, um einen vermuteten Brandherd zu bekämpfen.

Zu allen Zeiten haben die Menschen geglaubt, daß nach

großen, seltsamen Himmelserscheinungen auch welt-
erschütternde Ereignisse auf Erden vor sich gehen würden.
Dem Nordlicht, das im Januar 1938 viele Menschen auf-
schreckte, wurde die böse Vorbedeutung gegeben, die
Lúcia offenbart worden war: 1938 befand sich Europa
zum ersten Male am Rande des zweiten Weltkrieges, der
diesmal noch verhindert wurde, 1939 aber die Welt buch-
stäblich in Brand steckte.

Über das dritte Geheimnis von Fatima, das die Welt bis
heute nicht kennt, läßt sich nur mutmaßen. Es scheint
jedoch sicher zu sein, daß diese Weissagung Schlimmeres
enthält als die zweite Prophezeiung, die den zweiten
Weltkrieg ankündigte.

Im Frühsommer des Jahres 1966 wandte sich Lúcia de
Jésus dos Santos über ihren Bischof erneut an einen Papst
— an Paul VI. — mit der Bitte, das dritte Geheimnis
von Fatima der Welt nunmehr nicht mehr vorzuenthalten.
Die Zeit sei reif. Spätestens 1967, fünfzig Jahre nach den
Erscheinungen des Jahres 1917, müsse die Menschheit endlich die ganze Wahrheit dessen erfahren, was ihr bevor-
stehe.

Ein Vatikansprecher soll auf diese Botschaft Lúcias geäußert haben: „Die Bekanntgabe würde eine weltweite
Panik verursachen".

Jedenfalls konnte sich Papst Paul VI. — wie sein Vorgänger Johannes XXIII. — nicht dazu entschließen, das
Geheimnis der Welt preiszugeben; statt dessen begab er
sich am Pfingstsonnabend des Jahres 1967 nach Portugal
zum Verkündigungsort der Weissagungen. Er pilgerte nach
Fatima, „um von der Madonna den Frieden zu erflehen".
Was er mit dem einzigen überlebenden Hirtenkind, der
jetzigen Karmeliterin Lúcia de Jésus dos Santos, an die-

sem Tag gesprochen hat, dürften selbst hohe Würdenträger des Vatikans nicht erfahren haben.

Seit diesem Besuch des Papstes in Fatima sind mehr als fünf Jahre vergangen, seit den Erscheinungen der Mutter Gottes mehr als 55 Jahre.

Daß in Fatima ein Wunder empfunden wurde, daran haben nicht einmal Ungläubige und Skeptiker gezweifelt. Wie aber haben die Menschen das Wunder aufgenommen? Haben sie das Zeichen, das ihnen himmlische Mächte sandten, in seiner vollen Tragweite begriffen, mehr — haben sie ihr Leben geändert, haben sie sich gebessert?

Diese Frage kann wohl kaum bejaht werden.

Und so müßten die Menschen eigentlich der Erfüllung der dritten Prophezeiung aus Fatima mit einigem Bangen entgegensehen.

Im Jahre 1950 sagte der Erzbischof von New York, Kardinal Francis Joseph Spellman, unmittelbar vor seinem Besuch beim Heiligen Vater, dem damaligen Papst Pius XII.: „Wir hoffen und streben nach Frieden, doch müssen wir stets bereit sein zu sterben; die Anzeichen, die die ,Greuel der Verwüstung' ankündigen, mehren sich."

Diese „Greuel der Verwüstung" — das Wort selbst steht bereits im Matthäus- und im Markus-Evangelium (24,15 und 13,14) — könnte die dritte Prophezeiung aus Fatima meinen. Sie stehen für den Weltuntergang und das Jüngste Gericht.

Den Ereignissen des Schreckens werden Kriege vorausgehen, viele Mordtaten werden geschehen, eine ungerechte Justiz wird regieren, die Menschen werden flüchten. Dann wird die Sonne sich verfinstern, der Mond wird kein Licht mehr geben und die Sterne werden vom Himmel herabfallen.

Ernst zu nehmende Prophezeiungen dieser Art gibt es manche. Hier sei nur an die Mutter-Gottes-Erscheinungen und Höllenvisionen der westfälischen Seherin Anna Katherina Emmerich und an die Visionen und Offenbarungen der heiligen Äbtissin Hildegard von Bingen erinnert.

Ob und wann aber das „dritte Geheimnis von Fatima" bekanntgemacht werden wird, weiß niemand.

Zur Geschichte des Okkultismus

Das Altertum

Was seit dem 9. vorchristlichen Jahrhundert aus Griechenland geworden und in Griechenland geschehen ist, seine auf allen Gebieten des geistigen Lebens, in Religion und sittlicher Weltanschauung, in Staatsverfassung, Bau- und Bildkunst, in Musik und Poesie ausgeprägte und durchaus in die Breite des Volkes wirkende Kultur, der sichtbare und bewußte Gegensatz den Barbaren gegenüber und deren nachhaltige Beeinflussung ist ganz entscheidend mitbestimmt worden von Delphi. Hier zeigt sich schon im ersten Anfang sehr deutlich, welch großen kultur-, ja weltgeschichtlichen Einfluß okkulte Erscheinungen ausgeübt haben.

Über Delphi berichtet die Legende, es sei dort einem Hirten, der seine Ziegen weidete, aufgefallen, daß die Tiere wie besessen hüpften und in fremdartiger Weise meckerten, wenn sie sich dem Erdschlund näherten. Er selbst erfuhr die gleiche Verzückung, als er die Schlucht daraufhin untersuchte; ebenso erging es seinen Nachbarn. So wurde die Orakel gebende Kraft der aus der Erdspalte emporsteigenden Dämpfe entdeckt.

Daß die Pythia, die Priesterin des Orakels zu Delphi, durch diese Dämpfe in Verzückung versetzt wurde und in diesem Zustand befähigt war zu Wahrnehmungen, die anderen verschlossen blieben, war schon damals allgemein bekannt. Gleichwohl spielte die Ekstase noch zur Zeit Homers, etwa 800 vor Christi Geburt, bei den Griechen nur eine geringe Rolle. Erst im späteren Dionysos-Kult gelangte sie zu größerer Bedeutung. Mittels lärmender Musik, wilden Tanzens und mit Hilfe berauschender Getränke wurden nun Erregungszustände erzeugt, in deren Verlauf die Menschen „außer sich" gerieten, das Bewußtsein verloren und eine Art Vereinigung mit dem Weltenschöpfer erlebten.

In diesen ekstatischen Zuständen, in denen der Körper oft wie völlig leblos da lag, wurden Prophezeiungen hervorgestoßen, vielfach unzusammenhängend und lallend, und hellseherische Mitteilungen gemacht. Der Zustand selbst wurde mit dem Zustand nach dem Tode in Verbindung gebracht, und die Vorstellung von der Unsterblichkeit der Seele nahm an Kraft und Bedeutung erheblich zu. Auch spiritistische Bestrebungen, mit den Toten in Verbindung zu treten, lassen sich in dieser Zeit nachweisen; bis auf den heutigen Tag schöpfen sie Nahrung aus dergleichen ekstatischen Zuständen.

Die ersten Bemühungen in der abendländischen Geschichte, okkulte Geschehnisse denkend zu verarbeiten, finden sich folgerichtig in der griechischen Philosophie, und der erste griechische Philosoph, der okkulte Fragen berührt hat, war Pythagoras von Samos, der von etwa 580 bis gegen 500 vor Christi Geburt lebte und ein Zeitgenosse des chinesischen Weisen Konfuzius war.

Er hatte in Indien die Geheimwissenschaft studiert, und das ist sicher einer der Gründe dafür, daß die spätere Überlieferung ihn vorwiegend als einen Mystiker und Zauberer angesehen hat. In Hegels „Vorlesungen über die

Geschichte der Philosophie" ist folgendes über ihn zu lesen: „An das Ausgezeichnete seines Genies und seiner Lebensweise und der Lebensweise, die er bei seinen Schülern einführte, ist geknüpft worden, daß man ihn für einen Mann gelten läßt, bei dem es nicht mit rechten Dingen zugegangen, sondern der ein Wundermann und ein Gesellschafter höherer Wesen sey."

Ein so überragender, von vielerlei Wissen geradezu überquellender Kopf mußte wohl fast zwangsläufig in den Ruf kommen, der Gilde der Zauberer anzugehören.

Pythagoras hat nicht nur der Mathematik und der Akustik, sondern auch der Astronomie und der Astrologie unerhörte Impulse gegeben. So fand er im Prinzip bereits das ganze kopernikanische System fast 2000 Jahre früher, als Nikolaus Kopernikus, der Begründer des heliozentrischen Weltsystems geboren wurde. Er studierte die gesamte Wissenschaft der göttlichen Theogonie, des Verkehrs mit den Weltrektoren — des späteren „Fürsten der Fürstentümer" des Heiligen Paulus — und ihrer Beschwörung, die Nativität eines jeden Planeten und des Weltalls selbst, die Formeln der Bezauberung und der Weihe eines jeden Teiles des menschlichen Körpers an das betreffende Tierkreiszeichen, das ihm entspricht.

Über die okkulten Ansichten des Pythagoras ist im einzelnen nicht Genaueres überliefert. Bekannt ist dagegen, daß er ein Weiterleben nach dem Tode annahm, und zwar derart, daß die Seele eines Verstorbenen jeweils nach seinen Verdiensten und dem Grade seiner Reinheit sich in einem Menschen, einem Tier oder einer Pflanze wiederverkörpere. Wir stoßen bei ihm auf den Begriff der Reinkarnation, der Wiederverfleischlichung, der Seelenwanderung, der vor allem in Indien noch heute lebendig ist.

Definitiv Stellung zu einem großen okkultistischen Problem nimmt der griechische Philosoph Xenophanes, der im 5. Jahrhundert vor Chr. lebte und von dem überliefert wird, daß er den Glauben an eine Weissagung von Grund auf verworfen habe. In dieser Meinung hat ihn die spätere „Aufklärung" fast durchweg bestätigt.

Herakleitos, der „Dunkle", formulierte etwa zur gleichen Zeit einen neuen Gedanken: Ihm zufolge erlangt die menschliche Vernunft infolge ihrer unlöslichen Vereinigung mit der göttlichen ein Wissen von dem Beschluß der Weltvernunft und kündet, während die Seelen schlafen, ohne Hilfe der Sinne das Zukünftige. Es erscheinen dann Bilder unbekannter Stätten und Menschengestalten; auch werden unter Einwirkung göttlicher Kräfte würdige Menschen vor heraufziehendem Unheil gewarnt. Hier klingen schon Töne an, die wir noch öfters hören werden: der Zusammenhang menschlicher Seelen mit der Weltvernunft; auch das Außersinnliche dieser Kunde wird hier bereits betont.

Der erste griechische Philosoph, der sich ausführlicher und vor allem positiv über okkulte Erscheinungen geäußert hat, war Demokrit (etwa 460 bis 370), der Vater des Materialismus und der Atomistik.

Demokrit erklärt die Träume durch Bilder (eidola), die von allen Körpern und insbesondere von lebenden Personen ausgehen und durch die Poren tief in den Körper der Schlafenden eindringen. Diese Bilder übermitteln aber nicht nur die Gestalt, sondern sie nehmen auch von den seelischen Bewegungen und Gedanken des Menschen und von seinen besonderen Charaktereigenschaften und Leidenschaften Spiegelbilder mit sich und teilen den Menschen, die sie im Schlaf aufnehmen, die Meinungen, Erwägungen und Triebe derer mit, die sie entsandt haben; eine Voraussetzung hierfür ist jedoch, daß sich bei ihrem Herankommen die Bilder wohlgegliedert und unverwischt bewahrten. Wir haben hier also schon eine Art Theorie der Telepathie, und, da Demokrit auch von unbelebten Körpern Bilder ausgehen läßt, auch eine Definition des Hellsehens.

Demokrit erwähnt aber auch schon die zeitliche Vorschau; auch hier spricht er von Bildern, von wohltätigen und bösartigen, er faßt die Bilder als Dämonen auf, die wohl göttlicher Natur seien, erklärt aber den alten Glauben, daß die Bilder durch Gott geschickt würden, als falsch. Seine Bilder (Dämonen) sind schwer vergänglich, aber nicht unvergänglich, und außer diesen Bildern glaubt er an keinen anderen Gott, der unvergänglich wäre. Die Seele ist ihm wie der Körper vergänglich.

Seine Lehre von den Bildern und den Dämonen ist auch später nachweisbar, so bei Marsilio Ficino (1433—1499) und Agrippa von Nettesheim (1486—1535). Auch der „siderische" Leib bei Paracelsus (1493—1551), der gleichfalls nicht unverweslich ist, aber langsamer in der Luft verwest als der „elementierte" Leib, erinnert an Demokrit.

Die Eingeweideschau läßt Demokrit gelten, und wenn man sie als eine Technik betrachtet, mittels der man durch Konzentration zu übernormalem Wissen gelangen kann, so bekennt er sich nicht zu einem alten Aberglauben, sondern zu einem grundsätzlich möglichen Verfahren, sich übernormale Kenntnisse anzueignen. Auch den „bösen Blick" zum Beispiel führt Demokrit auf Bilder mit feindlichem geistigen Inhalt zurück.

Über die okkulten Anschauungen von Sokrates (469 bis

399) ist wenig bekannt; wir kennen ihn schließlich nur aus den Schriften seiner Schüler Xenophon und Platon. Als sicher kann wohl gelten, daß Sokrates gewisse hellseherische Fähigkeiten gehabt hat; überliefert ist auch, daß er Wahrträume hatte, über die er gelegentlich sprach. In seiner großen Verteidigungsrede hat er bekannt, daß sich etwas Göttliches und Dämonisches in ihm vernehmen lasse. Wörtlich soll er gesagt haben: „Eine Stimme läßt sich vernehmen, die mich, wenn sie vernehmbar wird, stets vor dem warnt, was ich zu tun im Begriff bin. Sie treibt mich aber nie zu etwas an."

Der bedeutendste Schüler von Sokrates, Platon, äußerte sich im „Timaios" folgendermaßen über die Wahrsagekunst: „Der Beweis, daß es ein unbewußter Seelenzustand ist, dem Gott die Wahrsagekunst verliehen hat, liegt klar zutage: Kein vollbewußter Mensch ist eines gottbegeisterten und wahren Seherspruches fähig, sondern nur einer, dessen Tagesbewußtsein im Banne des Schlafes, durch Krankheit oder in einer Ekstase zurückgetreten oder geschwunden ist."

Weiter betont Platon, daß die Aussprüche des Sehers nachträglich von einer anderen Person bei vollem Bewußtsein gedeutet werden, die er scharf vom Seher trennt und als „Propheten" bezeichnet. Den Sitz der Wahrsagungsgabe verlegt er in die Lebergegend, wie dies auch heute noch vielfach geschieht (Sonnengeflecht / Chakra).

Die damals übliche Eingeweideschau schätzte Platon, im Gegensatz zu Demokrit, nicht sonderlich hoch ein.

Wie Platon über die Wahrsagekunst und das Orakel dachte, zeigt folgende Stelle in „Phaidros": „Die Ekstase vermittelt die wertvollsten Güter — eine Ekstase, die als göttliches Geschehen uns verliehen wird. Die Prophetin in

Delphi und die Priesterinnen in Dodona haben gewiß in der Ekstase vieles Gute für manches Haus und manche Stadt in Hellas gestiftet, dagegen nur Dürftiges oder nichts im bewußten Zustand."

Hier wird also schon die Tatsache der Mediumschaft berührt. Im Gegensatz zur Lehre der Reinkarnation interpretiert Platon das Verhältnis vom Körper zur Seele nach dem Tode. Die Seelen, die schon im Leben dem Reinen, Ewigen, Göttlichen sich zuwenden, trennen sich beim Tode vom Körper und gehen in göttliche Sphären ein, während bei Menschen, die den körperlichen Begierden und Lüsten gefrönt haben, die Seele so mit dem Körper verwachsen ist, daß sie sich nicht ganz von ihm trennen kann und auch weiterhin an die Erde mit etwas Körperartigem gebunden ist.

Platon läßt im 30. und 31. Kapitel seines „Phaidon" die Wiederverkörperung der brav bürgerlich Lebenden in Tierformen stattfinden, die selbst dieser Vorstellung entsprechen, nämlich in Bienen, Wespen oder Ameisen, eventuell auch in wiederum die gleiche biedere Menschenart, während sich die Schlechten in Esel, Wölfe und Geier reinkarnieren.

In den „Gesetzen" spricht er über das Schicksal von Personen, die nahe Verwandte, insbesondere Vater und Mutter, getötet haben: „Hat er seine Mutter umgebracht, so wird er als Weib wieder auf der Erde erscheinen und nach einiger Zeit durch die Hand der Kinder ums Leben gebracht werden." Daß dieser Satz bildlich gemeint ist, scheint gerade in den „Gesetzen", in denen er weitschweifig und oft recht nüchtern über den Idealstaat spricht, sehr unwahrscheinlich. Es handelt sich wie an vielen anderen Stellen, wo er vom Gefängnis und dergleichen spricht, ein-

fach um eine Strafmaßnahme, um eine Sühnung. Über
das Schicksal der Bösen heißt es, daß sie sich nicht von der
Erde trennen können und sich daher mit etwas Materiellem umgeben und sich in der Nähe der Gräber herum-
treiben, wo man auch wirklich geisterhafte Erscheinungen
erblicke. Dort müßten sie umherirren und für ihre
schlechte Lebensführung büßen, bis sie aus Begierde nach
dem ihnen noch anhaftenden Leibartigen wieder in einen
Körper eingeschlossen würden. Platon erkennt also sogar
den Spuk an.

Auf diesen Gedanken Platons basiert offenbar auch der
Glaube, daß eine Feuerbestattung die Seele eher und besser von allen anhaftenden materiellen und irdischen Dingen zu befreien vermag, als eine Erdbestattung.

Über magische Praktiken hat sich Platon gleichfalls geäußert. So erwähnt er die Kunst des Besprechens, und in
den „Gesetzen" behandelt er die Bestrafung von Zauberern und spricht in diesem Zusammenhang von Blendwerk, Zauberformeln, Behexungen und Bilderzauber.
Während das frühe Griechentum, zum Beispiel bei Hesiod,
der um 700 vor Chr. lebte, die Menschen nach dem Tode
zu Dämonen werden ließ, hatte bei Platon schon der
lebende Mensch seinen „Dämon", seinen führenden Geist,
der ihn in die und auch in der Unterwelt leitete.

Platon hat der Wahrsagekunst eine hohe Bedeutung zuge-
billigt. Die Beziehung der außersinnlichen Erfahrung zum
Unbewußten wird voll anerkannt, ja sogar teilweise überschätzt. Übernormale Erscheinungen stellen für ihn weder
unbeachtliche Merkwürdigkeiten noch einen Stein des An-
stoßes dar. Er hat das Unbewußte und seine Eigenheiten
durchaus in seine Philosophie eingebaut.

Bei dem großen Einfluß, den Platon bis heute auf Philosophen und Theologen gehabt hat und noch hat, haben damit zugleich auch seine Ansichten über okkulte Phänomene auf die Nachwelt eingewirkt.

Bei Aristoteles, dem größten Schüler Platons, findet sich in mancher Hinsicht eine andere Einstellung. In seinen „Dialogen" vertritt er die Auffassung, die Menschen könnten auf zweierlei Weise Kenntnis von der Existenz der Götter erhalten, sowohl durch den gestirnten Himmel, als auch durch die erhöhten Seelenzustände im Schlaf, wie beim Wahrsagen. Im Schlaf ziehe sich die Seele auf ihre eigenste Natur zurück und könne Zukünftiges vorhersehen.

Aristoteles berichtet andererseits auch über das Kristallsehen, eine Form des Hellsehens mit Hilfe von Kristallen oder Spiegeln, über das sich insbesondere auch bei Damaskios (etwa 462—535) eine deutliche Beschreibung findet: „Eine heilige Frau schüttete reines Wasser in ein gläsernes Trinkgefäß und erblickte durch das Wasser in dem Gefäß die Erscheinungen der kommenden Dinge."

Aristoteles hat aber nicht nur theoretisiert, sondern er hat sich auch praktisch mit anormalen Geisteszuständen beschäftigt und einen Fall von Katalepsie selbst studiert. Mit seiner kritisch-rationalen Methode hat er einen großen Schritt vorwärts getan in Richtung auf die Entzauberung des „Übernatürlichen". Man liest bei ihm kein Wort über die Geister Verstorbener, über Dämonen oder sonstige unirdische Wesen; auch auf diesem Gebiet nimmt er unter den großen Denkern des Altertums den ersten Rang ein.

Sehr eingehend hat sich dann der delphische Oberpriester und Platoniker Plutarch im ersten nachchristlichen Jahrhundert mit paranormalen Dingen beschäftigt, insbesondere mit dem Wesen der Offenbarung.

184

Seiner Ansicht nach ist die höhere Offenbarung als ein Einwirken auf die Seele aufzufassen, und zwar als das Ergebnis zweier Vorgänge, eines natürlichen und eines göttlichen. Um den göttlichen Geist ohne Störung wirken zu lassen, muß die eigene Gedankentätigkeit möglichst zurückgedrängt werden.

Als Vermittler wirken teils Dämonen, teils dienen dazu auch materielle Dinge — wie die aus der pythischen Höhle aufsteigenden Dämpfe — zur Erzeugung der Ekstase.

Daß die Götter selbst durch den Mund der Pythia, der Priesterin von Delphi reden, glaubt Plutarch nicht. Nach ihm hat die menschliche Seele selbst die Fähigkeit, in die Zukunft zu sehen.

Apulejus, geboren 125 n. Chr. in Nordafrika, war überzeugt, daß die Seelen Verstorbener, falls sie gutartig waren, für die Hinterbliebenen Sorge tragen und sich — als „Larven" bezeichnet — in dem einst von ihnen bewohnten Hause aufhalten. Unter „Larven" versteht er die Geister unselig Verstorbener, die nirgends Ruhe finden und den Menschen zu schaden suchen. Diesen Glauben teilt er mit vielen Schriftstellern im späteren klassischen Altertum, was darauf hinweist, daß spukhafte Erscheinungen, teils harmloser, teils schlimmer Art, immer wieder beobachtet wurden.

Die eigentliche Wahrsagekunst haben besonders die Stoiker gepflegt. Einer der Begründer der stoischen Schule, Chrysippos (280—209), verfaßte zwei Bücher über das Wahrsagen, eins über die Orakel und eine weitere Schrift über die Träume.

Bei den Stoikern werden die Phänomene der „außersinnlichen Erfahrung", also Wahr- und Weissagung, Gedankenübertragung und Hellsehen im Traum, nicht als natürliche Gabe der Menschen oder bestimmter Menschen betrachtet, sondern im Rahmen der übrigen Anschauungen auf göttlichen Einfluß zurückgeführt.

Die außersinnliche Erfahrung wurde von den Stoikern wieder in religiöse Vorstellungen eingebettet, aus denen sie Aristoteles herausgelöst hatte.

Poseidonios beschrieb die Bedeutung der Ekstase und des Schlafes für die außersinnliche Erfahrung im ersten vorchristlichen Jahrhundert folgendermaßen: „Wie die Götter ohne Vermittlung von Auge und Ohr und Zunge dennoch gegenseitig erkennen, was jeder von ihnen denkt, weshalb ja auch die Menschen nicht zweifeln, daß die Götter sie erhören, auch wenn sie etwas nur in der Stille wünschen, so schauen die Seelen der Menschen, wenn sie im Schlaf vom Körper frei vom eigenen Trieb dahingerissen werden, Dinge, die die Seele, solange sie an den Körper gebunden ist, nicht sehen kann."

So wird ein höheres Wissen auf dreifache Weise möglich: entweder dadurch, daß die Seele aus sich selbst hellsehend wird, daß sie durch Geister Abgeschiedener etwas erfährt oder durch die Götter unmittelbar.

Hier haben wir nebeneinander die drei Möglichkeiten, die auch künftig immer wieder gegeneinander abgewogen werden; bei den Griechen und Römern nannte man die Geister Abgeschiedener vielfach Dämonen, während man sie im Christentum meist als böse Dämonen, das heißt als Teufel auffaßte.

Der bedeutendste und einflußreichste Neuplatoniker Plotin (205—270) unterscheidet in der Seele drei Teile: den göttlichen (überbewußten), den vernünftigen (bewußten), den nicht vernünftigen (unbewußten), deren Verhältnis zueinander nicht immer übereinstimmend geschildert wird; mitunter werden sie geradezu als drei Seelen aufgefaßt. Mehrmals erwähnt Plotin auch die Telepathie — jenes Phänomen der „Gedankenübertragung", das in unseren Tagen durch die modernen Forschungen und Experimente der Amerikaner und Russen eine unerhörte aktuelle Bedeutung erlangt hat.

Nach Plotin verbleibt nach dem Tod ein Teil der Seele noch im Körper als Lebenskraft — für ihn ist die Seele unsterblich: „Viele Seelen, die vorher Menschen waren, haben auch nach dem Austritt aus dem Leibe nicht abgelassen, den Menschen Gutes zu tun; sie haben Prophezeiungen gegeben und auch sonst Nutzen gestiftet."

Plotins Schüler Porphyrios, der etwa von 230 bis 304 lebte und der im wesentlichen die Meinung seines Lehrers teilt, macht diesem gegenüber jedoch eine — wie uns scheinen will — wichtige Einschränkung: Er spricht der Seele selbst übernormale Gaben zu, und er führt diese wunderbare Eigenschaft der Seele nicht auf ein plötzliches Eingreifen der Götter, auf keinen „deus ex machina" zurück.

Der etwas spätere, etwa um 330 gestorbene Neuplatoniker Jamblichos, der als Wundertäter verehrt wurde, führt diesen Gedanken weiter und nimmt einen Ätherleib an. Geistererscheinungen, Wunder, Weissagungen und Prophezeiungen sind ihm geläufig. Von ihm selbst wird berichtet, daß er im Gebet in die Luft erhoben worden sein soll, daß er also bereits Levitationen kannte, umgeben von einem Strahlenkranz, wie dies später auch von katholischen Heiligen berichtet wurde.

Die „unbewußt-traumhaft wirkende Weltseele" des Neuplatonismus mit ihrer von Stufe zu Stufe bis zur Materie herabfließenden „Emanation", die dann wieder hinauf zum Himmel strebt, mußte für magisch empfindsame

Geister einen überaus starken Reiz ausüben, der vom Wunderglauben und von der Astrologie noch weitere heftige Impulse erhielt. So hat denn der Neuplatonismus besonders zur Zeit der Renaissance im 15. Jahrhundert viele Geister in seinen Bann gezogen. Plotin hat noch viele Jahrhunderte nach seinem Tod starke Wirkungen ausgeübt, denen sich auch Goethe nicht entziehen konnte.

Seine Ansichten haben in vieler Hinsicht Ähnlichkeit mit denen des heutigen Spiritismus; tatsächlich haben unsere Anschauungen über Spiritismus und Okkultismus ihre Wurzeln im Neuplatonismus, der über viele Kanäle des Mittelalters und des Humanismus in diesen Bereich eingeflossen ist.

Mißt auch das derzeitige Bewußtsein den „Göttern" keinerlei Bedeutung zu, so wird man sich durch diese vermutlich vorübergehende, modisch materialistisch motivierte Haltung nicht darüber hinwegtäuschen lassen, daß der teilweise unverständliche Kampf der Götter der Antike gegen das Menschengeschlecht nichts als die Umkehrung der auch heute noch unbestreitbaren menschlichen Unfähigkeit ist, die Lücke zu schließen, die der Welt an der Vollkommenheit fehlt, ihre Unfähigkeit, alle Dimensionen dieser Welt zu begreifen, sie zu ordnen und ihre Widersprüchlichkeit aufzulösen. Letzten Endes entspringt dem Kampf der Menschen in ihrer Winzigkeit gegen die übermächtigen Kräfte, nennen wir sie nun Götter, Dämonen oder Teufel, auch heute noch ihr oft uneingestandener, verzweifelter Wunsch nach dem Wunder.

Christentum und frühes Mittelalter

Der Übergang von der Antike zum Christentum vollzog sich bekanntlich nicht abrupt im Sinne einer Revolution, sondern im wesentlichen behutsam. Große Teile des antiken Weltbildes wurden angepaßt und übernommen. Dies gilt auch für das Gebiet der Philosophie, auf dem der Anschluß an Platon und Aristoteles, aber auch an die Stoiker und Neuplatoniker gewahrt blieb und der allmähliche Wandel sich als logische, organische Weiterentwicklung des einen aus dem anderen darstellte; orientalische Einflüsse auf diesen Prozeß sind sicherlich unverkennbar.

Im Ergebnis freilich ist es erstaunlich, daß das neue Lebensgefühl sowohl in seiner verstärkten Neigung, gewisse Erscheinungen durch übernatürliche Einflüsse zu erklären, als auch im Hinblick auf eine einsetzende Unduldsamkeit des Christentums einen deutlichen Rückschritt gegenüber Aristoteles darstellt.

Teufelsglaube und Wundersucht beherrschten nun viele Jahrhunderte lang die Christenheit. Und was den Hexenglauben betrifft, so trat mit der Zeit geradezu eine Umkehr der früheren milderen Ansichten ein: Karl der Große hatte Ende des 8. Jahrhunderts in den Kapitularien von Paderborn noch den Hexenverfolgern den Tod angedroht, während Papst Innozenz VIII. in seiner 1484 verkündeten „Hexenbulle" deutlich aussprach, daß wer am Hexenglauben zweifle, den Zorn Gottes fühlen werde. Durch dieses Papier wurde die Hexenverfolgung auf verhängnisvolle Weise gefördert.

Erst ganz allmählich schlug das geistige Klima wieder um, und alle drei Anschauungen — vom Teufel, von der Wundersucht und von den Hexen — verloren langsam an Boden und traten im 18. Jahrhundert stark zurück.

In der Bibel geschehen Wunder sozusagen auf jeder Seite der Evangelien; ein gutes Beispiel ist die Erzählung von der Heilung eines Besessenen, wobei die ausgetriebenen Teufel in die Säue fuhren und diese sich ins Meer stürzten; dieses Vorkommnis wird quasi nebenbei berichtet, als ob das gar nichts Besonderes wäre, obwohl der Schwerpunkt der Erzählung ja auf der Heilung des Besessenen liegt. Neben solchem magischen Geschehen finden wir in der Bibel zahlreiche Berichte, die man vom okkulten Standpunkt deuten kann und meistens auch so gedeutet hat: als Hellsehen, Telekinese, Apporte, Persönlichkeitsspaltung, Doppelgängertum, Levitation, Materialisation und dergleichen. Merkwürdig ist, daß viele Menschen alle diese Berichte gläubig hinnahmen und nehmen, ohne sie anzuzweifeln, während die Ergebnisse okkulter oder parapsychologischer Forschungen meist in das Reich der Fabel verwiesen werden.

Sicher sollen hier die in der Bibel geschilderten Phänomene keinesfalls angezweifelt und entwertet werden — ganz gewiß hat es diese Phänomene damals ebenso gegeben wie es sie heute noch gibt — und zwar in allen Teilen der Welt. Bemerkenswert bleibt die inzwischen erlahmte Kraft der Kirche, die Gläubigen zu bestimmen, das eine kritiklos anzunehmen und das andere kritisch zu verwerfen.

Nicht nur Halbgebildete oder gar Dummköpfe waren im jungen Christentum der Wundersucht verfallen. Sogar Augustinus, der von 354 bis 430 lebte, war nicht frei davon. Er berichtet, daß in seinem Kirchensprengel Hippo durch den Leichnam des Heiligen Stephanus innerhalb von zwei Jahren 70 Wunder geschahen, die er selbst aus einer großen Menge als die am besten bezeugten ausgewählt habe. Darunter befinden sich mehrere Fälle von Wiederbelebungen Toter.

Auch Martin Luther teilte noch im 16. Jahrhundert den gleichen Teufels- und Hexenglauben — für seine Zeit sogar in besonderem Maße. Er hatte bekanntlich oft den Eindruck, als stünde der Leibhaftige neben ihm und versuche, ihn in Wort und Tat zu beeinflussen. Schließlich soll er ein Tintenfaß nach ihm geworfen haben . . .

Dieser Teufels-, Hexen- und Wunderglaube war das geistige Klima für mehr als 1500 Jahre, und er war so stark ausgeprägt und fast unauflöslich mit magischem Geschehen verknüpft, daß man ohne weiteres von einer „dämonischen Weltanschauung" sprechen kann.

Während Aristoteles die außersinnliche Erfahrung als natürliche Gabe bestimmter Menschen betrachtete, wurde sie von Platon und Plotin meist auf die Götter zurückgeführt oder auf — meist gutartige — Dämonen. Dadurch wurde die unvoreingenommene Forschung sehr erschwert, denn wer sich mit „Teufelsdingen" beschäftigte, konnte sehr leicht in den Verdacht kommen, selbst ein Bündnis mit dem Teufel zu haben. Sogar die „armen Seelen" wurden ja, um das Maß vollzumachen, in den Kreis der Verketzerten einbezogen.

> Die „Armen Seelen" sind nach katholischer Lehre die in einem Mittelort, dem Fegefeuer oder Purgatorium befindlichen Seelen Verstorbener, die innerlich noch mit den irdischen Dingen verhaftet sind und die sich deshalb leichter mit dem Diesseits in Verbindung setzen können, während die Bewohner des Himmels und der Hölle es wesentlich schwerer haben, dies zu tun.

Wenn man sich in dieses geistige Klima einfühlt, bekommt man eine ungefähre Vorstellung von den Schwierigkeiten, Paraerscheinungen aus dem Wust von Teufels- und Hexenglauben und Wundersucht herauszulösen und sie als eine eigenständige Gruppe zu betrachten, die im Grunde überhaupt nichts mit Teufeln und Hexen zu tun hat.

Augustinus, sicher einer der bedeutendsten Denker der frühchristlichen Kirche, der aus Nordafrika stammte und als Bischof von Hippo bei Karthago lebte und auch dort starb, hat sich mehrfach mit okkulten Phänomenen und Problemen außerhalb des Dogmas auseinandergesetzt.

So beschreibt er die Selbsthypnose eines Priesters, der sich, während er einen Ritus des Wehklagens zelebrierte, in einen Zustand der Empfindungslosigkeit versetzen konnte. Er lag dann wie tot am Boden und empfand weder Schwertstiche, noch Dolch oder Feuer.

Sicher hat Augustinus mit dieser Beschreibung die hohen Grade des Fakirismus, wie man ihn teilweise noch heute in Indien trifft, vorweggenommen: Unverletzlichkeit und Unverbrennbarkeit.

Ein Beispiel hierzu aus unserer Zeit bot der Holländer Mirim Dajo, der sich von seinem Assistenten an den verschiedensten Körperstellen — vorzugsweise im Bauchraum — durchstechen ließ, ohne daß auch nur ein Tröpfchen Blut geflossen wäre.

Augustinus hat sich aber auch intensiv mit dem Phänomen des Hellsehens und der zeitlichen Vorschau (Präkognition) beschäftigt. Er war der Meinung, es könne den Dämonen von Gott gestattet werden, Zukünftiges vorauszuwissen. Er leugnet auch nicht, daß die menschliche Seele selbst die Fähigkeit habe, hellzusehen. Für ihn war es jedoch unklar, wie so etwas vor sich gehen solle. Er zweifelte, ob die Seele in den Geist anderer eintauchen könne und warum sie diese Fähigkeit nicht immer habe?

Nach Augustinus können Visionen bedeutungslos sein, aber auch bedeutsam. Seiner Meinung nach stellen sie sich besonders in der Ekstase ein. Die erste Entstehungsursache — so nimmt er an — kann seelisch-natürlich sein, aber es können sich des Ekstatischen auch jenseitige Geister bemächtigen, seien es Engel oder Dämonen, und er betont, daß die Entscheidung darüber, ob sich nicht ein Dämon als Engel des Lichts verkleidet habe, sehr schwierig sei.

Schließlich berichtete Augustinus auch über Spukfälle, doch ist er nicht davon überzeugt, daß sie direkt von Jenseitigen, also Verstorbenen, bewirkt werden.

Hier verdient die Deutung eines modernen Forschers und Parapsychologen im Geiste der Steinerschen Anthroposophie angeführt zu werden: „Wenn also Medien Kundgaben von Verstorbenen zu empfangen meinen, die schon Jahrhunderte tot sind und sich inzwischen vielleicht schon wieder verkörpert haben, so kann man sicher sein, daß in solchen Kundgaben lediglich die abgestreiften Seelengewänder und Erinnerungshüllen des früheren Erdenlebens, aber nicht die geistige Individualität selbst wirkt. Besonders gilt dies für spukartige Erscheinungen längst Verstorbener, die sogar in der äußeren Leibesform, ja in Haartracht und Gewandung dem ehemaligen Dasein ähneln. Hier handelt es sich ganz sicher um Gespenster, also um folgendes: die vom Menschenwesen längst abgestreiften Seelen- und Ätherhüllen des vergangenen Erdendaseins haben sich hier nicht, wie es normalerweise geschieht, im Makrokosmos aufgelöst, sie wurden vielmehr von Elementargeistern (also von koboldartigen Wesenheiten) ergriffen, zusammengehalten und seither bewohnt" (67).

Bei Augustinus, einem vielwissenden Mann, ist besonders die sorgfältige und fast journalistische Berichterstattung hervorzuheben. Auf lange Zeit hinaus ist er der klarste Kopf gewesen, der auf diesem schwierigen und dunklen Gebiet — auch in der gärenden Zeit der Auseinandersetzung des christlichen Geistes mit dem griechischen Gedankengut, der Gnosis und dem Manichäismus — sein abgewogenes Urteil über die Phänomene bewahrt und behalten hat.

Auch als wahrhaft großer Kopf muß er bekennen: „... daß wir ja auch sonst täglich viel erleben, was wir nicht erklären können."

Synesios von Kyrene (3. Jahrhundert) verdient ebenfalls besondere Beachtung. Er verfaßte eine Schrift über den Wahrtraum und sagte von sich, er habe die Traumschrift wie durch Inspiration in einer Nacht geschrieben, und er sei sich selbst fast wie ein anderer vorgekommen. Seiner Meinung nach kann die Seele sowohl im Wachen als auch im Schlaf das Wahre erkennen, man brauche also keine theurgischen Mittel zum Wahrsagen. Er spricht auch von Heil- und Warnungsträumen und betont, daß die prophetischen Träume, die die ersten Regungen und Keime künftiger Dinge offenbaren, meist von dunkler Symbolik seien und selbst gedeutet werden müßten.

Auch hier finden wir vorweggenommenes Gedankengut, das sich erst viele Jahrhunderte später zum Beispiel in der Traumanalyse Sigmund Freuds niederschlug.

Papst Gregor der Große, der seit 596 das Christentum im damaligen Britannien verbreitete und der hin- und hergerissen wurde zwischen antikem und mittelalterlichem

Weltbild, führt in seinem 4. Buch der „Dialoge" zugunsten des Fortlebens nach dem leiblichen Tode die zahlreichen Heilungen an, die an den Gräbern von Heiligen vorkommen; die Heiligen wirken also offenbar nach ihrem leiblichen Tode noch fort und nehmen Einfluß auf die Lebenden. Er war auch der Meinung, daß in der Stunde des Todes die menschliche Seele eine erhöhte Wahrnehmungsfähigkeit besitze und in jenseitige Bereiche hineinzuschauen vermöge.

Bezieht man diesen Gedanken auf die Anthroposophie Rudolf Steiners, so wird klar, was hier nur gemeint sein kann: die Herauslockerung der Seele aus dem körperlichen Bereich führt zur Wiedervereinigung mit der Weltseele.

Auch zwei arabische Philosophen, Alfarabi und Avicenna, haben auf die christliche Philosophie jener Zeit großen Einfluß gehabt. Ohnehin war — nach schnellem Aufblühen — die arabische Wissenschaft im 10. bis 12. Jahrhundert der christlichen überlegen.

Von Alfarabi, der 954 starb, ist erwähnenswert, daß er wie die Neuplatoniker an der Lehre vom Ätherleib festhielt. Auch spricht er von Wahrträumen, die Zukünftiges richtig vorhersagen, die aber auch hellseherische Rückschau ermöglichen.

Avicenna lebte von 980 bis 1037 und lehrte dagegen, daß es ein räumliches Hellsehen gäbe und zwar dann, wenn zwischen dem entfernten Gegenstand und der Seele eine Ähnlichkeit oder Gleichheit bestehe, so daß der Gegenstand wie in einem Spiegel gesehen werde. Das Hellsehen geschieht nach ihm sowohl im Wachen wie im Schlaf und auch die Zukunft kann geschaut werden, denn alles in der Welt hat sein Sein in der Weisheit des Schöpfers und in beschränktem Umfang auch in der Weisheit der Engel. Oft werden diese Mitteilungen jedoch dunkel sein, da sie durch körperliche Organe vermittelt werden; auch mischen sich oft Phantasievorstellungen fälschend hinein. Weiter spricht er von der seelischen Einbildungskraft, die die Herrschaft über den Körper hat und den Gesunden krank und den Kranken gesund machen kann. Die Seele beherrscht bei ihm die Materie. Avicenna wie auch Alfarabi und Algazel sind der Meinung, daß die Fernwirkung der Seele nicht nur rein seelischer Art ist, sondern daß die Gedanken auch einen entfernten materiellen Körper allein durch die Einbildungskraft bewegen können.

Wir nennen dergleichen heute Telekinese, eine bisher ungeklärte oder unverstandene Fernbewegung von Gegenständen aller Art durch den bloßen Willen oder im Zusammenhang mit spiritistischen Erscheinungen.

Da die Seele ein Teil der Weltseele ist und diese verändernd und bewegend auf Gegenstände wirken kann, so muß auch die Einzelseele dies vermögen. Da sie ihren eigenen Körper bewegt, kann sie es auch bei anderen Körpern. Sicher dachten die arabischen Philosophen bei Vorgängen dieser Art an die nicht seltenen Berichte über die „Abmeldung" Sterbender oder Verunglückter durch ein physisches Geschehen: Herabfallen eines Bildes, Springen eines Glases oder ähnliches. Über diese Fernwirkung ist im christlichen Mittelalter vielfach gestritten worden.

Algazel stellte Ende des 11. Jahrhunderts die Frage: „Was ist das Prophetentum?" Und er antwortete: „Der vierte Zustand der intellektuellen Entwicklung ... Wenn ein anderes Auge geöffnet ist, durch das ein Mensch Dinge wahrnimmt, die anderen verborgen sind, und alles das erfährt, was sein wird, und Dinge wahrnimmt, die dem Verstand entgehen."

Im Gegensatz zu Avicenna stand der bedeutendste arabische Philosoph Averroes, der von 1126 bis 1198 lebte, den Erscheinungen distanzierter gegenüber. Er lehnte es sogar ab, an die Unsterblichkeit der individuellen Seele zu glauben — nur ihr vernünftiger Teil sei insofern unsterblich, als er in die allgemeine Vernunft zurückkehre.

Ibn Chaldun hat im 14. Jahrhundert insbesondere das Wahrsagen mittels Kristallsehens ausführlicher untersucht. Er berichtete, die Wahrsager bedienten sich dazu der Spiegel oder eines Gefäßes mit Wasser, oder sie betrachteten die inneren Organe der Tiere und strebten danach, sich nur auf einen Sinn zu konzentrieren. Einige dieser Personen glaubten, daß sich das gewünschte Bild auf der Oberfläche des Spiegels zeige, das sei aber ein Irrtum. Der Seher starre die Oberfläche solange an, bis sich ein Vorhang wie ein Nebel zwischen sich und dem Spiegel bilde; auf diesem Vorhang bildeten sich dann die Bilder und der Gegenstand selbst verschwindet. Sie sähen während des Vorganges nicht das, was sich in Wirklichkeit im Spiegel abbildet. Es handele sich vielmehr um eine andere Art der Wahrnehmungen, nicht mit den Sinnen, sondern mit der Seele. Diese seelische Wahrnehmung gleiche der sinnlichen bis zur Täuschung. Die Gesichter seien — wie die Träume — oft sinnbildlicher Natur.

Ibn Chaldun hat offenbar ausgiebige Studien und Experimente gemacht, die Seher beobachtet und sie ausgefragt. Bei ihm herrscht ein anderer, ein nüchterner und empirischer Geist. Dieser Araber ist ein Vorläufer des heraufkommenden experimentellen Zeitalters. Bemerkenswert ist auch die natürliche psychologische Erklärung, die er zu einzelnen Phänomenen gibt.

Einer der bedeutendsten Scholastiker, Albert Graf von

Bollstädt, auch Albertus Magnus genannt, hat sich ebenfalls stark mit okkulten Dingen beschäftigt.

Geboren um 1193 in Lauingen in Schwaben, studierte er in Padua, trat dann in den Dominikanerorden ein und lehrte in verschiedenen Klöstern, so in Köln, Hildesheim, Freiburg, Regensburg und Straßburg und seit 1230 in Paris. Im Jahre 1254 wurde er Provinzial seines Ordens in Deutschland, im Jahre 1260 Bischof von Regensburg. 1262 legte er diese Würde nieder und widmete sich in Köln ausschließlich den Wissenschaften. Er starb am 15. November 1280. Am 15. November 1931 wurde er zum Heiligen und Kirchenlehrer erhoben.

Wegen seiner umfassenden Gelehrsamkeit wurde er „Doctor universalis" genannt. Das Staunen seiner Zeitgenossen über den Umfang seines Wissens, namentlich auch in der Chemie, Physik und Mechanik, spricht sich in den wunderbarsten Legenden aus, die Albertus Magnus zum Zauberer und Vertreter der Magie machen. Wie er in seinen naturwissenschaftlichen Werken meist nur die in den Schriften des Aristoteles und in den arabischen Kommentaren darüber niedergelegten Forschungen sammelte und zusammenstellte, so zeigen auch seine philosophisch-theologischen Werke ihn völlig von Aristoteles beherrscht. Er war der neue Bahnbrecher des Aristotelismus; durch seine Kommentare hat er die Werke des Aristoteles dem christlichen Abendland zugänglich gemacht. Seine bekanntesten Schüler waren Thomas von Aquin und Ulrich von Straßburg.

Nach Albertus Magnus stammen echte Wahrträume aus der Geisterwelt als deren Offenbarung an den Menschengeist. Wird im Schlaf der Wille Gottes klar erkannt, so handelt es sich nicht um einen Traum, sondern um Prophetie. Mischt sich aber die Phantasie bei, dann redet man von einem Wahrtraum. Unter Berufung auf Augustin sowie auf Avicenna und Alfarabi meint auch Albert, daß gute wie böse Engel den Träumenden beeinflussen können. Über natürliches Hellsehen berichtet Albertus Magnus nichts.

Thomas von Aquin ist der einflußreichste der Scholastiker, und er hat sich vielfach mit der Möglichkeit der Magie beschäftigt. Wenn Magier Dinge hervorbringen, die menschliche Geisteskraft übersteigen, wie verborgene Schätze entdecken, Zukünftiges voraussagen oder Diebstähle aufdecken, so tun sie das nach seiner Überzeugung mittels böser Geister. Lange hat er sich mit der Frage beschäftigt, ob die menschliche Seele die Fähigkeit des zeitlichen Hellsehens habe und er kam zu dem Schluß, daß es nicht möglich sei, Zukünftiges zu erkennen, wenn die Seele von den Sinnen abgezogen ist. Wohl aber sei es möglich, Einflüsse von seiten der Geistwesen und der Himmelskörper zu empfangen. Von diesen Geistwesen nimmt Thomas von Aquin an, daß sie die Seele erleuchten, indem sie Bilder in ihr erzeugen, welche die Zukunft andeuten; aber auch Dämonen können ein Hellsehen vermitteln.

Geistererscheinungen bejaht er. Er meint, daß — mit göttlicher Zulassung — zuweilen sowohl Selige wie Unselige und auch „arme Seelen" des Purgatoriums sich den Lebenden zeigen.

Der bedeutendste Naturforscher des Mittelalters, der englische Mönch Roger Bacon, wurde — wie viele andere vor ihm — ebenfalls als Magier angesehen.

Bacon wurde im Jahre 1214 zu Ilchester in der Grafschaft Somerset geboren. Er studierte in Oxford und begab sich später nach Paris, wo er die theologische Doktorwürde erhielt. Im Jahre 1240 kehrte er nach Oxford zurück, trat in den Franziskanerorden ein und hielt vielbesuchte Vorlesungen an der Universität.

Sein Drang nach Wahrheit suchte in allen Gebieten der Wissenschaft Befriedigung; auch Astrologie und Alchimie beschäftigten ihn; vorzugsweise aber nahmen Forschungen auf physikalischem Gebiet seine Tätigkeit in Anspruch. Er fand reiche und freigebige Freunde der Wissenschaft, die ihm das Geld für seine Instrumente und teils kostspieligen Experimente zur Verfügung stellten.

In seinen Schriften findet man für die damalige Zeit neue, fast revolutionär zu nennende Ansichten und Gedanken über die Optik, beispielsweise über Strahlenbrechung und Perspektive, über die scheinbare Größe der Gegenstände und über die Vergrößerung der Sonnen- und Mondscheibe am Horizont.

Zu Bacons chemischen Entdeckungen gehört die Darstellung eines im Wasser brennenden (wahrscheinlich phosphorartigen) Feuers und die Bereitung eines dem Schießpulver sehr verwandten Zündstoffes. Auch als Astronom und Mathematiker stand Bacon hoch über seiner Zeit. Er entdeckte die im Julianischen Kalender steckenden Fehler und ihre Ursachen und verfertigte selbst einen berichtigten Kalender.

Bacons Bewunderer beehrten auch ihn mit dem Prädikat „Doctor mirabilis", seine Gegner indes sahen in ihm einen Zauberer und setzten alles in Bewegung, ihn aus dem Wege zu räumen. Roger Bacon wurde auf ihr Betreiben von der päpstlichen Kurie als Schwarzkünstler und Jugendverführer angeklagt; schon damals waren das beliebte Argumente, einen Gegner zu erledigen. Der Papst verbot ihm zunächst das Katheder, und als diese Maßregel sich nicht als wirksam genug erwies, ließ er ihn ins Gefängnis werfen und hungern. Erst als Clemens IV., der früher päpstlicher Legat in England gewesen und ein großer Verehrer des Verfolgten war, 1264 den päpstlichen Stuhl bestieg, erlangte Bacon die Freiheit wieder.

Da Papst Clemens IV. eine Sammlung seiner Schriften forderte, schickte Bacon sein „Opus Majus" — durch seinen Schüler Johann von Paris — 1267 nach Rom. Bacon erhielt auf dieses an Clemens gerichtete Werk keine Antwort und schrieb daraufhin ein „Opus minus", und da auch dieses unbeantwortet blieb, arbeitete er das ganze Werk zu einem „Opus tertium" um.

Unter dem Nachfolger von Clemens IV. begannen neue Schwierigkeiten und Verfolgungen für Roger Bacon. Der General des Franziskanerordens, Hieronymus von Esculo, verbot das Lesen seiner Schriften und erließ einen Haftbefehl gegen ihn, der in Rom bestätigt wurde. Diese zweite Gefangenschaft Bacons währte zehn volle Jahre. Umsonst versuchte er, als Hieronymus von Esculo unter dem Namen Nikolaus IV. Papst geworden war, denselben durch eine „Abhandlung über die Mittel, die Krankheiten des Alters zu verhüten", von der Unschuld und Nützlichkeit seiner Arbeit zu überzeugen. Erst nach dem Tod Nikolaus IV. wurde er aus dem Kerker entlassen. Er kehrte nach Oxford zurück und starb am 11. Juni 1294.

Die chemisch-physikalischen Forschungen Bacons hatten zu dessen Verfolgungen den ersten Anlaß gegeben. Die wahre Ursache jener unversöhnlichen Feindschaft des Klerus gegen ihn lag jedoch darin, daß er als Gegner der Scholastik und der klerikalen Prärogative auftrat, auf Umgestaltung des Unterrichts drang und eine Reform der Wissenschaft und der Kirche ankündigte.

Bacon wies die Einseitigkeit und die Verirrungen des

Scholastizismus nach, forderte, daß man einerseits auf die Natur, andererseits auf die Schrift und die Alten zurückgehen solle, weshalb er neben den Naturwissenschaften besonders auch die Sprachen gelehrt haben wollte. Ferner stellte er in der Theologie, die er auf wenige theoretische Lehrsätze reduzierte, die Sittenlehre in den Vordergrund und tadelte offen die mit Unwissenheit gepaarte Sittenverderbnis der Geistlichen, besonders der Mönche. Er legte dem Papst mit schriftlichen Erörterungen die Notwendigkeit einer Reform der Geistlichkeit ans Herz. Diese Ideen brachten ihren Urheber zwar in den Kerker, blieben aber nicht ohne Früchte: Bacon hatte der Scholastik des Mittelalters den Todesstoß versetzt.

Der Umstand, daß sich dieser überaus gebildete Mönch bereits mit Problemen beschäftigte, an die keiner seiner Zeitgenossen auch nur zu denken wagte, mußte ihn in den Ruf eines Magiers und Zauberers bringen — ähnlich wie es Dr. Faustus erging. Man dichtete ihm magische Praktiken an, insbesondere den Besitz und Gebrauch eines Kristalls, in dem er seinen Freunden ihre Verwandten gezeigt haben soll.

Für Roger Bacon war die Magie die Wissenschaft von morgen. Er verhielt sich ihr gegenüber jedoch skeptischer als Thomas von Aquin und alle Zeitgenossen der späteren Hexenprozesse. Wie modern dieser englische Mönch in seinen Anschauungen war, geht schon daraus hervor, daß er die Einwirkung seelischer Kräfte auf Kranke viel früher als andere erkannte; er rühmte die gute und segensreiche Methode der Beeinflussung — etwas, das wir heute Suggestion nennen.

Der berühmte französische Theologe und Mystiker Jean de Gerson bemühte sich von 1363 bis 1429 vergeblich darum, ein sicheres Unterscheidungsmerkmal zwischen wahren und falschen Visionen zu finden. Seiner Meinung nach ist es geradezu ärgerlich und unerträglich, jede Vision als von Gott kommend anzunehmen. Er verweist darauf, daß auch Papst Gregor XI., der auf die visionären Mahnungen der Heiligen Katharina von Siena nach Rom zurückgekehrt war, auf dem Sterbebett gewarnt hatte, sich vor jenen Frauen und Männern zu hüten, die unter dem Anschein einer Offenbarung die Phantasien ihres Gehirns aussprechen.

Auch Gerson mahnte, weiblichen Mitteilungen nur nach sorgfältigster Prüfung zu trauen, da Frauen Verführungen und Täuschungen leichter zugänglich sind, oft auch durch das indiskrete Lob ihrer Beichtväter in ihren Schwärmereien bestärkt werden.

Doch nicht nur Theologen, sondern auch Ärzte des Mittelalters setzten sich mit diesen Problemen auseinander — so Arnaldus von Villanova der etwa von 1240 bis 1311 lebte und einer der bedeutendsten Ärzte dieser Zeit war. Er beschäftigte sich mit Astrologie und Traumdeutung, die er in eigenartiger Weise miteinander verband. Er unterscheidet sieben Traumzustände, in denen wahrkündende Träume auftreten können. Die besten Wahrträume entstehen, wenn im Schlaf die körperlichen Antriebe und der bewußte Wille sowie der Verstand ausgeschaltet sind und dann der äußere Einfluß aus der Sternenwelt wirken kann. Villanova führt die Prophetie auf die Seele zurück, die als ein Teil der Weltintelligenz — losgelöst vom Körper — in die Zukunft sehen kann.

Dies waren für damalige Zeiten ungewöhnliche, ja ketzerische Gedanken, doch Villanova war klug genug, sich im einzelnen Falle immer auf die unmittelbare Erleuchtung durch Gott zu berufen. Allerdings entging er der Inquisition nicht und wurde zweimal in Haft genommen, vor dem Schlimmsten jedoch blieb er bewahrt.

Kennzeichnend für das Mittelalter war die Mißachtung der Natur, die geradezu als etwas Niedriges, Zweitrangiges, Unheimliches, ja Feindseliges empfunden wurde. Der Versuch, in das Unbekannte, Unerforschte vorzudringen, galt als Frevel: Roger Bacon wurde als Zauberer betrachtet, Albertus Magnus geriet in den Verdacht der Magie und lebt in der Volksmeinung als Zauberer weiter und Dante Alighieri läßt Odysseus, der freventlich versuchte, die Grenze der Welt zu überschreiten und sich ins Unerforschte vorzuwagen, mit dem Tode büßen.

Die Epoche des Humanismus

Mit der italienischen Renaissance, die im 15. Jahrhundert den Platonismus und Neuplatonismus neu belebte, wurde das breitere Interesse am Okkultismus stark erweckt — die Erforschung des Unbekannten wurde höchstes Ziel. Auch der jüdischen Kabbala wurde nun Aufmerksamkeit entgegengebracht, da man in ihr eine auf göttlicher Offenbarung beruhende Urphilosophie zu finden glaubte. Das war wenig verwunderlich, denn seit dem 12. Jahrhundert galt die Kabbala — mit eigener Schule und Literatur — als die Geheimlehre der Juden.

Ein neues Weltbild zieht nun herauf, ein neues Denken setzt ein, die Lehren eines Aristoteles und die mittelalterliche Scholastik verblassen mehr und mehr.

Einen ersten Mittelpunkt hatte diese neue geistige Welt in Florenz, wo der Theologe und Philosoph Marsilio Ficino in der zweiten Hälfte des 15. Jahrhunderts als einer der bedeutendsten Vertreter des mystisch-metaphysisch gerichteten Neuplatonismus lehrte. Er trägt uns in seinen Schriften eine Ansicht vor, die weder bei Platon noch bei Plotin zu finden ist: daß nämlich die Existenz supranormaler Fähigkeiten der Seele ein Beweis für ihr Fortleben nach dem Tode sei.

Nach Ficino ist der Mensch in dreifacher Weise mit dem All verknüpft:

Durch seinen Geist mit der höheren Geisterwelt, wodurch er der göttlichen Vorsehung untersteht.

Durch seine Seele mit der Weltseele, wodurch er zwar nicht unter dem Fatum steht, aber in der Ordnung des Fatums.

Und durch seinen Körper, durch den der Mensch der Natur untertan ist.

In seiner Beweisführung zieht er vielfach unbewußte Zustände und auch parapsychologisches Geschehen heran. Er meint, die Seele stehe nicht in völliger Abhängigkeit vom Körper; dies zeige sich im Schlafe, in dem sie — keinesfalls selten — Blicke in die Zukunft tut. Das gleiche gilt ihm zufolge bei Annäherung des Todes. Tatsächlich ist es eine seit Menschengedenken immer und immer wieder gemachte Erfahrung, daß Sterbende im Augenblick des Überschreitens der Schwelle zwischen diesseitiger und jenseitiger Welt „Hellgesichte" haben, in Welten und Bereiche hineinsehen, die sonst verschlossen bleiben.

Indem Ficino sich auf Berichte der Platoniker und Stoiker beruft, anerkennt er auch die Tatsache, daß Verstorbene sich den Lebenden durch Zeichen, vielleicht auch durch Visionen bemerkbar machen können. Hierzu gehören auch die sogenannten „Abmeldungen" Sterbender: Uhren bleiben stehen, Gläser oder Spiegel zerspringen, Bilder fallen von der Wand in der Stunde ihres Todes. Berichte über Fälle dieser Art sind zahllos und finden sich in der Literatur aller Völker und Zeiten.

Im Gegensatz zu den Ansichten der italienischen Platoniker leugnete der von 1462 bis 1525 als Arzt und Philosoph in Padua lebende Pietro Pomponazzi die Unsterblichkeit der Seele und die Geisterwelt.

Nach ihm gibt es keine Erscheinung — möge sie auch noch so wunderbar sein — für die sich nicht eine natürliche Erklärung finden ließe.

Da Gott die Welt geschaffen habe durch die Idee, so sei es denkbar, daß auch der Mensch durch die Idee, die er von einer Wirkung hat, diese selbst hervorbringe, wenn er mit festem Glauben, energischer Imagination und starkem Verlangen die Wirkung zu erzielen suche. Diese Ideen muten höchst modern an und erinnern an die Ideoplastik und ähnliche Hypothesen.

Auch im „tibetanischen Totenbuch" lesen wir: „Wisse, daß alle Gestalten, welcherlei sie auch sein mögen, die Du im Bardo erblickst und fürchtest, unwirkliche Traumbilder sind, durch Dich erschaffen, von Dir projiziert, ohne daß Du sie als Deine Schöpfungen erkennst. Der Spiegel, in dem Shindje, der Herr des Todes, zu lesen scheint, ist die Erinnerung, die die Kette der vergangenen Taten zurückruft und sie richtet nach Deinen eigenen Begriffen. Du selbst wirst nach Deinen eigenen Neigungen Dein Urteil sprechen und Dir diese oder jene Wiedergeburt zuteilen. Kein schrecklicher Gott treibt Dich. Du gehst von allein. Die Gestalten der erschreckenden Wesen, die sich Deiner bemächtigen und Dich zu Deiner neuen Geburt drängen werden, sind von Dir selbst mit den Kräften bekleidet, die in Dir wohnen. Denn wisse: außerhalb Deiner Trugbilder gibt es weder den Herrn, den Richter der Toten, noch Götter oder Dämonen, noch auch den Besieger des Todes. Verstehe dies und sei frei —."

Anfang des 17. Jahrhunderts versuchte der Mönch Tommaso Campanella (1568—1639), ein umfassendes okkultistisches System aufzubauen. Die ganze Welt *empfindet,* da sie von einem homogenen Weltgeist erfüllt ist und darüber hinaus auch von den leichtflüssigen Stoffen Licht und Luft ausgehende Impulse empfängt. Nach Campanella erkennen sensible Menschen aus der Bewegung der Luft, was der Mensch denkt, denn das Denken ist eine Bewegung des Geistes, die der Luft mitgeteilt wird.

Campanella stellte also hier eine der ersten Theorien über die Telepathie auf, die er auf Bewegungen in der Luft zurückführte — ferner eine Theorie über den Weltgeist, der alles erfüllt und ausfüllt. Seine Anschauungen über den Weltgeist galten freilich als ketzerisch: Die Inquisition von Neapel ließ ihn im Jahre 1600 festsetzen, erst 1629 erhielt er wieder völlige Freiheit.

Das erste umfassende Werk der Renaissancezeit in Deutschland schuf Heinrich Cornelius Agrippa von Nettesheim im Jahre 1531 unter dem Titel „De occulta philosophia sive de magia". In diesem Werk mischten sich neuplatonische Gedankengänge und Anschauungen von Marsilio Ficino.

Agrippa kannte sämtliche in Betracht kommenden griechischen und lateinischen Schriftsteller, die arabischen Philosophen sowie die Scholastiker und die altchristlichen Kirchenschriftsteller. Von ihnen allen hat er viel übernommen; seine eigenen Zutaten stammen jedoch zum großen Teil noch aus dem Aberglauben seiner Zeit. Dies gilt insbesondere für die Astrologie, die bei ihm noch ein unentwirrbarer Wust von orientalischem, mittelalterlichem Gedankengut ist.

Auch Agrippa stellt in großen Zügen eine Theorie auf: er meint, die Luft vermittle auch geistige Bilder, und es könne so ohne allen Aberglauben und ohne Vermittlung durch einen Geist der Fall eintreten, daß ein Mensch über weite Entfernung hin — und auch nach unbekannten Orten — in kürzester Frist seine Gedanken mitteile.

Agrippa selbst soll mit dem Benediktinerabt Johann Tritheim in einer telepathischen Verbindung gestanden haben.

Agrippa von Nettesheim erkennt das räumliche und zeitliche Hellsehen an. Nach ihm kann die Seele in der Ekstase, wenn sie mit göttlichem Licht erfüllt ist, aber auch beim Sterbevorgang, wenn sie aus dem Körper herausgelockert ist, sowie im Traum Blicke in die Zukunft tun. Spuk und Geistererscheinungen deutet er durch einen „Monoideismus", also durch Konzentration auf einen Gedanken.

Agrippa von Nettesheim, von dem in der einschlägigen Literatur teilweise wahre Wunderdinge berichtet werden, war eine schillernde Figur. Teils war er noch dem Alten verhaftet, teils doch bereits Neuem zugewandt. Er bekämpfte viele Vorurteile seiner Zeit, so beispielsweise den Hexenglauben, konnte jedoch neues Gedankengut nur schwer unterbringen. Wegen seines Werkes „De occulta philosophia" wurde er von der Inquisition der schwarzen Magie angeklagt.

Im Zusammenhang mit Agrippa muß Anfang des 16. Jahrhunderts auch Theophrastus Bombastus von Hohenheim, bekannter unter dem Namen Paracelsus, gesehen werden, denn in vielen Fragen stimmen beide überein.

So machen auch nach Paracelsus die Teufel Gewitter und Hagel, Schnee und Regen, Hexen bringen die Pest mit Hilfe von „Mondstrahlen", und auch bei ihm kommen Elementargeister und dergleichen vor.

Paracelsus meint, daß es gewisse Krankheiten gibt, die auf magische Weise angezaubert werden und deshalb auch auf magische Weise wieder beseitigt werden können. Nach seiner Meinung ist die Magie ursprünglich rein, und sie wird erst zur Zauberei, wo sie zum Schaden der Menschen mißbraucht wird, wie dies die Hexen — vornehmlich durch Bildzauber — tun. Er meint, daß sich der siderische, astrale Leib nach dem Tode auflöst, jedoch langsamer als der elementische, daß er sich gerne dort aufhält, wo er gelebt hat, daß er dort auch als Gespenst sichtbar in Erscheinung treten könne, und daß er gern bei vergrabenen Schätzen weilt, wenn zu Lebzeiten sein Herz an Gold und Silber gehangen hat.

Trotz allem Aberglauben erhebt sich Paracelsus indessen über viele seiner Zeitgenossen, denn er betont immer wieder, man solle sich nicht nur auf die Geister beziehen, sondern bei der Natur bleiben. Alles in allem findet sich bei ihm ein wunderliches Gemisch von teils tiefen Einsichten, teils tiefstem Aberglauben. In einem Punkt aber hatte er sicherlich recht: Wer sich im Leben allzu sehr materiellen Dingen verhaftet, für den ist es auch schwer, von der materiellen Welt in die geistige hinüberzugehen. Das „Loslassen" von allem, was man hatte, liebte und begehrte ist vielleicht wirklich das größte Problem für den von dieser Erde scheidenden Menschen.

Den Engländer John Dee, der von 1527 bis 1608 lebte, kann man sicher als den ersten Spiritisten bezeichnen. Gelehrter, vor allem Mathematiker von Rang, beschäftigte er sich ernsthaft mit magischen Problemen und bediente sich zu diesem Zweck eines gewissen Edward Kelley, der in vielen Séancen Mitteilungen vom „Engel vom westlichen Fenster" erhielt. Dee hat über die Sitzungen mit Kelley genaue Aufzeichnungen gemacht, die heute noch vorhanden sind. Ob es sich bei diesen Mitteilungen um Kundgaben übernatürlicher Wesen handelte, läßt sich indessen nicht beurteilen.

Hexenwesen, Reformation und Aufklärung

Während der Zeit der Reformation schieden sich auch auf okkultem Gebiet die Geister: die Reformatoren leugneten die Existenz eines Purgatoriums, eines Fegefeuers, infolgedessen gab es bei ihnen auch keine „Armen Seelen". Diese Erscheinungen wurden als Teufelswerk betrachtet, soweit man keinen Anlaß hatte, sie Gott oder seinen Engeln zuzuschreiben. Und dies war natürlich kaum einmal der Fall.

Martin Luther hatte ein geradezu innig-abnormes Verhältnis zum Teufel: überall sah er ihn am Werk, fühlte sein Wirken durch ihn bedroht. Und in seinen „Tischgesprächen" ist viel vom Teufel und von Teufelswerk die Rede. Luthers Teufels- und Hexenglauben beeinflußte die Anschauungen der Menschen in den lutherischen Landesteilen stark. Es waren durchaus nicht nur die ungebildeten Schichten, die diesem Glauben anhingen, auch die lutherischen Gelehrten bewegten sich in diesen Vorstellungen. Es muß daher in diesem Zusammenhang die Frage erhoben werden, ob nicht Luthers Ansichten über Teufel und Hexen das Hexenwesen noch bösartiger und dämonischer haben werden lassen.

Ganz im Sinne Luthers äußerte sich der Inspektor der Meißener Schule, Johannes Rivius. Er versuchte nachzuweisen, daß die Erscheinungen von Seelen entweder auf menschlicher Täuschung oder auf Blendwerkskünsten des Satans beruhen. Rivius stellte fest, daß in der Heiligen

Schrift nirgendwo von „Armen Seelen" die Rede sei. Viele solcher Erscheinungen sind ihm zufolge nur auf Einbildung zurückzuführen, geboren aus Furcht oder Erregungszuständen. Philipp Melanchthon, der Mitstreiter Luthers, anerkennt weissagende Träume und rechnet sie zu den natürlichen Gaben. Außerdem gibt es seiner Meinung nach göttliche Träume, über die auch die heiligen Schriften berichten, sowie teuflische Träume, die von Hexen geträumt werden. An Gespenster glaubt er, weil die ganze antike Welt daran geglaubt hat, und weil er selbst dergleichen gesehen haben will.

Gespenster und Nachtgeister leugnet auch der Züricher Prediger Ludwig Lavater (1527—1586) nicht; die meisten Begebenheiten dieser Art jedoch, die aus der katholischen Zeit berichtet wurden, hält er für Dichtungen. Er anerkennt Klopflaute, Poltergeist-Phänomene und Todesankündigungen und erwähnt mehrfach in seinen Schriften die Tatsache, daß Hunde, die bekanntlich besonders „hellsichtig" sind, spukhaftes Geschehen bemerken und sich davor fürchten. Zur Erklärung all dieser unerklärlichen Dinge zieht auch Lavater schlichtweg den Teufel heran.

Der in vielen Dingen bewanderte Jesuit Athanasius Kircher, der von 1601 bis 1680 lebte, bestreitet die Fernwirkung seelischer Kräfte, bejaht dagegen die Reaktion der Wünschelrute.

Mit der Wünschelrute sowie mit dem Pendel beschäftigte sich auch der Würzburger Jesuit Kaspar Schott in seinem 1662 erschienenen Werk „Physica curiosa". Beide, Kircher und Schott, zwei angesehene Jesuiten, waren zwar nicht von religiös-magischen Vorstellungen frei, ließen aber bereits den Gedanken gelten, daß unbewußte Bestrebungen und Wünsche zu unwillkürlichen Muskelbewegungen führen, durch die Pendel und Rute zu Ausschlägen veranlaßt werden, wodurch unbewußtes Wissen und außersinnliche Erfahrungen offenbart werden.

Gegen Ende des 17. Jahrhunderts bekam die Wünschelrutenbewegung in Frankreich starken Auftrieb. Ein für damals sensationelles Ereignis war geschehen: Ein Bauer namens Aymar hatte 1692 mittels der Wünschelrute einen Mordfall aufgeklärt. Der Mord war in Lyon geschehen, Bauer Aymar hatte den Mörder mit der Rute aufgespürt. Zur Erklärung dieses unerhörten Phänomens gab es zwei Theorien: Die Anhänger von Descartes faßten alles als Wirkung kleinster von dem zu suchenden Gegenstand ausgehenden Körperchen auf, die von der Haut des Rutlers aufgenommen werden und auf das Blut und die Lebensgeister wirkten. Besonders Ärzte wie Chauvin und Garnier vertraten diese „fortschrittliche" Theorie.

Die Anhänger der anderen Theorie — meist waren es Geistliche — führten alles auf die Wirkung des Teufels zurück; besonders Pater Lebrun machte sich zum Fürsprecher der Teufelstheorie.

Wenn dieser auch die Wünsche und Absichten des Rutlers erwähnt, so steht im Hintergrund immer der Teufel, der die Rutenbewegung auslöst. Es bleibt dabei allerdings manches unklar. Bezeichnend ist die recht unscharfe und keineswegs zwingende Folgerung: „Durch alles ist es klar, daß man solche Wirkungen weder Gott noch den Engeln zuschreiben kann; es kann nur das Werk des Versuchers sein."

Derartige Ansichten blieben keineswegs nur Theorie. Das zeigt der Fall der Baronin de Beau-Soleil, die mit ihrem Mann, einem Bergwerksfachmann, die ersten planmäßigen Rutenversuche angestellt hatte, um Mineralien und Wasser zu finden. Sie wurden wegen Zauberei angeklagt und kamen ins Gefängnis, wo sie um 1645 starben.

Noch im gleichen Jahrhundert jedoch, in dem Pater Lebrun und andere den Teufel für eine verantwortliche Größe hielten, wurde das Wesen der Wünschelrute weitgehend geklärt und aus dem Teufelsbereich in eine andere Dimension versetzt.

Die Theorie der psychisch-magnetischen Wirkung wurde auch von dem Mitte des 17. Jahrhunderts wirkenden schottischen Arzt William Maxwell vertreten und weiter ausgebaut.

Nach Maxwell ist der allgemein vom Himmel herabkommende Lebensgeist die Quelle des in allen Dingen befindlichen besonderen Lebensgeistes. Wer den Lebensgeist abzusondern weiß, der kann den Körper, um dessen Lebensgeist es sich handelt, auf jede Entfernung mit Hilfe des allgemeinen Geistes heilen. Der besondere Lebensgeist kann, wenn er gestärkt wird, alle Krankheiten durch sich selbst heilen. Die Erscheinung Verstorbener erklärt sich daraus, daß bei den eines gewaltsamen Todes Gestorbenen der Lebensgeist sich noch nicht aufgelöst hat sondern einen Funken der Seele zurückbehielt, der ihm menschliche Gestalt gibt. Hier klingen schon recht moderne Töne an, die mit Teufelsglauben und Hexenwahn nichts mehr zu tun haben.

Der Arzt William Maxwell war zu seiner Zeit nicht der einzige, der versucht hat, ein neues „Denkmodell" zu schaffen.

Doch einstweilen herrschte noch der Teufelsglaube, spukten Hexen und Dämonen in den Hirnen der Menschen.

Die fürchterlichen Greuel der Hexenprozesse, die im 16. und 17. Jahrhundert ganz besonders in Deutschland wüteten, beruhten auf maßlosen Teufels- und Zauberglauben, der durchsetzt war mit übersteigerten sexuellen Verklemmungen der Ankläger und Hexenrichter. Es ist genügsam bekannt, was die Ankläger und Folterknechte mit den vorwiegend jungen Frauen taten, bevor sie der Folter, dem Rad oder dem Scheiterhaufen überantwortet wurden. Die Hexen galten indessen von vornherein als schuldig, und da sie vom Teufel besessen waren, mußte man den Teufel in ihnen mit allen Mitteln und Werkzeugen bekämpfen.

„Wir haben neulich nicht ohne große Betrübnis erfahren", hieß es in der „Hexenbulle" des Papstes Innozenz VIII. von 1484, „daß es in einzelnen Teilen Oberdeutschlands und in den mainzischen, kölnischen, trierischen, salzburgischen, bremischen Provinzen und Sprengeln in Städten und Dörfern viele Personen von beiden Geschlechtern gebe, welche, ihres eigenen Heils uneingedenk, vom wahren Glauben abgefallen, mit dämonischen Inkuben und Subkuben sich fleischlich vermischen, durch zauberische Mittel mit Hilfe des Teufels die Geburten der Weiber, die Jungen der Tiere, die Früchte der Erde, die Trauben der Weinberge, das Obst der Bäume, ja Menschen, Haus- und andere Tiere, Weinberge, Baumgärten, Wiesen, Weiden, Körner, Getreide und andere Erzeugnisse der Erde zugrunde richten, ersticken und vernichten, andere Männer, Weiber und Tiere mit heftigen inneren und äußeren Schmerzen quälen und die Männer am Zeugen, die Weiber am Gebären, beide an der Verrichtung ehelicher Pflichten zu verhindern vermögen."

Den beiden Inquisitoren für Süd- und Norddeutschland, Heinrich Institor und Jakob Sprenger, welche die Bulle am päpstlichen Hof erwirkt hatten, trug Innozenz VIII. auf, die Zauberer und Hexen in den genannten Gegenden auszuspähen, zu bestrafen und auszurotten, wie sie nur wüßten und könnten; auch befahl er dem Bischof von Straßburg, Albrecht von Bayern, die Inquisitoren zu schützen und ihnen bei Ausführung ihres Auftrages allen Vorschub und hilfreiche Hand zu leisten.

Der Wahn vom finsteren Reich des Teufels und der bösen Macht der Hexen breitete sich in Deutschland wie eine Epidemie aus. Überall standen die verkohlten Hexenpfähle, an denen unschuldige Frauen lebendig verbrannt worden waren.

Jakob Sprenger war es, der den Hexenglauben in ein förmliches System brachte und die Hexenprozesse formell begründete. Sein „Hexenhammer" *Malleus maleficarum* war das wohl wahnwitzigste Buch, das je veröffentlicht wurde. Verfaßt im Jahre 1487, erschien es 1489 in Köln und wurde bald Gesetzbuch in Hexensachen und regelte das ganze ordentliche gerichtliche Verfahren gegen die Hexen.

Der übersteigerte Teufels- und Zauberglaube mußte schließlich zu einer Prüfung der tatsächlichen Umstände des Hexenwesens führen. Man kann in den Bemühungen, die nun einsetzten, bescheidene Anfänge einer okkultistischen Forschung erblicken.

Der protestantische Leibarzt des Herzogs Wilhelm von Kleve-Berg, Johannes Weyer, auch Wiers oder Wierus genannt, hat in seiner 1536 in Basel erschienenen Schrift „De praestigiis dämonum" weder die Dämonen leugnen wollen noch die Gespenster, noch Spuk, noch schädigende Magie, aber er hat als Arzt richtig gesehen, daß Einbildung und Halluzinationen im Hexenwesen die Hauptrolle spielen. Im 3. Buch spricht er von den Hexen als von Frauen, die infolge der Schwäche ihres Geschlechts den Täuschungen der Dämonen leichter unterliegen. Die Frauen vermögen von sich aus nichts Ernstliches, aber sie bilden sich ein, alle möglichen Zaubereien ausüben zu können. Sie sind die Geprellten des Satans.

Incubus und Succubus, die Verwandlung der Menschen in Tiere, Wechselbälge sind seiner Meinung nach alles nur Gebilde einer verrückten Phantasie.

Als natürliche Ursache derartiger Einbildungen verweist er auf die Anwendung gewisser Gifte, die Schlaf und Träume erzeugen. Er gibt Salben an, deren Anwendung Halluzinationen erzeugt. Weyer verdankt diese vernünftige Beurteilung des Hexenwesens Agrippa von Nettesheim, dessen Schüler er 1533 in Köln war. Dieser hatte schon 1520 in Metz mit Erfolg eine Hexe verteidigt und deren Freispruch beim Metzer Domkapitel durchgesetzt.

Die Reaktion der Kirche bestand indessen darin, Weyers Buch auf den Index zu setzen, ebenso wie Agrippas „Occulta philosophia".

Jean Bodin oder Bodinus, der von 1530 bis 1596 lebte, und als der bedeutendste Staatswissenschaftler seiner Zeit gilt, war in vielen Dingen bereits so fortschrittlich eingestellt, daß man ihn als einen Vorläufer der Aufklärung bezeichnen könnte; den Hexen gegenüber kannte er jedoch keine Gnade. Er forderte energisch, alle Hexen zu verbrennen.

Bodin nimmt auch sonst zu okkulten Phänomenen Stellung. Die gesamte Chiromantie bezeichnet er als eitel; den Gestirnen räumt er einen gewissen Einfluß auf das Leibliche, auf das Temperament ein, nicht aber auf das Geistige. Horoskopstellen nennt er gefährlich, da die Vorhersagen einen schlechten Einfluß auf den Menschen haben könnten. Einen fatalistischen Zwang erkennt er nicht an.

Er läßt nur göttliche und teuflische Wahrsagungen gelten; im Gegensatz zu Melanchthon bestreitet er die natürlichen. Die Wünschelrute dagegen hielt er für erwiesen; sie sei so oft erprobt, daß sich ein Streit darüber erübrige. So findet man in manchem Werk der damaligen Zeit eine Menge Wust, Widerspruch und Aberglauben, aber auch schon den einen oder anderen moderneren Gedanken.

Dies gilt auch von dem 900 Seiten umfassenden Werk „Disquisitorum magicarum libri VI", des belgischen Jesuiten Martin Delrio, das 1599 in Löwen veröffentlicht wurde. Dieses Werk trägt zwar noch das Gepräge der Hexenzeit mit ihren eingehenden Untersuchungen über Zauberei und Teufelspakt, ist aber mit viel Scharfsinn geschrieben und zeugt von hervorragender Literaturkenntnis. Es beschäftigt sich vor allem mit dem Zauber und mit der Möglichkeit dämonischer Magie, die bejaht wird. Eine Fernwirkung bestreitet Delrio; schließlich habe sie auch Thomas von Aquino abgelehnt.

Der belgische Jesuit bestreitet ferner, daß durch bloße Worte oder Blicke, durch Suggestion also, Wunden oder Krankheiten geheilt werden könnten. Wenn dies wirklich einmal geschehe, so sei zu untersuchen, ob göttlicher oder teuflischer Einfluß dahinterstecke.

Delrio schneidet auch ein Problem an, das die Gemüter zu allen Zeiten erregt hat, das Problem der sogenannten „Privatoffenbarungen".

Hierzu muß folgende Erläuterung gegeben werden: Es kam nicht selten vor, daß spätere Heilige, wie zum Beispiel die Heilige Katharina von Siena, angebliche Offenbarungen gemacht hatten, die in unlösbarem Widerspruch zu irgendwelchen Glaubenssätzen standen; so hatte Katharina von Siena gesagt, Maria selbst habe ihr offenbart, sie habe nicht unbefleckt empfangen. Hierzu nun meint der scharfsinnige Jesuit, entweder handele es sich um einen späteren Zusatz oder um eine Privatoffenbarung, die keinen Anspruch auf Richtigkeit habe. Im übrigen hält er viele Weissagungen für teuflische. Wahrträume sind ihm zufolge entweder von Gott oder vom Teufel eingegeben. Viele Kritiker haben sein Werk getadelt und es „verhängnisvoll" genannt.

Die ausführlichste Schrift, die von Orten handelt, an denen es spukt — „De locis infestis" — und die 1598 in Köln erschien, stammt von einem Ordensgenossen Delrios, von Pater Thyräus aus Würzburg.

Thyräus studierte zahlreiche Spukgeschichten und -berichte und untersuchte die Frage, was sich dort für Geister zeigten. Er meint, es seien „Arme Seelen", Unselige und Dämonen. Die Anmeldungen eines bevorstehenden Todesfalles gehen nach seiner Meinung nicht vom Sterbenden selbst aus, auch nicht von Kobolden oder Zwergen, sondern von Geistern, und zwar von bösen Geistern, jedoch nicht von „Armen Seelen".

Eine Fundgrube aus damaliger Zeit für Berichte von übernormalen Erscheinungen im Leben der Heiligen, also über Levitation, Bilokation, Hellsehen, Fernwirken und dergleichen, liegt in den „Acta sanctorum" vor, einem Riesenwerk, das aus etwa 70 Foliobänden besteht und das seit 1643 in Brüssel von den Ballondisten herausgegeben wurde. Langsam lichtet sich der Wust von Aberglauben, doch erst rund 60 Jahre nach Johannes Weyer wagte es der deutsche Jesuit Tanner in seiner 1626 erschienenen „Theologia universalis", die Wirklichkeit der Hexenfahrten zu bestreiten, die er für bloße Phantasie erklärt; er sprach sich entschieden gegen die Art und Weise der Führung der Hexenprozesse aus. Durch die Folter erpreßte Geständnisse seien wertlos.

Stärker noch als Tanner bekämpfte sein Ordensgenosse, Graf Friedrich von Spee durch seine 1631 anonym herausgegebene Schrift „Cautio criminalis" die Auswüchse des Hexenglaubens und die Torheit, Gewissenlosigkeit und Grausamkeit der Hexenrichter.

Rund 400 Jahre war Europa in den Teufels- und Hexenglauben verstrickt, und während dieser Zeit mischen sich echte paranormale Erscheinungen unentwirrbar mit Zauberei, Betrug, falsch verwandter Magie und anderen Phänomenen. Lange Zeiträume waren nötig, dieses unentwirrbare Knäuel aufzulösen. Bis heute noch sind Reste davon vorhanden.

Der beginnende Kampf gegen das Unwesen der Hexenverfolgung führte jedoch schon bald zu einem anderen Extrem: Nun wurden übernatürliche Phänomene ganz und gar geleugnet. In den gebildeten Kreisen galt es mehr und mehr als rückständig, okkulte Erscheinungen überhaupt für möglich zu halten. Damals entstand jener Bann, der auch heute noch nicht gebrochen ist. Während eine kleine, sektiererische Minderheit noch immer an Hexenzauber glaubt, ist die breite Öffentlichkeit seither der Meinung, daß es kein okkultes Geschehen, keine übernatürlichen Phänomene geben kann.

Im Zeitalter der Aufklärung wurde mit der Richtschnur der Vernunft gemessen, mit der Elle des reinen, klaren Verstandes. Und so mußte das gesamte Gebiet der parapsychischen Erscheinungen, die ja häufig nicht dem bewußten Verstande entspringen, sondern dem unbewußten verhaftet sind, den Aufklärern verdächtig, wenn nicht gar verhaßt sein. Gab es tatsächlich Erscheinungen, deren

Existenz nicht geleugnet werden konnte, so war man schnell mit dem Wort Betrug zur Hand. Wiederum wurde ein einseitiger Standpunkt bezogen, wie denn die Menschheit seit eh und je zwischen den Extremen schwankt: „Hosianna" und „Kreuzigt ihn" heißt es in allen nur denkbaren Schattierungen.

Einer der ersten, der sich gegen diese einseitige Art von Aufklärung wendete, war der anglikanische Geistliche Joseph Glanvil, der von 1636 bis 1680 lebte und ein angesehener Philosoph und Hofkaplan König Karls II. war; er wollte auf Grund okkulter Fakten die Existenz einer Geisterwelt und das Fortleben nach dem Tode beweisen.

Sein 1681 in London erschienenes Werk „Sadducismus triumphatus" macht sich im ersten Teil zur Aufgabe, die Wirklichkeit des Hexenwesens zu beweisen. Im zweiten Teil befaßt es sich mit Spukerscheinungen, darunter auch mit dem berühmten Spuk von Tedworth. Glanvil schildert auch Levitationen und den bekannten „Steinregen".

Der berühmte presbyterianische Geistliche Richard Baxter (1615—1691) berichtet in seinem Buch „Die Gewißheit der Geister", das 1731 in Nürnberg in deutscher Sprache erschien, ebenfalls über Spukfälle, und ein Anwalt bestätigt, daß sich die Möbel in dessen Zimmer vor seinen Augen bewegt hätten. Auch die Besessenheit bejaht er und berichtet von einer Frau, die im Trancezustand bei lateinischer Anrede in gleicher Sprache sinnvolle Antworten gegeben habe, obwohl sie aus einfachen Kreisen kam und bei wachem Bewußtsein kein Wort Latein verstand.

> Offensichtlich ein Fall von Xenoglosie. Das „Reden in fremder Zunge", das heißt in fremden oder verschollenen Sprachen gehört zu den seltsamsten und seltensten paranormalen Fähigkeiten.

Auch von Hexerei ist Baxter überzeugt; er glaubt zwar, daß Stürme und Orkane zunächst natürliche Ursachen haben, daß sie aber doch durch Geister regiert werden. Auch am „Incubus" und „Succubus" hält er noch fest.

In Frankreich bemühte sich der gelehrte Benediktinerabt Augustin Calmet (1672—1757) mit dem Übernatürlichen auch das Wesentliche der parapsychologischen Kenntnisse festzuhalten — unter Zugeständnissen an die Aufklärung. Seiner Meinung nach beruht die Wirklichkeit der Magie sowie die der Orakel auf dämonischer Wirkung. Für ihn sind Hexensabbath und Hexenausfahrten nur Auswüchse einer irren Phantasie. Die Hexen reiben sich mit einer Salbe ein, die sie einschläfert und gefühllos macht und während dieser Betäubung wähnen sie zum Sabbath zu fahren, während sie das Bett gar nicht verlassen haben. Er hält indessen auch eine andere Erklärung für möglich. Anläßlich einer Abhandlung über die Levitation räumt er ein, daß Zauberer sich vielleicht mit Hilfe eines Dämons in die Luft erheben können, wobei dann ihre erhitzte Phantasie ihnen die Vorgänge des Sabbaths vorspiegele.

> In unseren Tagen befaßte sich der Volkskundler Prof. Dr. Will Erich Peuckert mit der Hexensalbe. Er unternahm Selbstversuche mit den sogenannten Hexensalben des Mittelalters und zeichnete die dadurch erzeugten Träume auf, die sich mit den Angaben der mittelalterlichen Hexen genauestens deckten. Peuckert bestätigte durch seine Versuche die Angaben Calmets weitgehend.

Die „Poltergeister" rechnet Calmet zu den bösen Geistern. Vielleicht könnten es auch „Arme Seelen" sein; deren Rückkehr habe nichts Unglaubliches an sich. Was aber von Kobolden in den Bergwerken gesagt werde, sei, wie Fachleute ihm versicherten, alles Fabel.

Eine markante Gestalt in dieser Übergangszeit ist der Schwede Emanuel von Swedenborg, der „Geisterseher". Er lebte von 1688 bis 1772. Sehr treffend wird er in der Literatur als ein Mensch charakterisiert, „der einen Januskopf trägt": Magisch-mystisch orientiert, schaut er rückwärts und ist er der Vergangenheit verhaftet; mit dem zweiten Antlitz jedoch blickt er nach vorn. Er war „ein Bürger zweier Welten" und hat auf nach ihm Kommende starken Einfluß ausgeübt.

Fest steht, daß er übersinnliche Fähigkeiten gehabt hat. So sah er im Jahre 1756 von Göteborg aus, wie es in dem über 250 Meilen entfernten Stockholm brannte. Dieses „Hellgesicht" teilte er sofort seiner Umwelt mit — die Tatsache des Brandes wurde später in allen Einzelheiten bestätigt. Diese Begebenheit ist zu bekannt, als daß sie hier noch ausführlicher geschildert werden müßte. Weniger geläufig ist ein anderes „Gesicht", das er hatte: „Ich war in London", berichtete er, „und speiste dort spät zu Mittag in einem Keller. Ich war hungrig und aß mit gutem Appetit. Gegen Ende der Mahlzeit merkte ich etwas Trübes vor meinen Augen, es dunkelte und ich sah den Fußboden mit den scheußlichsten kriechenden Tieren bedeckt, wie Schlangen, Kröten und ähnlichen Geschöpfen. Ich wunderte mich, denn ich war völlig bei Besinnung und klarem Bewußtsein. Zuletzt nahm die Dunkelheit überhand, zerteilte sich plötzlich und ich sah in der Ecke des Zimmers einen Mann sitzen. Da ich ganz allein war, erschrak ich bei seiner Rede: ‚Iß nicht so viel!' Es wurde mir wieder schwarz vor den Augen, erhellte sich aber ebensoschnell wieder." In der Nacht darauf sollen ihm die Geheimnisse von Himmel, Hölle und Geisterwelt offenbart worden sein.

Swedenborg, jahrzehntelang als bedeutender Naturforscher tätig, wurde erst gegen Mitte des 18. Jahrhunderts „Geisterseher". Er behauptete, in einem ganz besonderen Zustand mit dem Jenseits in Verbindung zu stehen. Was er in jenseitigen Welten erlebte, berichtete er mit der Akribie des Naturforschers, und zwar sowohl das, was er sah, als auch die Gespräche, die er mit Berühmtheiten früherer Zeiten oder mit verstorbenen Verwandten und Bekannten geführt hatte. Wenn er „im Geiste war", wie er seinen Zustand öfters nennt, war er vielfach bei Bewußtsein und konnte zugleich seine Vision mit der Nüchternheit des Naturforschers beobachten.

Die Objektivität seiner „Gesichte" ist vielfach in Zweifel gezogen worden, doch auf Grund seiner Beschreibungen über die Zustände im Jenseits hat er sehr viele Menschen in seinen Bann gezogen. Er wurde sogar eine Art Religionsstifter, der Stifter der „Neuen Kirche", die auch heute noch in England und in den USA viele Anhänger hat.

Swedenborg kann man nicht schlechthin als Spiritisten bezeichnen, auch dann nicht, wenn man als Tatsache unterstellt, daß er mit dem Jenseits in Verbindung stand und mit Geistern gesprochen hat. Denn unter Spiritismus im engeren Sinne versteht man die Bestrebungen, in zu diesem Zweck abgehaltenen Sitzungen vermittels eines Mediums oder auch durch gewisse Automatismen mit bestimmten Geistern Verstorbener in Verbindung zu treten. Swedenborg hat sich jedoch über spiritistische Bemühungen ablehnend geäußert. Wenn er selbst „im Geist" war, zog er nicht Geister und insbesondere nicht bestimmte Geister auf die Erde herab, sondern er fühlte sich selbst einerseits in überirdische Sphären versetzt und andererseits zugleich auf Erden in seiner jeweiligen Umgebung.

Swedenborgs Hellgesichte erregten großes Aufsehen und

trugen sehr viel dazu bei, daß die Parapsychologie immer mehr Beachtung fand und sogar Immanuel Kant beeindruckte.

Der bedeutendste Philosoph seiner Zeit, Immanuel Kant (1724—1804), wandte seine Aufmerksamkeit dem Gebiet zu, obwohl es ihm bei Swedenborg in der abschreckenden Gestalt der halluzinären Geisterseherei entgegentrat. So entschieden er sich prinzipiell gegen die „pathologischen Halluzinationen" aussprach, hat er doch — wenn auch in vorsichtiger Form — gegen die anmaßende und absprechende Art der damaligen Aufklärung Stellung bezogen. Er schrieb: „Eben dieselbe Unwissenheit (nämlich über die Entstehung des Menschen und das Wirken einer immateriellen Natur in einem Körper) macht auch, daß ich mich nicht unterstehe, so gänzlich alle Wahrheit an den mancherlei Geistererzählungen abzuleugnen, doch mit dem gewöhnlichen, obgleich wunderlichen Vorbehalt, eine jede einzelne derselben in Zweifel zu ziehen, allen zusammengenommen aber einigen Glauben beizumessen. Dem Leser bleibt das Urteil frei; was mich aber anlangt, so ist zum wenigsten der Ausschlag auf die Seite der Gründe des zweiten Hauptstücks bei mir groß genug, mich bei Anhörung der mancherlei befremdlichen Erzählungen dieser Art ernsthaft und unentschieden zu verhalten" (69).

Kant zieht über die Leute her, die über alles spotten, was mystisch ist; er ist der Auffassung, daß beispielsweise eine Akademie schon aus Klugheit nicht wagen dürfe, an eine ernsthafte Untersuchung solcher Dinge auch nur heranzugehen, während doch die Masse heimlich daran glaubt: „Die herrschende Mode des Unglaubens erlaubt es nicht anders."

Es war damals mithin nicht anders als heute.

Noch immer fürchten die Wissenschaftler, der Lächerlichkeit anheimzufallen, wenn sie okkulte Phänomene ernsthaft untersuchen, oder gar anerkennen. Eine einzige Ausnahme bildet Professor Dr. Hans Bender, der Leiter des Instituts für Grenzgebiete der Psychologie und Psychohygiene der Universität Freiburg. Sein Institut ist — leider — das einzige dieser Art in der Bundesrepublik, während es in den USA und in der UdSSR — um nur die beiden Supermächte zu nennen — heute etwa ein halbes hundert solcher Forschungsstätten gibt.

Kant verwirft manche Schrift Swedenborgs, erkennt aber dessen Hellgesichte an und nimmt sie durchaus ernst. Seine Ansichten zu diesen Problemen findet man in seinen fast unbekannten „Vorlesungen über Psychologie", in denen er nicht ein sinnlich wahrnehmbares Hereinragen der Geisterwelt in die unsrige, wohl aber das Hineinragen des Menschen in die Geisterwelt annimmt. Er vertritt darin die Vor- und Nachexistenz der Seele: „Der Anfang des Lebens ist die Geburt. Dies ist aber nicht der Anfang des Lebens der Seele, sondern des Menschen. Das Ende des Lebens ist der Tod. Das ist aber nicht das Ende des Lebens der Seele, sondern des Menschen. Geburt, Leben und Tod sind also nur Zustände der Seele. Der Körper ist nur die Form der Seele ... Wenn der Körper gänzlich aufhört, ist die Seele von ihrem Hindernis befreit und nun fängt sie erst recht an zu leben. Also ist der Tod nicht die absolute Aufhebung des Lebens, sondern eine Befreiung der Hindernisse eines vollständigen Lebens. Das Bewußtsein des bloßen Ich beweist, daß das Leben nicht im Körper, sondern in einem besonderen Prinzip auch ohne Körper fortdauern kann und dadurch sein Leben nicht vermindert, sondern vermehrt wird. Dies ist der einzige Beweis, der a priori kann gegeben werden, der aus der Natur der Seele hergenommen ist."

In die Nähe von Swedenborgs Ansichten kommt Kant mit der Äußerung: „Es wird künftig noch bewiesen werden, daß die menschliche Seele auch in diesem Leben in einer unauflöslich verknüpften Gemeinschaft mit allen immateriellen Naturen der Geisterwelt stehe, daß sie wechselweise in diese wirke und von ihr Eindrücke empfange, deren sie sich aber als Mensch nicht bewußt ist, so lange alles wohl steht."

Hier finden wir ganz und gar moderne Vorstellungen, die wir heute als das „Hereinragen einer unbekannten Dimension in eine uns bekannte Dimension" bezeichnen würden.

Auch der philosophische Schriftsteller und Pfarrer Johann Kaspar Lavater aus Zürich, der stark zur Mystik neigte, hat sich für alles Außerordentliche lebhaft interessiert. Zeugnis davon legt sein 1768 bis 1778 erschienenes Werk „Aussichten in die Ewigkeit" ab, in welchem er sich über Paraerscheinungen äußert. Er hält Geistererscheinungen für möglich, bedauert aber, daß darüber wissenschaftlich zuverlässige Untersuchungen fehlen. Er vertritt die Hypothese eines „Ätherleibes", in welchem die im Leben gesammelten Eindrücke der Seele erhalten bleiben und in die andere Welt mit hinübergehen.

Auch bei ihm treffen wir auf modernes — und im Grunde uraltes — Gedankengut: Nichts geht verloren, es gibt kein Ende, es gibt nur einen Wechsel des Zustandes, vergleichbar der Metamorphose der Insekten von der Raupe über die Puppe zum Schmetterling, einen Wechsel der Aggregatzustände, einen Sprung von einer Dimension zur anderen ...

Ein neues Zeitalter zog nun herauf, mit so starken neuen Impulsen, daß sogar die katholische Kirche durch die Aufklärung elementar beeinflußt wurde und fragwürdige gedankliche Bräuche einschränkte, ja aufgab, wodurch die unbefangene Beurteilung der Paraerscheinungen erleichtert wurde. Es begann die Epoche des Magnetismus.

In den Jahrzehnten um die Wende vom 18. zum 19. Jahrhundert war das Interesse für den tierischen Magnetismus und — im Zusammenhang damit — auch für den Somnambulismus außerordentlich groß.

Durch diese neue Bewegung wurde eine Forschungsperiode eingeleitet, in der man ernsthafter als bisher Versuche anstellte, um beispielsweise dem Phänomen der „Clairvoyance", wie man Telepathie und Hellsehen ununterschieden nannte, auf die Spur zu kommen.

Ihren Ausgangspunkt nimmt diese Forschungsperiode von dem deutschen Arzt Franz Anton Mesmer, der 1775 der Welt seine Entdeckung des „tierischen Magnetismus" mitteilte. Es handelte sich dabei um vom Menschen ausstrahlende Kräfte, die durch magnetische Striche Heilkraft erhalten. Dieser sogenannte „Mesmerismus" war der Vorläufer der Hypnosebehandlung.

Beim Magnetisieren streicht der Arzt am Körper des Kranken oder der Versuchsperson mit den Händen vom Kopf bis zu den Beinen — mit oder ohne leichte Berührung. Die vom Magnetiseur ausgehende Kraft, Fluid genannt, übt auf den Magnetisierten vorübergehend einen günstigen Einfluß aus, erzeugt auch öfters einen Schlafzustand, den Somnambulismus. Ergänzend zur Erklärung seiner Theorien sagt Mesmer: „Es ist erweislich und man hat starke Gründe a priori, daß wir noch mit einem inneren Sinn begabt sind, der mit dem Ganzen des Weltalls in

Verbindung steht; genaue Beobachtungen können uns davon überzeugen; man könnte sich auch die Ahnungen daraus begreiflich machen."

Mesmer beschäftigte sich auch mit der Gedankenübertragung und vergleicht die dabei wirkenden Kräfte mit Licht und Schall; er stellte damit eine ausgesprochen physikalische Theorie auf. Er meint, daß der Gedanke sich wie ein Bild, ein Gemälde oder eine Schrift in den verschiedenen im Raum vorhandenen Organisationen, die dazu geeignet sind, fixieren kann.

Offenbar hat Mesmer hier die „psychometrischen" Versuche im Auge, bei denen an Hand eines Gegenstandes, den die Versuchsperson berührt, übernormale Angaben gemacht werden. Heute sprechen wir von einem „Gedächtnis der Materie" oder einem „psychischen Belag".

Das „Gedächtnis der Materie" ist ein moderner Begriff für eine sehr alte Anschauung, nämlich die „Akasha-Chronik". Die „Akasha-Chronik" ist eine imaginäre Registratur, in der alle Ereignisse der Vergangenheit, der Gegenwart und wahrscheinlich auch der Zukunft aufgezeichnet sind, so daß ein hellsichtiger Mensch darin „lesen" kann. Als medizinischer Vergleich bieten sich die „Engramme" unseres Gehirns an, die ja auch von der ersten bis zur letzten Sekunde unseres Lebens sämtliche Erlebniseindrücke aufzeichnen. Die moderne Wissenschaft versucht bereits, solche im Gehirn gespeicherten Erlebnisinhalte abzuzapfen.

Mesmer hat wohl als erster psychometrische Versuche angestellt, sie aufgezeichnet und darüber berichtet. Natürlich hat er Deutungsversuche unternommen. Er äußerte sich auch über die zeitliche Vorschau und meinte dazu, „daß die Vergangenheit sehen nichts anderes heißt als die Ursache in der Wirkung; die Zukunft voraussehen heißt, die Wirkung in der Ursache zu empfinden".

An anderer Stelle schreibt er: „Übrigens hat ja alles, was gewesen ist, irgendwelche Spuren hinterlassen, und was sein wird, ist schon durch die Gesamtheit der Ursachen bestimmt, welche es verwirklichen sollen. Das führt zu der Idee, daß alles im Universum gegenwärtig ist, und daß Vergangenheit und Zukunft nur verschiedene Beziehungen der Teile unter sich sind." Hier wird man an die neuerdings vielfach vertretene These von der „ewigen Gegenwart" erinnert.

Über das geheimnisvolle Fluid Mesmers sind die Akten auch heute noch nicht geschlossen, wenn auch viele der mesmerischen Erscheinungen durch Suggestion bewußter oder unbewußter Art erklärt werden. Eines steht jedoch wohl fest: Vom Körper geht Energie-Materie aus, die man als Strahlung bezeichnen kann. Ob diese Strahlung aber auch Telekinese, also Fernbewegung von Gegenständen verursachen kann, ist noch heute unentschieden.

Mesmer hat in der Folge einen bedeutenden Einfluß auf die parapsychologische Forschung ausgeübt. Erst mit dem beim Magnetisieren auftretenden Somnambulismus hatte man ein Mittel in der Hand, willkürlich einen Zustand herbeizuführen, der den Zugang zum Unbewußten erleichterte und nicht selten erst ermöglichte.

Wenn die größte Entdeckung auf psychologischem Gebiet die Entdeckung des Unbewußten gewesen ist, so war es der Mesmerismus mit dem experimentell erzeugten Zustand des künstlichen Somnambulismus, bei dem man die Eigenheit dieses Zustandes eines zweiten Bewußtseins zuerst erkannte, jenes zweiten Bewußtseins, das vom normalen Zustand aus gesehen als unbewußt zu bezeichnen war. Erst diese „zweite Persönlichkeit" ermöglichte ein wissenschaftliches Verständnis vieler parapsychologischer Erscheinungen.

Es kam noch ein anderes, unerwartetes Ergebnis hinzu: Viele Ärzte magnetisierten ihre Kranken und entdeckten bei dieser Gelegenheit die parapsychologische Begabung der Somnambulen.

Als modisches Weltbild wurde der Mesmerismus um das Jahr 1800 von einer Kulturströmung nach oben getragen, die in schroffem Gegensatz zur Aufklärung stand, von der Romantik. Diese sah im Weltall meist einen von einer einheitlichen Lebenskraft durchfluteten Organismus und fand eine verwandte Anschauung bei den Mesmeristen, die — zum Teil wenigstens — Mesmers Fluid als Lebensfluid auffaßten.

Im Gegensatz zur Aufklärung, die das hellwache Tagesbewußtsein als den am höchsten begehrenswerten Zustand einschätzte, stand bei der Romantik das Gefühl, die Ahnung, standen traumhafte Zustände im Vordergrund. So ergab sich eine ganz natürliche Verwandschaft mit dem Mesmerismus und seinem Somnambulismus; somnambule Leistungen wurden häufig genug höher eingeschätzt als das verstandeswache Denken der Aufklärung.

Mit romantischen Ideen drang Mesmers Gedankengut auch in breitere Kreise der Öffentlichkeit; parapsychologische Erscheinungen fanden ein mehr und mehr aufgeschlossenes Publikum.

So fand auch jene Gruppe immer stärkeres Gehör, die sich um Heinrich Jung-Stilling (1740—1817) und um Justinus Kerner (1786—1862) scharte.

In seinem 1808 in Nürnberg erschienenen parapsychologischen Hauptwerk „Theorie der Geisterkunde", wandte sich Jung-Stilling, Augenarzt und Professor für Volkswirtschaft, scharf gegen Naturalismus und Atheismus. Ihm zufolge hatte der Mensch außer Leib und Geist auch eine ätherische Seele, und mit diesem ätherischen Lichtkörper war der Geist auf ewig vereint. Nach dem Tod vermochte eine Seele in einer anderen zu lesen — ähnlich wie die Somnambulen in der Seele des Magnetisten. Wer den irdischen Leib abgelegt hat, ist im Zustand eines hellsehenden magnetisch Schlafenden.

Jung-Stilling warnt — wie viele vor ihm — vor „Privatoffenbarungen" und hält Zauberei für kein Hirngespinst; böse und gottlose Menschen können seiner Meinung nach mit bösen Geistern in Beziehung treten. Phantome Lebender erklärt er durch teilweise Entbindung (Herauslockerung) der Seele und ihres Astralkörpers vom Leibe. Hat ein Mensch Ahnungen, so versucht ein anderes Wesen ihm etwas bekanntzumachen, ihn etwa vor einem bevorstehenden Unglück zu warnen oder dergleichen. Die Gedankenübertragung gehört bei ihm noch zum Ahnungsvermögen. Bei Ahnungen oder Warnungen nimmt er die Tätigkeit eines Schutzengels an.

Jung-Stilling geht davon aus, daß es ein Purgatorium gibt; er fordert daher dazu auf, für die Verstorbenen zu beten, denn viele Erfahrungen scheinen ihm zu beweisen, daß die Seelen zuerst an einen „Mittelort" kommen.

Der schwäbische Arzt, Dichter und Geisterseher Justinus Kerner veröffentlichte 1829 sein berühmt gewordenes Buch „Die Seherin von Prevorst. Eröffnungen über das innere Leben des Menschen und über das Hereinragen einer Geisterwelt in unsere".

Im ersten Teil dieses Werkes sind die Offenbarungen der Seherin Friederike Hauffe über ihr somnambules Leben niedergelegt, im zweiten Teil des Buches macht Kerner den Versuch, die von der Seherin geschauten Geistererscheinungen zu beweisen. Zugleich aber geschieht in diesem Buch insofern etwas Neues, als ein Arzt unter Berufung auf die Naturforschung zur Untersuchung all dieser „verpönten" Erscheinungen aufforderte und sich geradezu werbend dafür einsetzte. Die gerade heraufziehende Zeit der Naturforschung mit ihrer materialistischen Metaphysik lehnte Kerners Schriften jedoch völlig ab. Man bezeichnete ihn als Phantasten und als kritiklosen und leichtfertigen Beobachter. Damit tat man ihm zweifellos Unrecht, denn Kerner war ein sehr sorgfältiger Beobachter und Berichter, der geradezu pedantisch alles aufzeichnete, was mit und um die Seherin Friederike Hauffe vorging.

Gleichfalls Arzt war der Professor der Philosophie in Tübingen, A. K. A. Eschenmayer (1770—1852), der sich unter anderem auch mit dem Somnambulismus beschäftigte und darauf hinweist, daß Somnambule ihre Anfälle oft bis auf ein halbes Jahr hinaus vorhersagen — eine Tatsache, die allerdings schon Aristoteles klar erkannte. In Eschenmayers 1817 erschienener „Psychologie" findet sich die interessante Bemerkung, daß mittels des mesmerischen Schlafes „jeder Somnambule gleichsam ein Doppelwesen wird", in welchem das eine Wesen nichts vom anderen Wesen weiß. Für die damalige Zeit sicher frappierend ist sein Bericht über den Fall einer Somnambulen, die nach einem anderen Planeten reist, wie dies später auch Helene Smith berichtete.

Eschenmayer gab zusammen mit anderen das „Archiv für tierischen Magnetismus" („Kiesers Archiv", 1817—1827) heraus, das eine Fülle interessanten Materials enthält. So berichtet Eschenmayer über den Fall von zwei Somnambulen, die gleichzeitig — und unabhängig voneinander — den Tod des Königs von Württemberg auf die gleiche Zeit voraussagten, was dann auch wirklich eintraf.

Die Fähigkeit der Wahrsagung weist nach Ansicht Eschenmayers auf eine Unabhängigkeit der Seele von Zeit und Raum hin. Hier muß entweder ein höheres Schauen oder eine Inspiration durch die Geisterwelt angenommen werden.

Bei einem anderen bekannten Forscher auf dem gleichen Gebiet, dem Jenaer Professor der Medizin David G. Kieser, wird das „zweite Gesicht" als örtlicher sensitiver Somnambulismus einzelner Gehirnteile erklärt. Interessant sind Kiesers Ansichten über den „Doppelgänger", bei dem sich ein gesteigertes Gefühlsleben in plastischer Gestalt objektiviert: „Bei Visionen ist da, wo die gesehene Person an den Sehenden im Moment der Vision mit großer Innigkeit denkt, eine durch Sympathie vermittelte Fernwirkung anzunehmen."

> Unter „Doppelgänger" versteht man im Okkultismus ein durch zeitweilige Trennung vom Körper ermöglichtes Sichtbarwerden der Seele oder des Astralleibes. Einfacher formuliert läuft das darauf hinaus, daß man sich auf sich selbst zukommen sieht. Viele Menschen haben im Lauf ihres Lebens solche Doppelgängererlebnisse gehabt.

Etwa zu Ende des 18. Jahrhunderts flammte die Erörterung der Wünschelrute und des Pendels über die schon Kircher und Schott sich Gedanken gemacht hatten, wieder auf. Auch der Chirurg E. Blasius beschäftigte sich im „Archiv für tierischen Magnetismus" mit diesem Phänomen. Seine Versuche veranlassen ihn zu der Hypothese, daß der Gedanke, das Pendel solle eine bestimmte Richtung einschlagen, vollkommen genüge, die Hand, ohne unmittelbar zu wollen, so in Tätigkeit zu setzen, daß gerade diese und keine andere Bewegung des Pendels eintritt. Hier ist der Gedanke klar ausgesprochen, daß die Gedankenkraft unwillkürlich einen Impuls ausstrahlt, der an die Muskeln weitergegeben wird.

Der englische Physiologe Carpenter sprach 1852 vom „ideomotorischen Prinzip", demzufolge Bewegungen bei Wünschelrute, Pendel usw. durch vielfach unbewußte Gedanken zustande kommen. Diese unwillkürlichen Bewegungen spielten auch bei den Anfang der fünfziger Jahre immer stärker um sich greifenden Tischrückexperimenten eine große Rolle.

Recht nüchtern geht der hessische protestantische Geistliche Georg Konrad Horst (1767—1832) vor: Jeden Erklärungsversuch für das „zweite Gesicht" unter Zuhilfenahme eines Geisterreiches oder gar des Teufels und der Hölle weist er schroff zurück. Für ihn ist eine Erklärung nur in den Tiefen unserer eigenen Seele zu suchen — unter Beachtung der neuesten Erfahrungen auf dem Gebiet des Magnetismus und des Hellsehens.

Nicht unerwähnt bleiben dürfen hier die 1836 erschienene „Theorie des Somnambulismus oder des tierischen Magnetismus" des protestantischen Pfarrers J. U. Wirth und der 1840 veröffentlichte „Somnambulismus" des Baseler Professors Fischer.

1844 erscheint in Leipzig eine „Geschichte der Magie", geschrieben von dem Professor der Medizin, Dr. Joseph Ennemoser (1787—1854). Er glaubt, daß der Magnetismus das entscheidende Prinzip sei, die Rätsel der alten Mysterien aufzuhellen; auch die ekstatischen Seher und mystischen Philosophen würden auf dieser Grundlage verständlicher. Er erkennt an, daß es sehr schwer oder sogar fast unmöglich sei, zwischen Naturerscheinungen und Gnadenwirkung zu unterscheiden.

Die Stigmatisation will er von allem Übernatürlichen und Theologischen entkleidet wissen und sie allein in den medizinischen Bereichen gelten lassen. Die Stigmata müßten rein psychologisch erklärt werden, da es die Phantasie sei, nach der sich die Visionsbilder zu bleibenden Formen und Gestalten heranbilden.

Ein berühmter katholischer Publizist und Politiker, der Münchener Universitätsprofessor Josef Görres (1776 bis 1848), meint bezüglich der Stigmatisation, daß hier Natur und Gnade zusammenwirken — ähnlich wie bei der Levitation, denn auch sie wurzele im Naturgebiet und werde durch innere Heiligung in die höheren Gebiete hinaufgehoben. Görres nimmt ein magisches Wirken der Seele über den Leib hinaus durch zeitliches und räumliches „Fernsehen" an, ebenso die Möglichkeit eines magischen Einwirkens der Geisterwelt in die irdische Sphäre.

Über den Spuk sagt Görres, seine Ursache sei entweder unsichtbaren Geistwesen zuzuschreiben, oder er ginge von Menschen aus, die magnetisch in die Ferne wirken können. Immerhin galt Görres als der bedeutendste Kopf der katholischen Welt Deutschlands und seine Gedanken haben noch bis auf unsere Zeit eingewirkt.

Der stark zum Mystizismus neigende Philosoph und Dichter Georg Friedrich Daumer (1800—1875) hat sich erst in seinen späteren Lebensjahren der Parapsychologie zugewandt und darüber ein umfangreiches Werk unter dem Titel „Das Geisterreich in Glauben, Vorstellung, Sage und Wirklichkeit" geschrieben. Es erschien 1867 in Dresden.

Das Wichtigste an seinem Werk ist wohl, daß er auf eine Erscheinung eingeht, über die im Zusammenhang mit Spukerscheinungen häufig berichtet wird, nämlich auf den sogenannten „mystischen Schutz", von ihm „schützende Milderungserscheinung" genannt. Seiner Meinung nach handelt es sich dabei um physische Vorgänge, die jedoch nicht nach den physischen Gesetzen, sondern im Gegensatz zu ihnen geschehen. So schlagen Gegenstände, beispielsweise Steine — er kommt hier auf den „Steinregen" zu sprechen — an ein Objekt an, prallen aber nicht zurück, sondern fallen senkrecht herab, oder sie berühren, im Fluge ankommend, den Menschenkörper nur ganz leicht wie ein Schwamm.

Neben dem wachen, an das Gehirnleben gebundenen Ich, das sich in der gewöhnlichen Welt betätigt, gibt es ihm zufolge ein magisch-mystisches Ich, dem Zustände wie Schlaf, Traum, Ekstase, somnambules Schlafwachen, Hellsehen und auch Scheintod angehören.

Erst wenn im Tode das Wissen und Wirken des gemeinen Ich aufhört, kommt das mystische Ich zu seiner vollen Entfaltung: „Die Geisterwelt ist ein Reich von mystischen Selbstheiten."

Ein ganz neues Erklärungsprinzip für die Erscheinungen des Magnetismus und für den in Deutschland gerade aufgekommenen Spiritismus glaubte der schwäbische Chemiker Karl Freiherr von Reichenbach (1788—1869) mit dem „Od" entdeckt zu haben.

Das „Od" steht nach Reichenbachs Anschauung in der Mitte zwischen Magnetismus, Elektrizität und Wärme. Er kam zu seiner Entdeckung des „Od" durch folgende Versuche: Er veranlaßte sensible Personen, sich mit ausgestreckter linker Handfläche einem großen, auf dem Tisch liegenden Bergkristall zu nähern. Die Sensitiven gaben stets an, sie fühlten an der oberen Spitze des Kristalls einen feinen kühlen Hauch ihrer Hand entgegenwehen, aus dem unteren Ende des Kristalls aber einen leicht erwärmten Hauch. In einem vollständig verdunkelten Zimmer sah eine Sensitive nach kurzer Zeit den Kristall auf dem Tisch liegen, über seinem spitzen Ende strömte ihrer Angabe nach eine etwa handgroße Leuchte empor, blau, in beständig wogender Bewegung, nach oben zu sich in feinem Dunst verlierend.

Andere Sensitive sahen alle Metallbeschläge leuchten. Nach Reichenbach gehört das „Od" in die Physik und bezeichnet eine Weltkraft. Der Magnetismus gilt als eine besondere Anwendung dieser Theorie. Erfolgen die magnetischen Striche im Dunkeln, so sehen Sensitive ganz schwach feurige Büschel, die von den Fingerspitzen des Magnetiseurs auszugehen scheinen.

Reichenbach brachte auch die Wünschelrute mit dem „Od" in Verbindung. Die Rute ist ihm nur das äußere Gewand; in Wahrheit beruht die Wirkung auf dem durch die Wasserreibung in Tätigkeit gesetzten „Od", dessen Bewegung die Sensitiven fühlen.

Auch beim Tischrücken spielt das „Od" — nach Reichenbachs Meinung — eine besondere Rolle. Seine Odlehre wurde indessen heftig umstritten und gilt auch heute noch als nicht erwiesen. Sicher ist auch hier — wie bei vielen anderen okkulten Phänomenen — das letzte Wort noch nicht gesprochen.

Für Philosophen wie Johann Gottlieb Fichte (1762 bis 1814), Friedrich Wilhelm Joseph von Schelling (1775 bis 1854), Georg Wilhelm Friedrich Hegel (1770—1831) und Arthur Schopenhauer (1788—1860) war es eigentlich selbstverständlich, daß sie parapsychischen Erscheinungen großes Interesse entgegenbrachten.

Der scharfe und geistreiche Bekämpfer des Materialismus, Arthur Schopenhauer, erweist sich folgerichtig als engagierter Fürsprecher übernatürlicher Erscheinungen: „Die in Rede stehenden Phänomene aber sind, wenigstens vom philosophischen Standpunkt aus, unter allen Tatsachen, welche die gesamte Erfahrung uns darbietet, ohne allen Vergleich die wichtigsten; daher ist es Pflicht eines jeden, sich mit ihnen gründlich bekanntzumachen": Eine Forderung, die auch heute noch in besonderem Maße gilt.

Schopenhauer zufolge ist der Geisterglaube dem Menschen angeboren. Er findet sich zu allen Zeiten und in allen Ländern und nach seiner Meinung ist kein Mensch frei davon.

Unter den Visionen unterscheidet Schopenhauer die bloßen Halluzinationen, die aus unserem Organismus hervorgehen, von den eigentlichen Visionen, die von außen her etwas Reales darstellen und sich oft auch auf Zukünftiges erstrecken. In uns ist ein rätselvolles Erkennungsvermögen vorhanden, das durch räumliche und zeitliche Verhältnisse nicht beschränkt wird und insofern allwissend ist — freilich ist es verschleiert und fällt nicht ins gewöhnliche Bewußtsein. Träume geben eine Ahnung davon: wir träumen lebhaft und plastisch von Menschen und Landschaften, die wir vielleicht nie gesehen haben — doch beim Aufwachen ist alles verschleiert und wir erinnern uns nicht mehr daran.

Schopenhauer erklärt Geistererscheinungen — die er selbst erlebt haben will — zum Teil als telepathische Halluzination, bewirkt durch heftige Wünsche Sterbender. Er hat sich auch über das Tischrücken geäußert. Wenn jemand durch das Tischklopfen Abwesendes oder Künftiges offenbart bekommt, so wird dies — unbewußte — Wissen durch den Tisch zum Bewußtsein gebracht. Nüchtern meint Schopenhauer, das Tischrücken sei ein „Steigrohr des Unbewußten". Weiter schreibt er: „In uns steckt ein heimlicher Prophet, der laut wird im Somnambulismus und Hellsehen, wo er verkündet, was vor- und nachher, im wachen Zustand, uns unbewußt ist. Auch im tiefen Schlaf weiß er alles und sucht bisweilen es dem Gehirn in allegorischen Träumen beizubringen."

In seinem Hauptwerk „Die Welt als Wille und Vorstellung" meditiert Schopenhauer über die Frage, daß jeder von uns als Erscheinung vergänglich, „an sich" jedoch zeitlos, also endlos ist. Der Mensch, sagt er, fürchtet den Tod als eine Art Finsternis. „Aber ich glaube", fährt er fort, „daß wann der Tod unsere Augen schließt, wir in einem Licht stehen, von welchem unser Sonnenlicht nur der Schatten ist." Hier nimmt Schopenhauer also offenbar ein Fortleben nach dem Tode an, allem Anschein nach als Person mit Sinnesempfindungen.

Hegel schließlich gebührt der Verdienst, gedankliche Ordnung geschaffen zu haben, indem er die Gedankenübertragung von Mensch zu Mensch klar und grundsätzlich vom Hellsehen, dem vermittlungslosen Wissen um äußeres Geschehen, geschieden hat.

Hinsichtlich der Theorie paranormaler, okkulter Erscheinungen haben Schopenhauer und seine Gegner zweifellos die fortschrittlichsten Ideen beigesteuert, in denen die gläubige Anerkennung des Mittelalters und der Skeptizismus der Aufklärung eine als Basis für die aussichtsreiche weitere Forschung denkbar einleuchtende Synthese bilden.

Die neueren Forschungen in den USA und in England

Etwa um die Mitte des 19. Jahrhunderts setzte sich mit ihrer ganzen Einseitigkeit jene naturwissenschaftliche Weltanschauung durch, die alles auf Veränderungen in der Materie zurückführt. Man kannte nur noch materielle Ursachen und Vorgänge. Das Experiment wurde zum Abgott der Zeit. Es galt nur noch das, was man mit Reihenversuchen zählen und messen konnte.

Seelisches war ein „Epiphänomen", eine völlig unbeachtliche Nebenerscheinung. Hinsichtlich okkulter Phänomene ist es jedoch in vielen Fällen nicht möglich, nach Belieben exakte Versuche anzustellen. Dazu bedarf es der Medien, und die sind selten.

Einen wesentlichen Fortschritt hatte im ausgehenden 18. Jahrhundert der „Mesmerismus" gebracht; der mesmerische Schlaf mit dem Zurücktreten oder Schwinden des Tagesbewußtseins schuf günstige Versuchsbedingungen. Damit war in gewissem Umfang die Möglichkeit gegeben, die parapsychischen Erscheinungen näher zu untersuchen, wenn auch nicht mit Reihenexperimenten heutiger Größe.

Ein neuer Abschnitt begann um die Mitte des 19. Jahrhunderts. Ausgangspunkt war die seinerzeitige spiritistische Bewegung in den USA, als deren Begründer Andrew Jackson Davis gilt. Sein berühmtestes Buch, das in weiten Kreisen der USA mit großer Begeisterung aufgenommen wurde, erschien 1869 in deutscher Sprache unter dem Titel „Die Prinzipien der Natur, ihre göttlichen Offenbarungen und eine Stimme an die Menschheit". Das ganze Weltall bildet nach Davis eine Einheit, eine unaufhörlich sich bewegende Maschinerie, in der eine Entwicklung von niederen zu höheren Stufen stattfindet. Im ganzen Weltall hat der Grundsatz der Analogie allgemeine Geltung. Ausgehend von den zahlreichen Sonnensystemen kommt Davis auf das unsere zu sprechen und schildert die Entstehung der Erdrinde und die Entwicklung des organischen Lebens bis zum Menschen. Seine Anhänger behaupteten, Davis habe das Werk ohne jede Vorkenntnis geschrieben, er habe vielmehr alles auf hellseherischem Wege erschaut. Tatsächlich teilt er jedoch nichts mit, was nicht schon irgendwie vorher bekannt war.

Davis bekämpfte insbesondere die Lehre von der Erbsünde und den ewigen Höllenstrafen. Er meinte, es sei der Gottheit unwürdig, ihr den Plan anzudichten, daß der Mensch für alle Zeiten unglücklich gemacht werden solle. Diese sich zum Christentum in Widerspruch setzende Haltung hat dem Spiritismus in den USA noch lange seinen Stempel aufgeprägt. Im übrigen geht es bei Davis in der Geisterwelt ganz ähnlich zu wie auf Erden und ganz so, wie es sich der Durchschnittsbürger erträumt.

Nachdem Davis den Spuk von Stratford gesehen hatte, schrieb er in einem zweiten Buch seine Ansichten über den Spiritismus nieder und schuf damit die „Bibel des Spiritismus" (70). Seine wichtigsten in diesem Buch zusammengefaßten Ansichten sind die folgenden: Das Geisterklopfen führt er auf ausströmende Elektrizität zurück, gleiches behauptet er von den Leistungen guter Medien. In den Séancen sind die Geister nicht persönlich anwesend, sondern sie telegraphieren aus dem Jenseits zu uns herüber. Engel sind früher Menschen gewesen, die in stetem Fortschritt sich der Vollkommenheit nähern. Im Verkehr mit ihnen kommt es zu Mißverständnissen, die durch die Bindung der Geister an das Diesseits zustande kommen. Wegen dieser Unselbständigkeit werden sie leicht durch die Meinungen von Anwesenden in dem jeweiligen Sitzungskreis beeinflußt und stimmen fast allem bei, was der Frager bejaht haben möchte.

Auf Grund eigener Beobachtung bei einem Verschütteten schildert Davis die Auferstehung der Toten: Zuerst steigt eine formlose verfeinerte Art von Flüssigkeit aus dem Gehirn in die Atmosphäre auf, wo sie einige Zeit verweilt. Aus dieser formlosen Masse bildet sich zuerst der Kopf und dann der ganze Körper, ein Vorgang, der ungefähr drei Stunden dauert ...

Mit diesem Werk hat Davis den volkstümlichen Spiritismus bis in unsere Zeit hinein stark beeinflußt.

Etwa ein Jahr, nachdem Davis sein erstes Buch in Amerika veröffentlicht hatte, kam es zu einem spektakulären Spukfall, der eine wahre Lawine des Spiritismus ins Rollen brachte:

Es war Ende März 1848. Im Hause des Farmers John Fox in Hydesville im Staat New York wurden — besonders abends — Klopflaute und andere ungewohnte Geräusche vernommen. Die beiden damals 15 und 12 Jahre alten Töchter des Farmers Fox, Margaretta und Katie, hatten sich abends im Bett damit vergnügt, mit den Fingern zu schnippen und zu fordern, es solle ebensooft klopfen. Das passierte tatsächlich.

Die Nachbarn erfuhren sehr bald von den seltsamen Vorgängen, und ein gewisser Isaak Post erfand bei dieser Gelegenheit das Klopf-Abc. Es bestand darin, daß beim Aufsagen des Abc beim richtigen Buchstaben das Klopfen erfolgen sollte. Damit war eine Methode gefunden worden, mit der „Geisterwelt" in Verbindung treten zu können. Die beiden Mädchen spielten in der Folge eine bedeutende Rolle in der spiritistischen Bewegung und sind von so angesehenen Forschern wie Alexander N. Aksakow und William Crookes untersucht worden.

Klopflaute sind auch sonst vielfach bei Medien aufgetreten; sie sind offenbar echt, wenn auch ihre Natur ungeklärt ist.

1850 ereignete sich ein anderer, berühmt gewordener Spukfall in der Wohnung des Geistlichen Dr. Phelps in Stratford im Staat Connecticut. Diesmal flogen Gegenstände umher, und Möbel bewegten sich wie von Geisterhand hin- und hergeschoben. Davis hat diesen Fall zum Aufbau seiner Ansichten über das Geisterreich studiert und verwendet.

> Ein Parallelfall hierzu aus jüngster Zeit bildet der „Spuk von Rosenheim" in Oberbayern, wo um die Jahreswende 1967/68 außerordentlich merkwürdige Dinge in der Anwaltspraxis des Rechtsanwalts S. Adam passierten: Elektrische Sicherungen flogen ohne Grund heraus, Glühbirnen platzten, Leuchtröhren zersplitterten, Bilder und Kalender drehten sich an der Wand, Schubladen sprangen auf, schwere Möbelstücke bewegten sich selbst.
>
> In solchen und ähnlichen Fällen scheinen Jugendliche im Pubertätsalter indirekt beteiligt zu sein. Eine exakte wissenschaftliche Erklärung dieser Phänomene steht jedoch immer noch aus — ein Grund mehr, um immer wieder für die Einrichtung moderner Forschungszentren in der Bundesrepublik zu plädieren.

Auch in Gegenwart der Farmerstochter Katie Fox waren in den Sitzungen seltsame Dinge vorgekommen: Kleinere

Gegenstände hatten sich bewegt und eine Gitarre spielte, ohne daß sie jemand berührt hatte. Da damals die Ansicht vorherrschte, daß Elektrizität im Spiele sei, versuchte man andere Gegenstände damit zu laden. Man setzte sich um einen Tisch und legte die Hände darauf: Der Tisch bewegte sich, kippte und gab mit Hilfe des Klopf-Abc sinnvolle Antworten. Dieses Tischklopfen oder Tischrücken, das sich in derartigen Séancen leicht als ein Automatismus einstellt, verlieh der ganzen Bewegung die nötige Anregung und Verbreitung. Ein übriges taten die von Davis entwickelten religiösen Anschauungen.

Die spiritistische Bewegung jener Tage kann indessen nur dann voll verstanden werden, wenn man sie als eine Art Gegenbewegung gegen den Materialismus betrachtet. Darüber hinaus muß man die Strömung als den Versuch sehen, sich vom bloßen Dogma der Kirche loszulösen. Man wollte sich nicht mehr kritiklos den Glaubenssätzen unterwerfen, man suchte Beweise, mit denen ein Fortleben nach dem Tode sichergestellt werden konnte.

Die spiritistische Bewegung breitete sich schnell aus; schon 1855 gab es mehr als zwei Millionen Anhänger, die über ein Dutzend Zeitschriften verfügten. Wenige Jahre später war die Zahl der Anhänger bereits auf etwa elf Millionen angestiegen.

Was war nun der wissenschaftliche Ertrag der ersten Jahrzehnte? Bevor man zu exakten Ergebnissen kam, mußte erst ein Hindernis beiseite geräumt werden: Aus den Kreisen der rechtgläubigen Spiritisten waren keine wissenschaftlich verwertbaren Tatsachen zu erwarten, denn die religiöse Einstellung verhinderte jede ernsthafte Überwachung des Mediums bei den Sitzungen. In den Dunkelsitzungen war daher dem Betrug Tür und Tor geöffnet, und diese Möglichkeit wurde von gewissenlosen Geschäftemachern auch weidlich ausgenutzt. Ein weiteres Handikap bestand darin, daß viele Berichte unvollkommen waren, daß mögliche Fehler wie Hypermnesie,

abnorme Stärke des Gedächtnisses in Hypnose,

Kryptomnesie,

verborgene Gedächtniskräfte,

Spaltung der Persönlichkeit und andere psychische Zustände unbekannt waren oder nicht genügend beachtet wurden.

Einer der einflußreichsten spiritistischen Schriftsteller Amerikas war John Worth Edmonds (1799—1874), Richter am Obersten Gerichtshof. Er nahm an vielen Sitzungen teil und lernte Phänomene wie Klopflaute, materialisierte Hände und ähnliches kennen. Edmonds war ursprünglich Skeptiker; er machte Aufzeichnungen während der Sitzungen und arbeitete diese später aus wie Gerichtsfälle. Er war medial veranlagt und unterhielt sich mit den Geistern, zu denen er durch eine Art „inneres Hören" in Verbindung zu stehen schien. Aber er hatte auch visuelle Einblicke in die Geisterwelt. Seine Tochter Laura war gleichfalls medial begabt und wurde besonders berühmt durch ihr Sprechen in fremden Sprachen.

An heutigen Ansprüchen gemessen müssen die Berichte, die John Worth Edmonds und seine Tochter Laura gaben, als unzureichend bezeichnet werden. Die Bedingungen, unter denen die Versuche stattfanden, werden nicht eingehend und eindeutig genug geschildert, als daß man sich ein klares Bild machen könnte.

Über Selbsterlebtes, insbesondere über seine Versuche mit Katie Fox, berichtet Robert Dale Owen, ein Sohn des berühmten Sozialisten Robert Owen, in seinem viel beachteten Werk: „Das strittige Land zwischen dieser Welt und der nächsten", das 1876 in Leipzig in deutscher Sprache erschien. Owen schildert, daß neben starken Klopflauten, die das Haus förmlich erschütterten, auch umherschwebende Lichterscheinungen vorkamen, und zwar von der Größe einer Hand bis zu Kopfgröße. Bei den Versuchen herrschte meistens helles Gaslicht, bei dessen Schein auch die Elevation von schweren Tischen, ohne daß sie berührt wurden, beobachtet wurde.

Owen erlebte auch Vollmaterialisationen; äußerst interessant ist seine Bemerkung, daß die materialisierten Gestalten sehr schnell an Lebendigkeit verloren, sobald sie angestrahlt wurden. Ähnliches berichtet Owen auch über seine Versuche mit dem später berühmt gewordenen Daniel Douglas Home; auch hier kam es zu Bewegungen und Schwebezuständen von Tischen bei gutem Licht.

Während all diese Erscheinungen im Rahmen des Spiritismus gedeutet wurden, finden sich gleichzeitig auch bereits Bemühungen, ohne Geister auszukommen.

Wohl als erster versuchte Traverse Oldfield, mit bürgerlichem Namen G. W. Samson, alles Übernatürliche auf das „Nervenprinzip" zurückzuführen; dieses „Nervenprinzip" nahm eine Mittelstellung zwischen Geist und Materie ein und war angeblich eine Naturkraft, ähnlich wie die Gravitation oder die Elektrizität.

Ernster zu nehmen sind die Ansichten des Elektromediziners E. C. Rogers, der auf dem eben erst bekanntgewordenen „Od" Reichenbachs aufbaute und betonte, daß Botschaften, die im Widerspruch zum Willen und dem Charakter des Mediums stehen, deshalb keineswegs von Geistern herzurühren brauchen, da das Gehirn unabhängig, ja im Widerspruch zu dem bewußten Charakter des Mediums wirken könne.

Langsam wandte man sich nun in den USA von der Erklärung ab, es seien Geister, die alle diese Phänomene bewirkten; mehr und mehr war man bestrebt, an Stelle eines teils konfusen Geisterglaubens exakte wissenschaftliche Forschungsarbeit zu stellen.

Ähnlich war es in England.

Wie in den USA hatte der Mesmerismus dort während der ersten Jahrzehnte des Jahrhunderts im wissenschaftlichen Bereich nicht viel an Boden gewonnen. Mit wenigen Ausnahmen lehnten die Mediziner sowohl den Mesmerismus als auch den Hypnotismus und die Parapsychologie ab. Außerhalb der Ärzteschaft jedoch hatte sich der Mesmerismus ausgebreitet und wurden — so in der Zeitschrift „Zoist" — die mesmerischen Erscheinungen auf ein Fluid oder eine bestimmte Kraft zurückgeführt.

Das bemerkenswerteste Medium jener Zeit in England war die von Dr. med. Josef W. Haddock vielfach untersuchte „Emma", die in seinen Diensten stand. Sie vermochte es, „in die Ferne zu sehen" und sie beschrieb die Gegenden, durch die sie bei ihren „Seelenreisen" kam, in aller Ausführlichkeit. Später wurde sie zur Aufklärung von Diebstählen herangezogen, oder wenn Gegenstände verlorengegangen waren.

Der Beginn der spiritistischen Hochflut in England fällt etwa in das Jahr 1852, als das erste bedeutendere Medium aus den USA, Frau Hayden, nach England kam. Sie hat in den folgenden Jahren viel zur Verbreitung der spiritistischen Bewegung in England beigetragen.

1853 erreichte auch die vom europäischen Festland kommende Tischrückepidemie England. Viele Gelehrte beschäftigten sich nun plötzlich mit diesen angeblich von Geistern hervorgebrachten Vorgängen, vor allem der Physiker Michael Faraday (1791—1867). Er zeigte an Hand von Versuchen, daß nicht die Elektrizität erst den Tisch und dann die Hände in Bewegung setzt, sondern daß die Bewegung von den Händen ausgeht. Damit war nicht nur für Faraday, sondern auch für alle Naturforscher die Angelegenheit erledigt. Die psychologische Seite des Vorganges, daß man nämlich mit diesen automatischen Bewegungen das Unterbewußtsein und in manchen Fällen auch das übernormale Bewußtsein erschließen könne, wurde leider nicht gesehen. So hatte man von wissenschaftlicher Seite für das Tischrücken nur Hohn und Spott. Die anfängliche Begeisterung für diese Mode verlor sich denn auch bald; es wurde in England nicht die große Volksbewegung wie in den USA.

Das bekannteste englische Medium um das Jahr 1860 war Frau Marshall. Sie forderte die Besucher auf, ihre Taschentücher unter den Tisch zu legen. Dann nahm Frau Marshall eine Glasscheibe, strich darauf eine Mischung von Öl und weißer Farbe und hielt sie einige Stunden unter den Tisch. Beim Hervorziehen standen auf dem Glas die Worte: „Knoten auf Knoten." Dann wurden die Tücher hervorgezogen; sie waren sämtlich zusammengeknotet. Es ist dies die erste bekannte Nachricht von einer „Tafelschrift" in Europa.

1867 wurde „Die Dialektische Gesellschaft" gegründet mit dem Ziel, diejenigen parapsychischen Tatsachen zu untersuchen, mit denen sich die breitere Öffentlichkeit oder die Wissenschaft nicht befaßte. Das Hauptinteresse dieser Gesellschaft wandte sich der Telekinese zu, der Fernbewegung von Gegenständen.

Nach 40 Sitzungen kam der Ausschuß zu dem Ergebnis, „daß Bewegung erzeugt werden kann in festen Körpern ohne materielle Berührung durch eine bisher noch nicht erkannte Kraft, die innerhalb einer bestimmten Entfernung von dem menschlichen Körper aus wirkt und über den Bereich der Muskeltätigkeit hinausgeht". Diese Versuche kann man als einen wichtigen Beitrag zur Telekinese ansehen.

Das wohl bedeutendste und vielseitigste Medium der damaligen Zeit war Daniel Douglas Home. Geboren in Schottland, verbrachte er seine Jugend in den USA, lebte aber später vorwiegend in England. Er verkehrte in den besten Kreisen, wurde unter anderem an die Höfe von Paris und Petersburg gezogen, erfreute sich großen Ansehens und ist nie bei Betrügereien ertappt worden. Wissenschaftlich brauchbare Versuche mit Home hat insbesondere William Crookes ab 1870 mit ihm angestellt; er konnte Elevationen des Tisches beobachten.

Neben Home machte ein im Schuldienst tätiger Geistlicher namens Stainton Moses (1839—1892) viel von sich reden. Bei ihm beobachtete man Telekinesen und Leuchterscheinungen, auch Apporte kamen vor. Daneben erhielt er oft Botschaften anscheinend übernormaler Art: Beim „automatischen Schreiben" bekam er irgendwelche Nachrichten über Unglücks- oder Todesfälle.

Verglichen mit der Zeit des Mesmerismus in der ersten Hälfte des 19. Jahrhunderts sammelte sich in der zweiten Hälfte, zum Teil auf Grund von Experimenten, auf den verschiedensten Gebieten eine Fülle von Stoff an. Eine planmäßige wissenschaftliche Forschung setzte jedoch erst in den achtziger Jahren mit der Gründung der englischen „Society of Psychical Research" ein.

Diese 1882 gegründete „Gesellschaft für Seelenforschung" hat bis jetzt mehr als vierzig Bände mit paranormalen Berichten und Untersuchungen veröffentlicht. Ihr gehören Gelehrte von hohem Rang an, und unter ihren Gründungsmitgliedern sind so bekannte Persönlichkeiten wie der Professor der Psychologie Henry Sidgewick, Frederic William Henry Myers und William Crookes. Die Forschungsgebiete der Gesellschaft schließen Telepathie, Mesmerismus, Suggestionismus, Fluidismus und das weite und sehr umstrittene Feld der Erscheinungen Lebender, also die Erscheinung sterbender und gefährdeter Personen ein. Über derartige mysteriöse Vorkommnisse machte man sich bekanntlich seit Jahrtausenden Gedanken; nun begannen die Versuche naturwissenschaftlicher Nachprüfung. Als Ergebnis umfangreicher Nachforschungen erschien 1886 in London ein zweibändiges Werk unter dem Titel „Phantasms of the living", das von Gurney, Myers und Podmore verfaßt war und in deutscher Sprache auswahlweise unter dem Titel „Gespenster Lebender" 1897 in Leipzig herauskam.

In diesem Werk werden 700 Fälle geschildert. Es handelt sich um Berichte aus erster Hand und mit einer Bestätigung durch eine zweite Person. Besonderer Wert wurde jenen Fällen zugemessen, in denen schon vor Eintreffen der Nachricht der Empfänger sein Erlebnis mit Datum niedergeschrieben oder Dritten mitgeteilt hatte.

Spukfällen ist die „Society of Psychical Research" von Anfang an mit großer Sorgfalt nachgegangen. In einer sehr objektiven Arbeit unter dem Titel „Gespenster Toter" wird folgendes festgestellt:

1. Der Glaube, daß ausschließlich oder vorzugsweise alte Häuser Spukorte seien, ist falsch.
2. Auch der Glaube, der Spuk erscheine immer an einem bestimmten Jahrestag, ist falsch.
3. Das gleiche gilt von der Meinung, daß Verbrechen oder menschliche Tragödien beim Spukgeschehen eine Rolle spielen.
4. Es gibt keine intelligente, auf ein Objekt gerichtete Spuktätigkeit; die Spukerscheinung kann weder Schätze noch verlorengegangene Testamente entdecken.
5. Das Licht spielt keine Rolle. Erscheinungen kommen bei jeder Beleuchtung und zu allen Tageszeiten vor; mitunter sind die Erscheinungen selbstleuchtend.
6. Geräusche stehen in keinem notwendigen Zusammenhang mit visuellen Erscheinungen.
7. Die Art der Erscheinungen ist sehr verschieden. Manchmal sehen alle Anwesenden die Erscheinung, mitunter sieht sie nur ein Teil.

Wir haben es hier schon mit einer recht nüchternen Beurteilung zu tun, die sich auch mit den gängigen vier Theorien auseinandersetzt:

Theorie 1: Die Erscheinungen sind objektiv-real im Raum anwesend.
Theorie 2: Die Erscheinung ist nicht real, sondern beruht auf telepathischer Einwirkung auf den Geist. Dabei bleibt aber unklar, warum Erscheinungen oft an einen Ort gebunden sind.
Theorie 3: Die erste Erscheinung ist eine rein subjektive Halluzination, und die späteren bei derselben Person und auch den anderen nur Folge der ersten, indem die erste

Person die Erscheinung erwartet und deshalb auch sieht, während die anderen Personen sie durch Telepathie wahrnehmen.

Theorie 4: Irgendeine besondere Eigenschaft eines Gebäudes hat auf das Gehirn oder auf die Seele eine Wirkung, derzufolge Halluzinationen entstehen.

Ob eine dieser Theorien richtig ist und welche, ist nicht bekannt. Diese Frage soll erst die weiter fortschreitende wissenschaftliche Erforschung okkulter Phänomene erweisen.

Damit ist das Wichtigste über die wegweisende Tätigkeit der „Society of Psychical Research" berichtet. Sie hat zum ersten Male unter Hinzuziehung von Forschern der verschiedensten Fakultäten und mit verschiedener Versuchsanordnung die Telepathie und die „Erscheinungen Lebender" in größeren Versuchsreihen erforscht. Eine endgültige Klarheit auf diesem weiten und unwegsamen Gebiet ist vorerst jedoch immer noch nicht in Sicht.

Neuere Forschungen in Deutschland

Die ersten Nachrichten über die seltsamen Ereignisse im Hause des Farmers John Fox in Hydesville und über den Spukfall in Stratford erreichten Deutschland schon 1849, und im Februar 1853 folgte die erste Kunde aus London über Sitzungen mit Frau Hayden, mit genauer Beschreibung der Klopflaute und der Mitteilungen Verstorbener. Im März 1853 brachten aus Amerika zurückkehrende Reisende die ersten Nachrichten über das Tischrücken nach Bremen.

Bald wurde auch in Deutschland überall „tischgerückt", und es erschienen zahlreiche kleinere Veröffentlichungen darüber. So schnell sich die Tischrück-Epidemie ausgebreitet hatte, so rasch war sie indessen auch wieder abgeklungen. Im Deutschland in der Mitte des 19. Jahrhunderts war kein Platz für Derartiges. Der Bewegung wurde mit größtem Mißtrauen, ja mit Verachtung und Spott begegnet — und auch Männer, die nicht materialistisch eingestellt waren, brachen — ohne zu prüfen — den Stab darüber.

Es ist bedauerlich, daß sich nicht jüngere und vor allem unbeschwerte Wissenschaftler diesem Gebiet eingehend gewidmet haben. Niemand hatte genügend wissenschaftlichen Instinkt und hinreichend Voraussicht, um zu sehen, daß gerade auf diesem Gebiet gewaltige Probleme lagen.

Über die ersten 20 Jahre der Bewegung in Deutschland ist zu sagen, daß zwischen der Faradayschen Anschauung und der spiritistischen, die sowohl die Bewegungen als auch die Botschaften letzten Endes auf die Wirkungen von Geistern zurückführte, alle möglichen Ansichten vertreten waren.

Im Vordergrund stand die Annahme irgendeines „feinstofflichen", vom Körper ausgehenden Fluids oder eine Art Energie wie der des tierischen Magnetismus Mesmers, stand das „Od" Reichenbachs, stand die Elektrizität oder der „Nervengeist" Kerners. Man wußte noch wenig über Automatismen, über die Spaltung der Persönlichkeit — über die Rolle des Unterbewußtseins schlechthin, das nun langsam stärker in den Vordergrund rückte.

Carl Gustav Carus (1789—1869), bedeutender Mediziner und Naturforscher, hatte sich bereits in seiner Jugend mit dem Mesmerismus beschäftigt und war einer der ersten gewesen, der sich über die Bedeutung des Unbewußten klar ausgesprochen hat. Unter „magisch" versteht er ein Teilgebiet des Unbewußten.

Der Arzt Heinrich Bruno Schindler (1797—1859) stellte dem Tagleben das Nachtleben gegenüber, ging also vom Begriff der „Polarität" aus. Nach ihm hat jeder Pol Bewußtsein, Gedächtnis und Willen. Hat der magische Seelenpol das Übergewicht, so kommt es zu somnambulen Zuständen, wobei Hellsehen auftreten kann. Die Offenbarungen beim Tischrücken hält er nicht für Mitteilungen von Geistern, vielmehr für „Hinausspiegelungen" unbewußter Seeleninhalte.

Schindlers Hauptwerk „Magisches Geistesleben", erschienen in Breslau 1857, nimmt einerseits die Erscheinungen ernst, deutet sie andererseits aber nicht spiritistisch. Sein Buch bietet eine der besten Darstellungen aus diesen Jahrzehnten.

Friedrich Zöllner (1834—1882) hatte sich schon früh mit

Problemen der vierten Dimension befaßt und kam von diesem Forschungsgebiet zur Parapsychologie, bei der er sich eine Bestätigung seiner Thesen erhoffte. Zöllner, Professor für Astrophysik in Leipzig, benutzte wohl als erster den Begriff der vierten Dimension, um Materialisationsphänomene zu erklären. Sein Knoten- oder Stoffdurchdringungsversuch wurde weltberühmt. Er siegelte auf einer Tischplatte einen Faden fest, in dem sich nach Beendigung der Sitzung vier Knoten befanden. Professor Zöllner schloß daraus, daß das physikalische Gesetz von der Undurchdringlichkeit fester Materie im dreidimensionalen Raum nur bedingt gültig sein könne und daß es Intelligenzen eines vierdimensionalen Reiches geben müsse.

> Gleiche und ähnliche Phänomene hat auch das Berliner Medium Franziska Kuntze in den dreißiger Jahren unseres Jahrhunderts zustande gebracht.

Zöllners Versuche mit dem Medium Henry Slade waren mehrfach gegen Betrug abgesichert: Er erhielt echte Knoten in unendlichen Schnüren und in Lederstreifen, die Slade gar nicht in seine Hand bekam und die auch gar nicht etwa von Slade ausgetauscht worden sein konnten. Auf Grund dieser Versuche kam Zöllner zu dem Ergebnis, daß die Knotung in der vierten Dimension stattgefunden haben müsse. Die vierte Dimension — nicht erst seit Albert Einsteins Relativitätstheorie Lieblingskind der Physiker — muß heute als eine Realität anerkannt werden, und zwar als eine Welt, die neben der unseren existiert und sich von Zeit zu Zeit bemerkbar macht durch seltsame, uns nicht verständliche Phänomene. Mit Geistern hat sie freilich nichts zu tun. Professor Zöllner war sicher nicht der erste, der an so etwas wie eine vierte Dimension gedacht hatte, aber er hatte den Mut, diesen neuen Begriff zur Diskussion zu stellen.

Seine Versuche, die zu beweisen scheinen, daß eine vierte Dimension in unsere dritte hineinragt, wurden — wie sollte es anders sein — als Betrug und Taschenspielerei abqualifiziert; man erklärte Zöllner kurzerhand für geisteskrank, ohne einen haltbaren Beweis für diese Behauptung zu erbringen. Nichtsdestoweniger verdienen die Versuche Zöllners, die teilweise auch von andern Medien als Henry Slade durchgeführt wurden, noch heute große Beachtung.

Neben Zöllner war Lazar Freiherr von Hellenbach (1827 bis 1887) um das Jahr 1880 der bedeutendste und erfahrenste Forscher in Deutschland. Er war der erste Philosoph, der parapsychologische Erscheinungen zu einem Hauptpfeiler seiner Philosophie gemacht hat.

Im Gegensatz zum Naturalismus und zum Positivismus kennt Hellenbach neben dem Bewußtsein auch eine Seele, zu deren Beweis er die Parapsychologie heranzieht. Die Existenz des Menschen stellt die zeitliche Daseinsform einer Seele dar, die nicht nur das organisierende Prinzip, sondern mit einer an Gewißheit grenzenden Wahrscheinlichkeit selbst ein organisiertes Wesen ist, dessen vorübergehende Erscheinungsform der Mensch darstellt.

Hellenbach bekämpfte den landläufigen Spiritismus und er betonte in seinen Werken immer wieder die Unzulänglichkeit von Kundgebungen. Geburt und Tod bedeuten für ihn nur Wechselformen der Anschauung. Telepathie und Hellsehen führt er auf unsichtbar schwingende Kraftlinien zurück, die von einem Organ, das er „Metaorganismus" nennt, aufgenommen werden können.

Hellenbachs Philosophie ist als ein erster, geistreicher Versuch zu werten, parapsychologische Tatsachen nicht nur in der Philosophie zu verarbeiten, sondern sie überhaupt zur Grundlage derselben zu machen. Er hat dadurch in okkulten Kreisen viel Zustimmung gefunden.

Gustav Theodor Fechner (1801—1887), Physikprofessor, Philosoph, Psychologe und Begründer der Psychophysik, vertrat eine „Allbeseelung" und schrieb auch den Gestirnen, insbesondere der Erde, aber auch den Kristallen und Pflanzen eine Seele zu. Wie in einer Weltseele, sind bei ihm die endlichen Geister in Gott aufgehoben, und der Mensch lebt als Gedanke eines höheren Weltgeistes weiter, wobei es ein Stufenreich, eine Hierarchie der Geister gibt.

Immanuel Hermann Fichte (1796—1879), Professor in Tübingen, nimmt ein individuelles Seelenvermögen an, das er als „Phantasie" bezeichnet und der er ein dunkles Bewußtsein zuschreibt, das beim Wachstum, in Krankheiten als Naturheilkraft, bei den Insekten als Instinkt, außerdem in Traumbewußtsein, der unbewußten schöpferischen Tätigkeit des Genies und besonders in den somnambulen Zuständen als Hellsehen zutage tritt.

War es bei Fechner die „Allbeseelung", so prägte Fichte den Begriff des „Allsinns" für etwas, das nicht an das Gehirn gebunden sei. Wenn man bei Lebenden eine psychische Fernwirksamkeit für wahrscheinlich halte, so folgerte Fichte, müsse man das folgerichtig auch bei Toten tun. Der Verstorbene erscheint nach Fichte wirklich sichtbar; für das Hirnbewußtsein sind die Geistererscheinungen jedoch nicht wahrnehmbar. Es handelt sich bei ihm um ein Hellsehen jenseits aller Sinnesfunktionen; die Gesichte haben nicht die sinnliche Wirklichkeit, werden aber nicht zu bloß subjektiven Gebilden der Phantasie.

In den Jahren 1880 bis 1900 beherrschten der philosophische Materialismus und der Naturalismus weiterhin das Feld in Deutschland. Auch die Schulphilosophie war der Metaphysik gegenüber durchaus feindlich eingestellt. Am Anfang dieses Zeitabschnittes steht 1882 der Tod Professor Zöllners, steht andererseits aber das Auftreten Carl du Orels, der für die nächsten Jahrzehnte den größten Einfluß auf die Parapsychologie ausübte. In Deutschland wurde München durch du Prel der unbestrittene Mittelpunkt der Forschung. Viele Gelehrte von Rang und Namen scharten sich um ihn, bildeten die „Münchener Schule". Zu ihnen zählten Kiesewetter, Hübbe-Schleiden, Freiherr von Schrenck-Notzing, Deinhardt, Seiling, Bormann und Peter.

Carl Freiherr du Prel (1839—1899) hat sowohl auf die Parapsychologen seiner Zeit, als auch besonders auf die Laienkreise einen überaus starken Einfluß gehabt, der teilweise auch heute noch weiterwirkt. So hat er dem Ausdruck „Spiritismus" eine große Reichweite gegeben — er verstand darunter nicht nur den Spiritismus im engeren Sinne, sondern das ganze Gebiet, das damals von Kiesewetter mit dem Begriff „Okkultismus" bezeichnet wurde.

Du Prel hat in der „Sphinx", einer 1886 gegründeten Zeitschrift unter der Leitung von Hübbe-Schleiden, die Hauptpunkte seiner Weltanschauung zusammengefaßt: „Der Mensch tritt aus eigener Wahl in das irdische Leben ein, er ist sein eigenes Entwicklungserzeugnis. Die Welt hat eine metaphysische, das Leben eine moralische Bedeutung, die Leiden schlagen zum transzendentalen Vorteil aus. Auf diese Weise löst sich der Widerspruch, der zwischen unseren Wünschen und dem Leben besteht."

Du Prel hat die Erscheinungen des Somnambulismus und

der Parapsychologie zur Bildung einer idealistischen Weltanschauung benutzt, doch er hat — aus heutiger Sicht — zweifellos die Bedeutung des Somnambulismus überschätzt.

Eduard von Hartmann (1842—1906), ein bedeutender Philosoph seiner Zeit, hat sich kaum weniger mit parapsychologischen Problemen beschäftigt, obwohl er nie Versuche gesehen hat, sondern nur auf Grund theoretischer Studien urteilte. Er ging einfach davon aus, daß es alle diese Dinge gibt, und er dachte darüber nach, wie sie zu verstehen seien. Die Kraft, die parapsychische Erscheinungen hervorruft, nennt er „Nervenkraft", und er denkt sie sich polar wie die Elektrizität: sie geht vom Menschen aus; Teilnehmer an einer Séance entwickeln Nervenkraft, die vom Medium verwendet wird.

Die fernwirkende, direkte Schrift beruht nach Hartmann auf einem System von Zug- und Druckkräften, die vom Medium ausgehen und von ihm geleitet werden; ähnlich ist es seiner Meinung nach mit den Abdrücken und Abgüssen angeblich geisterhafter Erscheinungen.

Nach Hartmann sind viele Materialisationen vom Medium erzeugte Halluzinationen; die Vorstellungsinhalte der Kundgebungen stammen ihm zufolge zum Teil aus dem Bewußtsein des Mediums, sind also „Hinausspiegelungen" des eigenen Selbst und haben mit Kundgaben Jenseitiger absolut nichts zu tun.

Alexander Aksakow (1832—1903) war über das Studium Swedenborgscher Schriften zum Okkultismus gekommen; er hatte sein Tätigkeitsfeld hauptsächlich nach Deutschland verlegt, weil ihm die russische Zensur ein tieferdringendes Arbeiten auf okkultem Gebiet unmöglich machte. In seinen wesentlichen Werken „Animismus und Spiritis-

mus" (Leipzig 1890) und „Vorläufer des Spiritismus"
(Leipzig 1895) hat Aksakow außerordentlich reiches Tat-
sachenmaterial zusammengetragen. Seine Schwäche besteht, aus heutiger Sicht gesehen darin, daß er die Selb-
ständigkeit des Unterbewußtseins unterschätzte; er wollte
nicht zugeben, daß dieses Unterbewußtsein mit dem Bewußtsein in völligem Gegensatz stehen kann. Inzwischen
wissen wir, daß etwa ein Fünftel aller menschlichen
Handlungen aus dem Unterbewußtsein resultieren.

In Karl Kiesewetters 1891 in Leipzig erschienenem
Hauptwerk „Geschichte des neueren Okkultismus" wird
viel neues und wertvolles Material veröffentlicht. Sein
Standpunkt ähnelt dem von Du Prel. Kiesewetter stellte
jedoch ein neues Denkmodell zur Diskussion, demzufolge
intelligente Wesen, vielleicht supraintelligente Wesen —
eventuell aus dem Bereich der vierten Dimension — denkbar seien, die, mit mehr Geist und Kräften ausgestattet als
die Menschen, Einfluß auf unser aller Leben nehmen und
uns nach einem bestimmten Schema „programmieren". In
einer Zeit, in der die Menschheit nicht mehr mit sich selber
fertig wird, in der sie das Heil „von oben" erwartet,
jedoch nicht von einem neuen Messias, sondern von
UFO's, besetzt mit eben jenen supraintelligenten Wesen,
kommt Kiesewetters Ansichten besondere Aktualität zu.
Allem Anschein nach gibt es hier eine sehr deutliche Verbindung zwischen dem Okkultismus alter Prägung und
den Ansichten der neuesten Zeit.

Das erste Drittel des 20. Jahrhunderts ging dagegen wieder — was die Forschung betraf — wesentlich ruhiger
dahin. Exakte experimentelle Arbeiten gab es im
Deutschland der damaligen Jahre so gut wie gar nicht. Die
Zeitschriften lebten nur noch von theoretischen Arbeiten

und Berichten aus dem Ausland, vor allem aus den USA und England.

1914 veröffentlichte Dr. med. Freiherr Albert von Schrenck-Notzing, der Verfasser vieler klassisch gewordener Werke über parapsychologische Erscheinungen, sein Buch „Materialisationsphänomene", das großes Aufsehen erregte. Doch die Kriegsereignisse überschatteten den Erfolg.

Nach Ende des ersten Weltkrieges setzte eine okkultistische Welle mit einer Anzahl experimenteller Arbeiten ein; das Interesse an der Parapsychologie lebte in ungeahntem Maße auf, und die Forschung kam in Schwung.

Zur Erklärung dieses unerwarteten Auflebens ist oft gesagt und geschrieben worden, daß der Krieg mit seinen Leiden und Schrecken es gewesen sei, der sehr viele Menschen veranlaßte, aus dem Trott des Alltags auszuscheren und stärker als bisher über Fragen des Lebens und des Todes nachzudenken. Diese Begründung scheint einleuchtend. Wenn man aber die Lage nach dem zweiten Weltkrieg zum Vergleich heranzieht, wird man feststellen, daß keine mit jener Zeit vergleichbare Belebung parapsychologischer Fragen stattgefunden hat — immerhin war doch der zweite Weltkrieg in seinen Ausmaßen, in seinen Leiden und Schrecknissen wesentlich fürchterlicher als der erste.

Mittelpunkt der Forschung nach dem ersten Weltkrieg waren zweifellos München und Berlin. Die „Münchener Schule" wurde bereits genannt, in Berlin war es vor allem die „Berliner ärztliche Gesellschaft für Parapsychologie", die viel von sich reden machte. Weithin bekannte Medien wie Valiantine, Guzik, Zugun und Reimann wurden zu ihren Sitzungen eingeladen.

Professor Alfred Lehmann, ein Däne von Geburt, jedoch

mit engen Beziehungen zu Deutschland, übte in dieser Zeit wohl den stärksten Einfluß aus. In seinem Werk „Aberglaube und Zauberei", das in Kopenhagen 1893, auf Deutsch 1898 in Stuttgart erschien, beschäftigt er sich mit Aberglauben und Magie von den Chaldäern bis zur Neuzeit und berichtet über den modernen Okkultismus seit Swedenborg. Lehmanns besonderes Verdienst ist, daß er die Fehler des menschlichen Beobachtungsvermögens und die Einflüsse der Suggestion klar erkannt und herausgestellt hat.

Dr. Max Dessoir (1867—1947) behandelte die Parapsychologie als einen Teil der „Geheimwissenschaften", wodurch er das Gesamtgebiet entwertet; er nennt die Telepathie aber eine „brauchbare Arbeitshypothese". Er war sicher einer der ersten, der dem Hellsehen im Dienste der Kriminalistik gewisse Verdienste zubilligte. Leider klammerte sich seine Kritik häufig an qualitativ tatsächlich dubiose Versuche und bemängelte er Fehler, die zwar in Privatsitzungen Unerfahrener eine Rolle spielen, aber bei vorsichtigen Untersuchungen erfahrener Forscher nur selten vorkommen.

Professor Dr. Hans Driesch (1867—1941) war Philosoph, Zoologe, Biologe und Theosoph und beschäftigte sich schon früh mit der Parapsychologie. Von ihm stammt das Wort: „Wir sagen es ganz offen: die Parapsychologie ist unsere Hoffnung in Sachen der Biologie, ebenso wie die Paraphysik unsere Hoffnung in Sachen der Psychologie ist. Beide aber sind unsere Hoffnung in Sachen einer wohlfundierten Metaphysik und Weltanschauung."

In seiner Schrift „Der Vitalismus als Geschichte und als Lehre" hat sich Driesch mit der Telepathie beschäftigt. Er trat ganz entschieden für die Telepathie ein, nachdem er zu Beginn der 20er Jahre bei Schrenck-Notzing telepathische Sitzungen erlebt und auch telepathische Experimente mitgemacht hatte. Was parapsychische Erscheinungen betrifft, die er übrigens gar nicht für sonderlich rätselhaft hält, so meint er, ihr Hauptkennzeichen sei die Tatsache, daß die Seele auf Materie einwirken könne. Wenn wir an die Psychosomatik denken, derzufolge Seele und Körper eine untrennbare Einheit sind, in der das eine auf das andere wirkt, so ist dieser Standpunkt nach wie vor vertretbar.

Driesch geht auf viele Probleme ein, die mit dem Unterbewußtsein zu tun haben, insbesondere auch auf den Spiritismus und die Unsterblichkeit, also auf Probleme, die seit einigen Jahrzehnten aus den Fachzeitschriften und den psychologischen Werken verschwunden waren. Driesch war der bedeutendste Metaphysiker der vergangenen Jahrzehnte, er hatte weltweites Ansehen und er hat starken Einfluß auf die jüngere Generation ausgeübt; als Parapsychologe hat er jedoch in keiner Weise schulbildend gewirkt.

Die katholischen Gelehrten der letzten Jahrzehnte in Deutschland, die sonst durchaus nicht alle einer Meinung sind, treffen sich in einem Punkt, nämlich in der strikten Ablehnung spiritistischer Sitzungen. Als Nekromantie sind dergleichen Veranstaltungen von der Kirche noch heute verboten. Am schärfsten kommt diese Haltung wohl in W. Schneiders 1913 in Paderborn erschienenem Buch „Der neuere Geisterglaube" zum Ausdruck: „Wir erblicken im Spiritismus die Spur einer gefährlichen, mit dem verkehrten Zeitgeist aufs innigste vertrauten Intelligenz, einen in seiner Art großartigen Erfolg teuflischer Versuchung im großen Stil."

Hier stoßen wir also wieder einmal auf den Teufel, den man eigentlich überwunden glaubte. Ein Rückfall in mittelalterliches Denken?

In unseren Tagen scheint der Gedankenbogen in ganz andere Bezirke gespannt. Im Jahre 1964 veröffentlichte der argentinische Atomphysiker José Fernandez ein wissenschaftliches Werk, das in den USA und in der UdSSR gleichermaßen größtes Interesse fand und einiges Aufsehen erregte. Das Buch trägt den Titel „Jenseits der vierten Dimension". Es versucht, in kühnen, völlig neuen und überraschenden Gedankengängen die Manifestierungen der Parapsychologie vom Standpunkt der Physik her zu erklären.

Der Autor bezeichnet die Psyche als ein Zentrum natürlicher Energie, sich unterscheidend von allen bekannten physischen Energien, und spricht gleichzeitig von der Existenz „mentaler Kraftfelder"; diese mentale Energie oder „psychische Energie" übt ihre Funktion durch ein den Gravitations- und elektromagnetischen Feldern überlagertes Kraftzentrum aus, das man als „kosmische Psyche" bezeichnen kann.

Der Mensch, ein Gebilde aus Fleisch und Blut, begabt mit Geist und Bewußtsein, fügt sich niemals klaglos ein in die Symphonie aus Raum, Zeit und Kausalität, weil sein Bewußtsein sich bis außerhalb des „physischen Kontinents" erstrecken kann.

Jedem menschlichen Leben eignet ein besonderes psychisches Leben, das völlig unabhängig ist vom leiblichen Dasein und etwa parallel dem biophysischen Lebensbogen — von der Geburt bis zum Tode — verläuft. Es handelt sich hierbei um eine Energiequelle außerphysischer Natur, der man symbolhaft den Namen „geistige Dimension" geben kann. Fernandez vertritt die Überzeugung, daß „die energetische, natürliche Form, welche unsere Psyche darstellt, nicht mit der Zerstörung unseres leiblichen Körpers verschwindet oder endet — genausowenig wie die elektromagnetischen Wellen verschwinden, wenn Radio oder Fernsehen ausgeschaltet werden ..."

Eine neue Theorie des Überlebens, des Weiterlebens nach dem körperlichen Tod?

Die uralte Sehnsucht des Menschen, ja das schmerzhafte Begehren, nach dem leiblichen Tode in irgendeiner Form zu überleben, weiterzuleben, hat zu allen Zeiten die klügsten Köpfe veranlaßt, immer neue und immer kühnere Denkmodelle zu entwerfen, und die heute so phantastisch anmutende Anschauung, daß es möglich sein müsse, eine Kopie, vielleicht sogar mehrere Kopien eines Menschen herzustellen, die weiterleben, wenn das Original längst tot ist, bleibt sicher noch nicht der Weisheit letzter Schluß.

So gesehen sind Spiritismus und Okkultismus letzten Endes nichts anderes als verzweifelte Versuche der Menschen, eine Bestätigung darüber zu erhalten, daß es eine jenseitige Welt gibt, in der wir weiterleben. Und wenn es dabei überhaupt eine definitive Maxime gibt, so läßt sie sich auch aus heutiger Sicht wohl am ehesten einkleiden in den Satz Hölderlins: „Ein Bettler ist der Mensch, wenn er nachdenkt ..."

So gesehen hat auch die deutsche Forschung in den wesentlichen Fragen des Okkultismus wenig Wegweisendes beigetragen. Was ist eigentlich Telepathie, was sind Hellgesichte, was Apporte, was Bilokation?

All dies harrt noch immer einer Deutung und Entschlüsselung.

Vielleicht wird uns die Raumfahrt, werden uns Exkursio-

nen in weite Fernen weiter bringen, in denen Vergangenheit, Gegenwart und Zukunft auf einen Punkt zusammen-
fallen. Hier jedenfalls offenbaren sich Probleme, die zur
Zeit auf Erden nicht lösbar sind. Die „Zeitverschiebung",
die bei längeren Raumfahrten auftritt, mag uns immerhin
ein Bild der Relativität von Leben und Sterben, von
Geistererscheinungen, Spuk, an zwei Orten zugleich zu
sein und von Seelenwanderungen geben.

Die Rosenkreuzer

Die Geschichte des Okkultismus ist nicht denkbar ohne die Geschichte der Rosenkreuzer.

Schon die Elemente des Namens klingen geheimnisvoll: Rosenkreuzer, Rosenkreuz, Die Rose vom Kreuz ... Aber welche geheimnisvolle Macht verbarg sich erst hinter der Tätigkeit dieses weltumspannenden Ordens?

Der legendäre Begründer der Idee vom Rosenkreuz, zugleich der Gründer des Rosenkreuz-Ordens, Christian Rosenkreutz, soll von 1378 bis 1484 gelebt haben. Seine persönliche Existenz ist zuweilen in Zweifel gezogen worden, und auch heute noch steht nicht mit vollkommener Sicherheit fest, ob er tatsächlich gelebt hat, zumal sein Familienname nirgendwo vorkommt. Auch die angegebenen Lebensdaten scheinen unsicher; in der „Fama", der Grundschrift der Rosenkreuzer, ist sein Geburtsjahr mit 1378 und sein Sterbealter mit 106 Jahren angegeben.

Vieles scheint dafür zu sprechen, daß es sich um eine sogenannte Mystifikation handelt. So schreibt Rijkenborgh: „Dieser Name weist nicht so sehr auf ein Wesen, das besteht oder bestanden hat, als auf einen Seinszustand, der in jedem Menschen zur Entwicklung kommen muß" (71). Ob Vater Christian Rosenkreutz, wie er heute noch ehrfürchtig genannt wird, tatsächlich auf Erden wandelte oder nicht, sei also dahingestellt. Tatsache bleibt, daß sein leibliches oder geistiges Wesen nicht nur auf den von ihm gegründeten Orden vom Rosenkreuz einen außerordentlichen Einfluß ausübte, sondern darüber hinaus auf die gesamte Menschheit. Es ist nicht übertrieben, wenn hier in aller Form die Behauptung aufgestellt wird, daß sein Wirken — so oder so — den Taten Jesu Christi zur Seite gestellt werden kann.

Sind schon sein Geburts- und Sterbedatum umstritten, so gilt dies um so mehr von seinem legendenhaften Leben und seinem geistigen Wirken. Nur wenige wissen, daß Vater Christian Rosenkreutz in einem überaus bewundernswürdigen Mausoleum beigesetzt wurde, auf dessen Eingangstüre die lateinischen Worte standen:

POST CXX ANNOS PATEBO

Das heißt zu Deutsch: „In 120 Jahren werde ich zutage treten." In der vorerwähnten rosenkreuzerischen Grundschrift „Fama Fraternitatis", erschienen in Kassel 1614, wird berichtet, wie man 1604 die Grabstätte des Ordensgründers gefunden hat. Mit dieser Entdeckung des „Gewölbes" und dem alsbald publizierten rosenkreuzerischen „ballon d'essai" hätte die Inschrift ihre Erfüllung gefunden. Denn der Leib von Christian Rosenkreutz — so heißt es — soll wie zu Lebzeiten unversehrt und ohne jede Verwesung aufgefunden worden sein.

Dies wäre freilich nicht der einzige Fall von Unverweslichkeit: auch aus neuerer Zeit liegen derartige Berichte vor. So schrieb die „Westerwälder Post" in der Silvesterausgabe des Jahres 1960 unter der Überschrift „Das achte Weltwunder" folgendes: „Der auf rätselhafte Weise erhalten gebliebene Leichnam des 1703 gestorbenen Ritters Friedrich von Kahlbutz hat in diesem Jahr rund 10 000 Besucher aus Mitteldeutschland und aus dem Bundesgebiet in die Gemeinde Kampehl bei Neustadt an der Dosse (Sowjetzone) gelockt. Er ist dort in der mittelalterlichen Wehrkirche zu besichtigen. Um die Auflösung des biologischen Rätsels, das von den Einwohnern der Gemeinde Kampehl als ‚achtes Weltwunder‘ bezeichnet wird, hatten sich in den vergangenen Jahrzehnten namhafte Wissenschaftler wie Rudolf Virchow, Ferdinand Sauerbruch und der Gerichtsmediziner Professor Strauch vergeblich bemüht. Sie konnten lediglich feststellen, daß der Leichnam von Kahlbutz weder einbalsamiert noch auf irgendeine andere Weise präpariert worden war. Auch heute wird immer wieder versucht, das Rätsel zu klären.“ Von einem anderen Fall berichtete der „Mainzer Anzeiger“ am 17. Juni 1936 über „Die ewige Jugend der Annja Czernowitsch“, die in Uralsk am Uralfluß lebte, mit 50 Jahren wie 18 aussah und deren Leiche der Verwesung bis heute noch trotzt.

„Die Erweckung einer lebenden Mumie in einer kunstvollen Gebirgskatakombe“ hat auch der weithin bekannte Londoner Nervenarzt und Direktor einer der berühmtesten Nervenheilanstalten Englands, Dr. med. Alexander Cannon, erlebt, der über seine Begegnung mit einem tibetanischen „Unsterblichen“ im Kloster eines berühmten Yoga-Meisters folgendes berichtet:

„Der Großlama saß auf seinem Thron. Es trat eine Schar singender Mönche ein mit mächtigen Pechfackeln. Nachdem sie sich in einem Kreis niedergesetzt hatten — der Raum war kreisrund — fuhren sie fort zu singen. Der Großlama betete. Während des Gebetes traten acht Männer ein, die einen schweren Steinsarg trugen. Die Deckelplatte des Sarges wurde abgehoben und darunter sahen wir jemanden liegen, der tot zu sein schien.

Ich erhielt die Erlaubnis, den Körper zu untersuchen. Es war kein Puls zu fühlen, kein Herzschlag zu hören. Der Körper war kalt wie Stein, und die Augen waren wie bei einem Menschen, der schon über vierundzwanzig Stunden tot ist. Ich stellte mit Hilfe eines Spiegels, der sich nicht beschlug, fest, daß keinerlei Atem vorhanden war. Der Körper lag leblos — wie im Grabe. Dann sprach der Großlama in einer geheimnisvoll klingenden Sprache und starrte dem Leichnam in die geöffneten Augen. Derselbe richtete sich allmählich in seiner Gruft empor. Unterstützt von zwei Mönchen schritt er auf den Oberlama zu, verneigte sich und kehrte in seinen Sarg zurück, ohne für eine Sekunde seine Augen von dem Größten aller Weisen zu lassen. Wenige Minuten später lag der Körper wieder leblos da ...

Ich zweifelte, ob dieser Mensch wirklich tot war oder nur in einem Traum-Zustand dalag. Der Großlama, der meine Gedanken erriet, erklärte, daß der Mann tatsächlich sieben Jahre lang ‚tot‘ gewesen sei und daß er für weitere sieben Jahre nicht wieder erweckt würde. Er sei bereits einige hundert Jahre alt und könne ewig leben, sofern man diesen Zustand als Leben bezeichnen kann" (72).

Zurück zu Vater Rosenkreutz. Auch sein Leib soll wie zu seinen Lebzeiten unversehrt und ohne jegliche Verwesung aufgefunden worden sein. Drängt sich da nicht der Gedanke auf, daß dieser schöne und ruhmwürdige Leib des Impulsors von seinen Successoren zweiten und dritten Grades, so wie er geschildert wird, in vollem Ornat aus dem Gestern von 1484 in das Damals von 1604 versetzt worden sei, ähnlich wie der von Cannon beobachtete Tibetermönch? Das wäre die Vollendung der Verheißung: „Patebo."

Wie dem auch sei, das Rosenkreuz — das Symbol der Rosenkreuzer — ist ein Kreuz mit einer oder mit mehreren Rosen. Abgesehen von der unmittelbaren Beziehung zu Christian Rosenkreutz gibt es darüber hinaus aber noch eine Vielzahl anderer Deutungen des Wortes Rosenkreuz. Am einfachsten wird das Kreuz für die materielle Welt und die Rose für das göttliche Leben Christi gesetzt, welches aus dem Zentrum des Kreuzes der weltlichen Sorgen entsteigt.

Andere deuten sprachlich: „Ros" ist der Tau und „Crux" ist das Kreuz, wobei crux symbolisch für Lux, das Licht, stehen soll; Tau ist dabei das begehrte „Lösungsmittel der Alchimisten".

Nach Rudolf Steiner, dem Begründer der Anthroposophie, ist das Rosenkreuz nur ein Meditationssymbol: Ein schwarzes Kreuz als „Symbol der niederen Triebe und Leidenschaften" mit 7 roten Rosen als „Symbol der geläuterten Triebe und Leidenschaften".

Die übliche Abkürzung für Rosenkreuz ist R + C. Außerhalb Deutschlands heißt das Rosenkreuz fast in allen Sprachen Rose-Croix.

Als Rosenkreuzer bezeichnen sich nicht nur die Anhänger der auf Christian Rosenkreutz zurückgeführten Ideen, sondern auch solche Gruppen, die weder mit dem Rosenkreuz noch mit Christian Rosenkreutz in irgendeiner Beziehung stehen. So bezeichnen sich als Rosenkreuzer die Mitglieder der „Goldenen Dämmerung", der „SRIA", der „Pansophia", des „AMORC", von Aleister Crowley, Max Heindel, Rudolf Steiner und noch einige mehr.

Nach Max Heindel ist die Lehre der Rosenkreuzer „eine Synthesis von Religion, Wissenschaft und Philosophie, also eine Theosophie im engen Zusammenhang mit den Mysterien und den Wahrheiten des Lebens von den frühesten Zeiten bis zur Gegenwart".

Franz Hartmann schreibt: „Der Name Rosenkreuzer bezieht sich auf die mystische Bedeutung von Rose und Kreuz. Das Kreuz ist das Zeichen des Leidens, aber auch der Freiheit und Erlösung; die Rose ist das Symbol der Herrlichkeit, der Liebe, der aufgegangenen Selbsterkenntnis, der geistigen Wiedergeburt, ohne die es kein selbstbewußtes unsterbliches Dasein gibt. Ein Rosenkreuzer im wahren Sinn des Wortes ist ein Adept, ein Wiedergeborener oder Erleuchteter, ein ‚Buddhist' im Sinne des buddhi, des Lichtes der göttlichen Wahrheit. Ein solcher Rosenkreuzer kann durch keinerlei äußerlichen Hokuspokus gemacht werden. Wenn man durch das Anhängen eines Ordens einen Rosenkreuzer schaffen könnte, so könnte man dadurch auch Hunde und Katzen in Rosenkreuzer verwandeln. Es ist also eine Würde, die auf keine andere Weise erlangt werden kann, als durch den mystischen Tod."

Die „Auch"-Rosenkreuzer, also die Nachahmer, die lediglich den Namen Rosenkreuzer führen, ohne es wirklich zu sein, sollte man besser Rosenkreuzerianer nennen; Hartmann nennt sie Talmi-Rosenkreuzer. Jede heutige sogenannte Rosenkreuzer-Gesellschaft hält sich jedoch für die allein „echte" oder sogar „einzige". Die Behauptung des AMORC, daß es in Europa ein „geheimes" Kloster der Rosenkreuzer gebe, ist dem Buch „Ein Abenteuer unter Rosenkreuzern" von Franz Hartmann entnommen; bei dem es sich jedoch um eine Utopie handelt, mit der Hartmann nur den auf diesem Gebiet herrschenden Unfug vor Augen führen wollte.

Bevor wir Wesen und Wirken der Rosenkreuzer schildern,

sei noch die Meinung eines Kenners, nämlich Hargrave Jennings, zitiert. „Der Verfasser begann seine Untersuchungen im Jahre 1850, im Geiste größten Unglaubens, solchermaßen eingestimmt durch die Vorurteile und Meinungen der Welt. Vieles von dieser eingewachsenen Voreingenommenheit muß der Weise auf seinem Wege durch das Leben umlernen. Nebel, Vorurteile und Voreingenommenheit schwanden aus dem Geiste des Autors, je weiter er kam.

Nach dem sehr beträchtlichen Zeitraum eines Studiums der Rosenkreuzer von 36 Jahren Dauer schließt der Verfasser sein Werk, — *er tut so,* als schlösse er. Mag der redliche Leser selbst urteilen, mit welchen Gedanken der Verfasser der ‚Rosenkeuzer' schließt: Wie könnte jemand eine Untersuchung über die majestätischen Brüder des Rosenkreuzes je abschließen?“ (73).

In ihrer Grundschrift „Fama Fraternitas“ von 1614 sprechen sich die Rosenkreuzer folgende Fähigkeiten zu:

> sich zu verjüngen,
> Krankheiten von sich fernzuhalten;
> sogenannte „unheilbare“ Krankheiten bei anderen
> zu heilen;
> Erzeugung von kaltem, sonnengleichem Licht;
> Gebrauch von Zauberspiegeln, -glocken,
> -ampeln und -gesängen;
> zauberkundiger Gebrauch eines Buches
> (genannt „Rotae Mundi“), aus dem
> alles zu ersehen ist;
> Gold zu machen als ein Geringes und nur
> ein „Paragon“;
> „noch wol andere etlich tausend besser stücklein“.

In ihrer Grundschrift „Confessio" von 1615 sprechen sie sich weitere Fähigkeiten zu:

Hellsehen und Hellhören;
Telepathie.

Sie müssen Meister in der Beherrschung des Universums gewesen sein. Zum Beispiel soll jeder echte Rosenkreuzer ein kleines Instrument, Cosmolothrentas geheißen, bei sich getragen haben, das jedes Gebäude zerstören konnte. Dieser „Atomisierungsapparat im Westentaschenformat" soll 1596 anläßlich der Belagerung von Hulst in Flandern in Aktion getreten sein; als Zeugen gelten vier namentlich angeführte spanische Hauptleute.

Das Ganze liegt zwar lange zurück, ist dennoch aber nicht unglaubhaft. Denn es gibt auch aus neuerer Zeit beglaubigte Zeugnisse von furchtbaren Geheimnissen und Wunderwaffen. So führte ein Alchimist namens Dupré aus der Dauphiné auf dem Kanal von Versailles und im Hofe des Arsenals zu Paris dem König Ludwig XV. und seinen Militärs ein so furchtbar zerstörendes Kunstfeuer vor, daß es für die damalige Zeit in seiner moralischen Wirkung der heutigen Atombombe gleichkam. Als man sich versichert hatte, daß ein einziger Mann mit dieser „Teufelskunst" eine ganze Stadt oder auch eine ganze Flotte verbrennen konnte, weil Wasser dem Kunstfeuer nur immer neue Nahrung gab, erkaufte der König des Erfinders Stillschweigen mit Riesensummen, da er die Menschheit nicht diesen Leiden aussetzen wollte.

Noch später, nämlich 1893, hat W. Keely in Philadelphia einen Granitblock und sogar einen ganzen Ochsen durch seinen Ätherschallwellenapparat in einem einzigen Augenblick in einen unbedeutenden Rest von Staub verwandelt. Der Keelymotor für Atomsprengungen war auf dem Prinzip der Sprengung durch Schallwellen aufgebaut.

Solche Apparaturen sind auch in Indien bekannt. Ihr Aussehen und die Versuche mit ihnen beschreibt van der Naillen in seinem Buch „On the Hights of Himalaya". Van der Naillen war 1914 Vorstand eines Instituts für Elektrotechnik, Chemie und Bergbau in San Franzisko; er war von Geburt Belgier und hat von Keely nichts gewußt.

Handelt es sich hier um uraltes Wissen der Rosenkreuzer? Ein weiteres Instrument, die Astronikita, das die Sterne trotz dichter Bewölkung sehen läßt, leitet zu den auch zu friedlichen Zwecken gebräuchlichen Erfindungen unserer Tage, wie etwa zur Infrarotfotographie, über.

Florentinus de Valentia schreibt in seiner 1617 erschienenen „Rosa florescens" den Rosenkreuzern die Brennspiegel des Archimedes, die Automaten von Archytas von Tarent, des Roger Bacon und des Albertus Magnus, das „Perpetuum mobile", das „Ewige Feuer", das wahrsagende Rad des Pythagoras und die „Quadratur des Kreises" zu.

Die vielfältigen Berichte über die zahllosen Geheimkünste der Rosenkreuzer sind überaus erstaunlich, und es gibt Eingeweihte, die davon überzeugt sind, daß noch heute echte Rosenkreuzer unter uns weilen, und daß man ihnen an modernen technischen Möglichkeiten Ungewöhnliches zutrauen darf.

Von einem Teil dieser zahllosen Geheimkünste der Rosenkreuzer, jener geheimen naturforschenden „Societas Germaniae", jener „Abkömmlinge thebanischer Kollegien, die in moderner Kleidung um die Erde globetrotten mit weltbürgerlichem Gehaben, und die sich seit dem XVII. Jahrhundert als Rosenkreuzer bezeichneten" (74), wollen wir versuchen, soweit als möglich und zuträglich den Schleier abzuziehen.

Es ist keineswegs so, daß sich die Rosenkreuzer nur den absonderlichsten Studien hingaben. Das Gegenteil ist der Fall. Sie standen mit beiden Beinen auf der Erde, betätigten sich als Soziologen und wahre Menschenfreunde und prägten mehr und weniger jedem Wissensgebiet ihren Stempel auf.

Im Hinblick auf die von ihnen klar vorauserkannte Überbevölkerung der Erde richteten die Rosenkreuzer ihr Augenmerk schon frühzeitig auf den Sektor der Ernährung. Johannes Staricius, ein Zeitgenosse von Jakob Böhme, gab bereits 250 Jahre vor Justus von Liebig in seinem „Ägyptischen Heldenschatz" einen Fleischextrakt bekannt. Ein durchreisender „Naturkundiger" bot dem ersten Kurfürsten von Hannover, Ernst August, ein unfehlbares Mittel an, Knochen zu erweichen und dann wie Fleisch zu braten. Er nahm damit die Volkssuppe des Sir Benjamin Thompson Rumfords vorweg, der unter anderem in Bayern die Kartoffel einführte. Gottfried Wilhelm Friedrich von Leibniz verhinderte jedoch die Ausführung des Projektes, indem er es in der Öffentlichkeit lächerlich und damit unmöglich machte.

Ein anderer Bruder vom Rosenkreuz kam der Lehre von Ilja Metschnikow zuvor, derzufolge der Tod im Darm sitzt; er kombinierte eine Teemischung, die seinem Namen noch heute Ehre macht: Der Graf von Saint-Germain mit seinem purgierenden Saint-Germain-Tee.

Klimakos der Jüngere, der Herausgeber des 1779 in Berlin erschienenen „ABC derer echten Weysen vom Stein der Weysen", richtete sein Augenmerk besonders auf neuartige Düngemittel und griff damit zumindest teilweise den Anregungen Rudolf Steiners für eine „biodynamische Düngung" vor.

Vor rund 80 Jahren schließlich schrieb Joseph Alexandre Marquis Saint-Yves d'Alveydre eine Broschüre über die Verwendung der Meeresalgen, ein recht ungewöhnlicher Gedanke, wenn man weiß, daß man erst in unserer Zeit ernsthaft das Projekt zu erforschen beginnt, zusätzliche Ernährung aus den Algen des Meeres zu gewinnen, um der mit Sicherheit zu erwartenden Hungerkatastrophen in vielen Teilen der Welt Herr werden zu können.

Auf so vielen Gebieten aber die Rosenkreuzer auch beschlagen gewesen sein mögen, auf so vielen Wissensgebieten sie auch gearbeitet haben, ihr eigentlicher Daseinszweck war nach dem ersten Paragraphen ihrer Vereinbarung die unentgeltliche Krankenheilung, der Dienst am Nächsten.

Neben dieser von ihnen beständig betonten Hauptsache treten Nebensächlichkeiten wie das Goldmachen, die man ihnen nachsagte oder die sie selbst von sich behaupteten, ganz und gar zurück. Auch die „Lebensleuchten", jene magischen, ewig brennenden Lampen, über die bereits an anderer Stelle berichtet wurde, gehören zu solchem Beiwerk. Sie sollen an der Farbe der Flamme und am gleichmäßigen Brennen des Lichtes das Wohlbefinden eines Menschen, am Flackern oder gar Verlöschen der Flamme Krankheit und Tod angezeigt haben.

Es war bei weitem nicht alles Unsinn und Aberglaube, was die alten Hermetiker lehrten und praktizierten. Sie waren dem Bewußtsein ihrer Zeit voraus und wurden darum als Zauberer oder gar als mit dem Teufel im Bunde stehend verschrien. Albert Graf von Bollstadt (1193—1280), wegen seines wahrhaft universalen Wissens auch „Albertus

Magnus" oder „Doctor universalis" genannt, entging —
wegen seiner chemischen und mechanischen Kenntnisse der
Zauberei verdächtigt — nur als Bischof dem drohenden
Scheiterhaufen.

In Köln studierte zu dieser Zeit ein anderer Kirchenmann
aus gräflichem Geschlecht: Thomas von Aquin (1225 bis
1274), der „Doctor angelicus". Beide soll eine tiefe
Freundschaft verbunden und beide sollen durch „Lebensleuchten" in sympathetischem Kontakt miteinander gestanden haben, so daß jeder von ihnen aus der Ferne des
anderen Gesundheitszustand an der wechselseitigen Be-
schaffenheit seines Blutes in dem „philosophischen Ei" der
Retorte erkennen konnte.

Diese „Lebensleuchten" waren damals bei den alten
„Weisenmeistern" gebräulich, und manch einer der „Hoch-
gestellten" hat sich ein solches Gerät fertigen lassen. Erstmals schrieb darüber um das Jahr 1500 ein gewisser Burg-
gravius ein Buch mit dem Titel „De Lampadis vitae", zu
Deutsch „Über die Lebensleuchten". Es gibt genaue Anweisungen darüber, wie eine Lebens- und Todeslampe aus
Menschenblut zu machen ist. Danach soll man „aus destil-
liertem oder abgetröpfeltem und von allem Schleim gereinigten Menschenblut eine Ampel oder Lampen zurich-
ten; dieses Blut nährt und unterhält die Flamme nicht
anders als Öl, und solches, wenn der Docht aus Asbesto
oder einem anderen unverbrennlichen Zeuge gemacht
wird, so lange, als der Mensch lebt, aus dessen Blut die
Lampe gemacht ist. Diese Lampe, wenn sie einmal angezündet worden ist, brennt stetig fort, so lange derselbe
Mensch lebt, aus dessen Blut sie zugerichtet worden, einen
Athem aus seinem Halse gehen läßt und löscht zugleich
mit ihm in eben der Stunde, Augenblick und Hui, da er

den letzten Athem ausbläset. Über dieses wisse, daß, wenn die Flamme licht und helle brennt, ingleichen hoch und unbeweglich ist, derselbe Mensch nichts, das ihm am Geiste oder Leibe beschwerlich wäre, empfinde. Verhält es sich aber anders und zwitzert oder fackelt hin und her die über sich steigende Flamme, oder ist auch niedriger als gewöhnlich oder ist neblig, oder gleichsam entschlafen, so sey es Dir ein gewisses Anzeichen einer Beängstigung, Traurigkeit, oder noch anderer aufgestoßenen Widerwärtigkeit..."

Man sollte über dergleichen Wissen und Weisheit früherer Zeiten nicht einfach zur Tagesordnung übergehen und es als mittelalterlichen Aberglauben abtun. Es wäre an der Zeit, daß sich eine kritische und unvoreingenommene Wissenschaft an Hand der umfangreichen Literatur endlich einmal anschickt, nachzuprüfen, was denn nun wirklich an solchen Dingen haltbar ist. Jeder Mensch mit historischem Interesse weiß, daß die „Alten" alles andere als naive Phantasten waren. Es gibt genügend verbürgte Berichte darüber, daß „Lebensleuchten" wirklich zu brennen aufhörten, wenn die Menschen, über deren Leben sie Auskunft geben sollten, ihre irdische Flamme verlöschen ließen.

Letztmals hat der landgräfliche Leibarzt Dr. med. Rudolph Johann Friedrich Schmidt (1702—1761) in Hamburg ihre Wirksamkeit überprüft. Über neuere Versuche ist nichts bekanntgeworden.

Eine andere von den Rosenkreuzern beherrschte Kunst war die der „Blut-Telegraphie", ein Verfahren, sich des Blutes als Übertragungsfaktor für die Verständigung mit anderen, in der Ferne weilenden Personen zu bedienen. Schließlich schrieben sich die Rosenkreuzer auch die Kunst zu, „ewig brennende Lampen" herzustellen. Hierbei handelte es sich um Dauerleuchten, die mit unverzehrbarem Öl ausgestattet waren und mit denen die Alten ihre Totengrüfte erhellt haben sollen.

Ein anderes Wissensgebiet, dem sich die Brüder vom Rosenkreuz mit viel Liebe und Hingabe widmeten, war die Optik; der Begriff einer „rosenkreuzerischen Optik" ist keineswegs fehl am Platz. Hofrat Karl von Eckartshausen schrieb darüber 1788 in seinem Buch „Mystische Nächte" das Folgende: „In der Optik, mein Bruder, liegen noch ganz unbegreifliche Dinge verborgen, von denen sich unsere Physiker nichts träumen lassen. Denke nur einmal über die Hohl- und Brennspiegel nach! Aber das soll nur ein Wink sein ..."

Die „Fama" von 1614 kennt „Spiegel von mancherley Thugend", womit sicherlich magische Spiegel gemeint waren: Spiegel zum Hellsehen, Spiegel zum Schatzgraben und zu anderen magischen Zwecken.

Geronimo Cardano, der von 1501 bis 1576 lebte und nicht nur ein bekannter Philosoph, Arzt und Mathematiker war, der eine Aufhängevorrichtung für Kompasse, Uhren und dergleichen erfand, die kardanische Aufhängung, sondern der auch als Eingeweihter und Magier hohen Grades gilt, soll sich darauf verstanden haben, Spiegel zu konstruieren, „durch die man hindurchgehen konnte ...". Das konnte er zwar sicherlich nicht, doch gibt es besonders konstruierte Spiegel, die es über den Umweg von Suggestion, Autosuggestion oder Trance ermöglichen, Welten aufzusuchen, die uns Sterblichen normalerweise verschlossen sind. Ein „Trip", um im Rauschgiftjargon zu sprechen, war bereits zu allen Zeiten möglich, nur mit anderen Mitteln und Methoden. Es bedurfte dazu nicht der Marihuana-Zigarette oder eines LSD-Präparates, ein besonders konstruierter Spiegel tat es auch. Beide Wege waren und sind gefährlich.

Die Tatsache, daß die Rosenkreuzer ein Jahrhundert vor Graf Ehrenfried Walter von Tschirnhaus

> Ein Physiker und Philosoph, der von 1657 bis 1708 lebte und eine Reihe mathematischer und damals bemerkenswerter Untersuchungen lieferte, insbesondere über Brennlinien. Bei seinen Versuchen mit großen Brennspiegeln und Brennlinsen glückte ihm die Erschmelzung des ersten europäischen Porzellans, dessen fabrikmäßige Herstellung sein Gehilfe Johann Friedrich Böttger entwickelte.

bereits Brennspiegel kannten, die an Kraftentfaltung ganz dasselbe leisteten wie die berühmten Werkzeuge dieses sächsischen Philosophen der Zeit Augusts des Starken, ist eine bemerkenswerte wissenschaftliche Leistung.

Wenn zur damaligen Zeit das geflügelte Wort umging, „daß in der Optik noch ganz unbegreifliche Dinge verborgen liegen", so muß daran erinnert werden, daß Mikroskop und Teleskop zu dieser Zeit längst erfunden und im Gebrauch waren. Es muß sich also um etwas anderes gehandelt haben.

Der kaiserliche Hauptmann und Ritter, Dr. med. et jur. Heinrich Cornelius Agrippa von Nettesheim (1456 bis 1535), der schon mit 20 Jahren in Paris eine Gesellschaft zum Studium der Geheimwissenschaften gründete und mit 24 Jahren den ersten Entwurf seiner damals epochalen „Occulta Philosophia" niederlegte, schreibt darin: „Auch ist es eine bekannte Sache, daß man an einem völlig dunklen Ort, in welchen nur durch eine sehr kleine Öffnung ein Sonnenstrahl dringen darf, auf einem in das Licht dieses Strahls gelegten weißen Papier oder einem flachen Spiegel alles sehen kann, was draußen im Sonnenlichte vorgeht." Was Nettesheim da beschrieb, war nichts anderes als eine Vorwegnahme der von Giambattista della Porta (1541 bis 1615) erfundenen „Camera obscura".

Im zweiten Band seiner „Geheimen Philosophie" schreibt der „dämonische Ritter" Nettesheim nach einem geschichtlichen Rückblick auf die optischen Wunder des Altertums: „Ich selbst weiß zwei gegeneinander gerichtete Spiegel zu verfertigen, in denen man beim Sonnenschein alles, was von den Strahlen der Sonne erleuchtet ist, auf eine Entfernung von mehreren Meilen sehr deutlich sehen kann." Später fügte er noch hinzu: „Ich selbst weiß Spiegel anzufertigen, in denen jeder auf die größte Entfernung sehen kann, was er nur will." Das war eine Vorwegnahme des 1671 von Sir Isaac Newton (1643—1727) erfundenen Spiegelteleskops. Dieser Meinung war auch Professor Dr. Alfred Lehmann: „Hier wird offensichtlich ein Spiegelteleskop beschrieben. Wenn die Spiegel nicht in ein Rohr eingesetzt werden, wird man im allgemeinen nur die Dinge im Fernrohr sehen, welche direkt von der Sonne beleuchtet werden. Agrippas Beschreibung ist so korrekt, daß er nach meiner Meinung unzweifelhaft ein Spiegelteleskop, wenn auch in primitiver Form, gekannt hat — eineinhalb Jahrhunderte, bevor Newton es erfand." (75)

Daß Agrippa von Nettesheim auch optische Linsen und nicht nur optische Spiegel gekannt hat, ist durchaus möglich; denn dergleichen hatten schon die Druiden, die altheidnischen Priester bei den keltischen Völkern. Sie trugen aus Kristall oder Glas geschliffene Linsen bis 1¹/₂ Zoll Durchmesser bei sich, die man heute „Druidenknöpfe" nennt.

Die alten Inder waren schon weit früher zu einer ganz

unerhörten Anwendung der Optik gekommen. Ein gewisser „Maharishi Bharadwaja" berichtet in seinem Werke „Yantrasarwaswami" über die Konstruktion und Handhabung von Luftmaschinen. Er kennt acht Arten von in der Luft fliegenden Maschinen, Flugzeugen oder Luftschiffen, die er „Vimanas" nennt. Jede dieser Maschinen wurde durch einen irgendwie gearteten Vorgang von Energieumwandlung angetrieben. Aus den Berichten des großen Weisen entnehmen wir, daß diese Luftmaschinen mit verschiedenen Linsen ausgestattet waren, und zwar mit Linsen besonderer Konstruktion, die sie fähig machte, gewisse Arten der Sonnenenergie zu reflektieren und zu sammeln, die ihrerseits wieder die Maschine befähigte, sich vom Erdboden zu erheben und im Luftraume zu schweben, in der Luft zu schwimmen, mit einem Wort: über der Erde dahinzufliegen. Sakatayana Rishi gibt in seinem „Loha Tantram" gleichfalls eine Beschreibung von Linsen, Manis genannt, die aus gewissen Gläsern hergestellt wurden und eine Art Spiegel darstellten, die jedoch mit der besonderen Eigenschaft ausgestattet waren, gewisse Kräfte des Sonnenlichtes je nach Bedarf anzuziehen oder abzustoßen. Es wurden 13 verschiedene Arten von Linsen bekanntgegeben und deren Gußbestandteile genau geschildert.

Die Geheimsekte der Katharer, eine streng asketische Sekte, besaß einen mysteriösen Weihegegenstand, den sie gleichfalls „Mani" nannte und damit eine Weihehandlung verknüpfte, die „Mani-sola", über die nichts Zuverlässiges an den Tag gekommen ist. Die „Mani" soll ein vom Himmel gefallener Stern, ein ungewöhnlicher Edelstein, eine „Gralsschale" gewesen sein. Könnte sie nicht eine „Sonnenäthersammellinse" gewesen sein?

In Grabstätten Libyens, in den Trümmern Ninives, hat

man Plankonvexlinsen gefunden, in Esmeralda in Ekuador einen grünschwarzen Obsidian-Hohlspiegel; diese Funde glaubt man auf die Vorägypter zurückführen zu können.

Die genauen Sternmessungen der Babylonier sind wahrscheinlich auf optische Diopter, ihre Himmelsbeobachtungen auf den Gebrauch von Fernrohren zurückzuführen; ebenso diejenigen der Druiden. Die Chinesen benutzten lange vor Galileo Galilei Linsen aus Felskristall, und noch heute findet man bei ihnen Brillen aus gleichem Material.

Was die Optik anbelangt, so verfügten die Gelehrten der Antike bereits über alle unsere Instrumente, nämlich über Spiegel, konkave, konvexe und konische Linsen, Prismen, Dunkelkammer, Mikroskope und Teleskope. Ihr Wissen ging verloren. Woher hatten die Rosenkreuzer ihre Kenntnisse? Welches uns unbekannte Kommunikationsmittel müssen sie besessen haben, um in den Besitz uralten Wissens zu gelangen?

Es nimmt nicht Wunder, daß sie besonders auch in der Medizin ihrer Zeit weit voraus waren. Sie kannten Transplantationen, sie kannten die Isopathie, und der Heilmagnetismus Anton Mesmers war ihnen etwas durchaus Vertrautes und Geläufiges.

Insbesondere verstanden sie sich darauf, ein Lebenselixier herzustellen, von dem sie auch für sich selber Gebrauch gemacht haben.

Allgemein sah man im Lebenselixier nur das absolute, radikale Tonicum, ein Stärkungs- und Allheilmittel zur Befreiung von allen Krankheiten, die Gewähr dafür, nicht krank zu werden, ein Mittel, um ein ungewöhnlich hohes Alter zu erreichen. Aber das Elixier der Rosenkreuzer war mehr: Bei bestimmter Dosierung soll es nicht nur einen Stopp des Alterungsprozesses, sondern auch eine Verjüngung bewirkt haben.

Solche rein körperlichen Sensationen waren jedoch bei weitem nicht alles, was die Brüder vom Rosenkreuz mit dem Lebenselixier beabsichtigten und auch wohl erreichten. Sie wollten mehr: Ihre „Universaltinktur" sollte sie befähigen, ihre Sinne bis zur Übersinnlichkeit zu steigern, weit über die fünf menschlichen Sinne hinaus. Sie entwickelten das Lebenselixier zu einem Mittel, in jenseitige Räume vorzustoßen: Hellsehen, Hellfühlen, Hellhören, Telepathie, Vorschau in die Zukunft, ein Zurücksteigen in die Vergangenheit, Bilokation, aus dem leiblichen Körper heraustreten und die Seele schweifen lassen (sogenannte Astralwanderungen), sich in andere Wesen hineinversetzen, das alles sollte ihnen mit diesem Lebenselixier möglich werden.

Für materialistisch - naturwissenschaftlich aufgeklärte Köpfe klingt das natürlich recht phantastisch. Aber bedenken wir, daß kleine Elektroden, die in bestimmte Bezirke des Gehirns eingepflanzt werden, ein völlig anderes Bild von der Welt vermitteln können. Müssen wir da nicht die Frage stellen, was das „normale" Weltbild eigentlich ist und wer oder was uns dieses normale Weltbild eigentlich vermittelt? Unser Tagesbewußtsein? Das Unterbewußtsein? Der Schlaf? Der Traum? Ein ekstatisches Erlebnis? Der Alkohol? Rauschgift? Hypnose oder Narkose? Meditation?

Wiederholen wir aus dieser Sicht nochmals in aller Deutlichkeit: Die „Alten" waren keineswegs dümmer als wir, und was wir als Aberglauben heute so abfällig beurteilen, war nur Bestandteil eines uralten und verlorengegangenen Wissens, das seinen Bezugspunkt nicht im heutigen, engen naturwissenschaftlichen Bereich hatte.

Aus den vielen „Kunst- und Zauberbüchern", die eine Beschreibung des Lebenselixiers bringen, zu zitieren, würde zu weit führen. Doch eine Darstellung mag hier interessieren. Sie stammt von keinem Geringeren als Giovanni Jacopo de Seingalt Casanova, der in seinen „Denkwürdigkeiten" über ein bemerkenswertes Erlebnis mit dem berühmten Grafen von Saint-Germain berichtet: „Er zeigte mir seine ‚Lebenskraft', die er ‚Atoëter' nannte, eine weiße Flüssigkeit in einem festverschlossenen Fläschchen. Diese Flüssigkeit, sagte er, sei der Universalgeist der Natur; der Beweis dafür sei, daß der Geist sofort das Fläschchen verließe, wenn man das Wachs ganz leicht mit einer Nadel durchbohre. Ich bat ihn, mir das Experiment zu zeigen. Er gab mir das Fläschchen und eine Nadel. Ich stach leicht in das Wachs, und in der Tat wurde das Fläschchen ganz leer."

Sollte vielleicht Casanova, berühmt und berüchtigt geworden durch seine zahllosen amourösen Abenteuer, seine Vitalität und seine fast unerschöpflich zu nennende Potenz durch dieses Elixier gewonnen haben?

Für die Gerontologen und Geriatriker von heute wäre es sicherlich von Interesse, sich mit diesem Gegenstand einmal forschend auseinanderzusetzen. Es wäre immerhin denkbar — da dem Lebenselixier seit Jahrhunderten verjüngende und den Alternsprozeß verlangsamende Kräfte zugeschrieben wurden —, daß von einer solchen Untersuchung neue Impulse zum Wohle altwerdender Menschen ausgehen.

Auf die Spur führt vielleicht der namhafte holländische Theosoph und Rosenkreuzer Frater Syntheticus in seinem Aufsatz „Meinung und Wirklichkeit", erschienen 1922 in der holländischen Zeitschrift Eenheid: „Die Lebenskraft des physischen Körpers befindet sich im ätherischen Leibe. Gelingt es, ihn zu stärken, erreicht man Gesundheit und langes Leben. Kondensierten Äther einnehmen ist die bequemste Art, dies zu erreichen. Unsere Gelehrten sind bis zu diesem Tage aber noch nicht dazu gelangt, ihn herzustellen; sie denken deshalb: Es ist unmöglich. Aber die Unmöglichkeiten von heute sind die Wirklichkeiten von morgen. Darum werde ich hier etwas mitteilen, was die Herstellung des Elixiers des langen Lebens angeht, so unmöglich es auch erscheinen möge. Der Äther wird durch die Strahlen der Sonne in Bewegung gesetzt. Derjenige, dem es gelingt, sie mit Hilfe von Spiegeln und Linsen zu brechen und zu verstärken, kann im Äther bestimmte Wellen hervorrufen. Und wer die Kraft des elementaren Feuers mit der des wirklichen Feuers zu einen weiß, wird zu sehen bekommen, daß sehr langsam, aber regelmäßig, Tropfen einer Flüssigkeit in Erscheinung treten, die als Heilmittel gegen zahlreiche Krankheiten nicht ihresgleichen finden. Er wird die Wahrheit der alchimistischen Maxime bestätigen, wonach ‚das größte Geheimnis unserer Kunst im Feuer urständet‘.“

Edward George Earl Bulwer-Lytton schließlich, der englische Romanschriftsteller, Rosenkreuzer und Freimaurer, läßt in seiner „Seltsamen Geschichte“ den Weisen von Aleppo sagen: „Dreimal habe ich mit Hilfe des Elixiers mein Leben erneuert, jetzt tue ich es nicht mehr. Es ist doch nicht die wahre Bestimmung der Seele, allzulange in diesem physischen Körper eingekerkert zu sein.“

Hätte das „Lebenselixier“ auch eine lebensaufspeichernde Wirkung ähnlich der des „Winterschlafes“ gehabt, so wären die Sagen und Märchen von in den Bergen schlafenden alten Männern nicht mehr in das Reich der Fabel zu verweisen. Und gibt es nicht auch in unserer Zeit Bestrebungen, die Spanne des menschlichen Lebens zu verlängern — zum Beispiel durch Einfrieren?

Hierher gehört der Hinweis auf zwei zunächst unglaublich klingende, jedoch verbürgte Fälle einer Art von „Lebensaufspeicherung":

In einem schwedischen Altersheim verstarb am 11. April 1950 im Alter von 88 Jahren Karolina Karlsson, deren 33jähriger Dornröschenschlaf seinerzeit die Weltpresse beschäftigte und die Weltöffentlichkeit in Atem hielt. Karolina Karlsson hatte sich 1875 — sie war damals noch ein Schulkind — nicht wohl gefühlt und sich zu Bett gelegt. Erst im April 1908 stand sie wieder auf. Während ihres lethargischen Schlafzustandes schien sie manchmal die Vorgänge der Außenwelt wahrzunehmen. Hauptsächlich wurde sie in dieser Zeit mit Milch ernährt.

Nach ihrem Wiedererwachen konnte sie noch lesen und schreiben und hatte auch den Namen des Königs und der Königin von Schweden nicht vergessen. Sie erholte sich sehr schnell und erfreute sich bis in ihr hohes Alter von 88 Jahren bester Gesundheit. Trotz aller ärztlichen Untersuchungen ist dieser Fall — wie so viele ähnliche — ein medizinisches Wunder und Rätsel geblieben.

Im Frühjahr 1943 wurde eine Farmerstochter aus Honduras, Alicia Dobricias, damals 17jährig, von einer Giftviper gebissen, ohnmächtig nach Hause getragen und bekam — zu spät — Injektionen durch den Arzt. Drei Wochen lang lag das Mädchen erstarrt in ihrem Bett. Der Atem war kaum spürbar, der Herzschlag ließ täglich mehr nach, schließlich trat der klinische Tod ein.

Kurz vor der Umbettung in den Sarg ergriff die Mutter

abschiednehmend die Hand der Tochter und stellte fest, daß der Arm warm war wie bei einem lebenden Menchen. Der wiedergerufene Arzt konnte nur feststellen: das Herz schlug nicht, die Lunge übte keinerlei Funktion mehr aus, das Merkwürdige war nur, daß die Leichenstarre nicht eingetreten war.

Der Mutter wurde geraten, Alicia im Bett zu lassen, hin und wieder die Körpertemperatur zu überprüfen. Weitere Injektionen wurden nicht verabreicht. Nach einem ununterbrochenen Schlaf oder seltenem Starrezustand des Körpers von 96 Monaten wurde die „Scheintote" Anfang 1951 dem Leben wiedergegeben.

Das „Wunder von Trujillo" ist um so größer, als die Farmerstochter während der ganzen Zeit keine Nahrung zu sich nahm, ihre Lage im Bett nicht änderte und sich nicht einmal das Körpergewicht veränderte.

Wenn so etwas möglich ist — und viele ähnliche Fälle sind bezeugt — so muß es auch möglich sein, auf künstlichem Wege eine rapide Verlangsamung des Lebensprozesses und damit eine Lebensverlängerung zu erzeugen.

Die echten Rosenkreuzer scheinen diese Möglichkeit gekannt zu haben; die moderne Forschung und Wissenschaft steuert erst in unserem Jahrhundert darauf zu. Nobelpreisträger Professor Paul Bequerel erklärte zu diesem Thema im Jahre 1949 in der Sorbonne zu Paris: „Es ist uns nach zahlreichen Versuchen gelungen, mit Hilfe von niedrigen Temperaturen und der Dehydrierung das Wachstum von Pflanzen, Wurzelknollen, ja sogar von kleinen Tieren auf unbestimmte Zeit zu unterbinden, ohne daß sie dadurch für ihre spätere Entwicklung Schaden nehmen. Die Biologen verschiedener Länder, denen ich meine Erfahrungen übermittelte, entwickeln diese Methoden und versuchen vor allem, das Leben bestimmter Tiere auf eine bestimmte Zeit zu stoppen. Vielleicht wird es in fünf Jahrzehnten durchaus möglich sein, sein Leben zu unterbrechen, um in einem anderen Jahrhundert weiterzuleben."

Wie bekannt, haben sich in den USA einige unheilbar kranke Menschen einfrieren lassen in der Hoffnung, daß irgendwann ein Heilmittel gegen ihre Krankheit gefunden wird und daß sie dann wieder aufgetaut und wieder zum Leben erweckt werden könnten. Das Einfrieren ist indessen nur eine weitere Möglichkeit der „Konservierung" lebender Menschen. Eine dritte Möglichkeit ist der auf Höchstform gesteigerte Fakirismus.

Diesen Fakirismus dürften die Rosenkreuzer, denen für moderne Einfriermethoden die technischen Voraussetzungen fehlten, immerhin praktiziert haben. Sicher darf man jedenfalls annehmen, daß den Brüdern vom Rosenkreuz die verschiedensten Yoga-Techniken geläufig waren, daß sie auch die Meditationspraxis eines Rudolf Steiner beherrschten, die dieser — ebenfalls aus sehr alten Quellen schöpfend — erst in unserer Zeit publizierte.

Von „auf Lager gelegtem Leben" müssen die Rosenkreuzer also gewußt haben, und diese „Suspendierung" vom Leben — in Form vielleicht von Winterschlaf, Dauerschlaf, kataleptischer Starre o. ä. — haben sie sicher wie auch alle ihre anderen „magischen" Praktiken meisterhaft beherrscht.

Soviel über die magischen Künste und naturwissenschaftlichen Kenntnisse der Rosenkreuzer.

Obwohl es niemals einen im heutigen Sinne straff organisierten Orden der Brüder vom Rosenkreuz gegeben hat, war ihr Wirken doch zur damaligen Zeit fast überall im

Abendland deutlich spürbar. Und auch in unsere Zeit wirken ihre gewaltigen geistigen Impulse noch hinein. Daß sie ihre Kenntnis irgendwann verbrecherischen oder kriegerischen Zwecken zur Verfügung gestellt hätten, ist nirgendwo bezeugt. Sie waren eins mit der Harmonie des Alls und lebten ihrem Wahlspruch getreu: „Der Natur nach, der Natur nach, wie sie arbeitet, so wollen wir auch arbeiten." Sie waren — und sind es bis zum heutigen Tage — geheimnisvolle Persönlichkeiten, über deren Wirken wir heute noch staunen müssen. Eine Untersuchung, die ihnen gerecht wird, dürfte wohl schwerlich je abgeschlossen werden.

Quellenangabe:

1) Meyrink, Gustav, *Der Engel vom westlichen Fenster*, Büdingen-Gettenbach 1958.
2) Forbath, Ladislaus, *Die neue Mongolei*, Berlin o. J. (um 1925).
3) Ossendowski, Ferdinand Anton, *Tiere, Menschen und Götter*, Frankfurt/M. 1923.
4) Bleichsteiner, Robert, *Die gelbe Kirche*, Wien 1937.
5) Consten, Hermann, *Der rote Lama*, Stuttgart 1928.
6) Strobl, Karl Hans, *Mondstein*, Zwanzig Novellen, Berlin 1930.
7) Anonym, *Visionen großer Männer*, Württ. Zeitung v. 2. 10. 1913.
8) *Natur und Kultur*, Monatsschrift, München-Solln, Heft Januar 1958. (S. 45).
9) Marcus, Aage, *Der blaue Drache*, Kopenhagen 1949.
10) Kusenberg, Kurt, *Nicht zu glauben*, Rowohlt Taschenbuch Nr. 363, Reinbek bei Hamburg, 1960.
11) Medinger, Hermann, *Die Andere Welt*, Heft 10/1961 Freiburg/Br.
12) Bredon, Juliet und Mitrophanow, Igor, *Das Mondjahr*, Wien 1937.
13) Ladowski, Jan, *Signale aus dem Jenseits* in *Deutschlands Zukunft*, Beilage zu Nr. 18, Hannover 1932.
14) *Okkulte Stimme*, Braunschweig 1957, Heft 4.
15) *Fate*, Amerikanische Zeitschrift, Juni 1964.
16) *Guide and Ideas*, London, 14. 11. 1936.
17) Justinius Kerner, *Magikon-Blätter aus dem Prevorstarchiv*, Heusenstamm 1961.
18) Lauterer, Dr. Joseph, *China, das Reich der Mitte*, Leipzig 1910.
19) Bozzano, Ernesto, *Übersinnliche Erscheinungen bei Naturvölkern*, Bern 1948.
20) *Journal of the Society for Psychical Research*, London, July 1919.
21) *Sammlung Thule*, Diederichs Verlag Jena.
22) *Fama Fraternitatis*, Kassel 1615.
23) Collin de Plancy, J. A. S., *Dictionnaire infernal*, Paris 1818.
24) Spunda, Dr. Franz, *Der Heilige Berg Athos*, Leipzig 1928.
25) Peuckert, Will-Erich, *Schlesische Sagen*, Jena 1924.
26) *Geheime Philosophie*, Berlin 1921.
27) Sédir, Paul (Pseudonym für Yvon Leloup), *Histoire et Doctrines des Rose-Croix*, Bihorel-les-Rouen 1932.

28) Surya, G. W. (Pseudonym für Demeter Georgiewitz-Weitzer), *Hermetische Medizin, Stein der Weisen, Lebenselexire*, Berlin-Pankow 1923.

29) *Aureum Vellus*, Rorschach 1598.

30) Sauval, Victor, *Antiquités de Paris*, Paris 1724.

31) Schwarz, Gerhard, *Was Jesus wirklich sagte*, Wien 1971.

32) Teresa de Jesús, *Libro de su vida*, 1588.

33) Hartmann, Dr. Otto Julius, *Medizinisch-Pastorale Psychologie*, Frankfurt/M. 1952.

34) Skornicel, Belo, *Äthiopiens Engel sind schwarz*.

35) Nettesheim, Agippa von, *De Philosophia Occulta*, Köln 1510.

36) Bartholin, Thomas, *Afhandling om Sygdommes Overplantning*, Kopenhagen 1794.

37) Kieser, Dr. Dietrich Georg, *Archiv für den Tierischen Magnetismus*, 8. Band, Leipzig 1821.

38) Encausse, Dr. Gérard, *Traitre méthodique de Magie pratique*, Paris 1937.

39) Clarence, E. W., *Sympathie, Mumia, Amulette, II. Teil*, Berlin-Pankow 1927.

40) Santanelli, Ferdinand, *Philosophia recondita* Köln 1723.

41) Güldenfalk, Siegmund Heinrich, *Sammlung von mehr als hundert wahrhaften Transmutationsgeschichten*, Frankfurt 1784.

42) Maxwell, Dr. William, *De Medicina magnetica*, Frankfurt 1679.

43) *Les admirables secrets de magie naturelle du Grand-Albert et de Petit-Albert*, Paris o. J.

44) Bulwer-Lytton, Edward George, *Das Haus des schwarzen Magiers*, Dresden 1923.

45) Reuter, Florizel von, *Psychical experiences of Masivan*, London 1928.

46) Regneult, Dr. Jules, *Biodynamique et Radiations*, Paris 1936.

47) Schöffel, F. V., *Hexen von einst und heute*, Bamberg 1931/32.

48) Lacroix, Henri René, *Theories et Procédés Radiesthésiques*, Paris 1942.

49) Usthal, Arthur, *Neue Beobachtungen mit dem Pendel* in ‚Zentralblatt für Okkultismus', Leipzig, Februar 1919.

50) Schrödter, Willy, *Aus den Aufzeichnungen eines Okkultisten*, Klagenfurt 1935.

51) Deroo, *L'homme à la jambe*, Paris 1960.

52) Gerloff, Dr. Hans, *Das Medium Carlos Mirbelli*, Tittmoning 1960.

53) Birven, Dr. Henri, *Abbé Vachère, der Wundertäter von Mirabeau und Aachen*, Freiburg 1928.

54) Heim, Dr. Hans, *Die Bamberger Dominikanernonne Columba Schonath,* Berlin 1922.

55) Hilton, James, *Irgendwo in Tibet,* Wien 1937.

56) *Archäologische Sinnestäuschungen* in Berliner Tageblatt Nr. 193/194, Berlin, 25. April 1937.

57) *Das Mönchskloster von Ripafratta* in ,Mensch und Schicksal' Nr. 11, Villach, August 1948.

58) Nassauer Bote Nr. 197, Limburg, August 1960.

59) Greinz, Rudolf, *Turm des Schweigens,* Leipzig o. J.

60) Boshard, Walter, *Kühles Grasland Mongolei,* Berlin 1938.

61) Leadbeater, C. W., *Der Mensch, woher und wohin.*

62) Hoffmann, Helmut, *Die Religionen Tibets.*

63) Lloyd, John Uri (Pseudonym für Johs. Llewellyn Longollyn), *Etidorpha oder das Ende der Erde,* Leipzig o. J.

64) Dickhoff, Dr. Robert Ernest, *Agartha, das Geheimnis der Unterirdischen Welt.*

65) Massmann, Dr. H. F., *Der Untersberg bei Salzburg,* München 1831

66) *Sagen der Vorzeit oder Ausführliche Beschreibung von dem berühmten Salzburgischen Untersberg oder Wunderberg,* Brixen 1782.

67) Hartmann, Otto Julius, *Medizinisch-Pastorale Psychologie,* Frankfurt/M. 1952.

68) Weyer, Johannes, *Über das Blendwerk der Dämonen,* Basel 1567.

69) *Träume eines Geistersehers, erläutert durch die Träume der Metaphysik,* Königsberg und Riga 1766, ohne Namen.

70) Davis, Andrew Jackson, *Die Philosophie des geistigen Verkehrs,* Leipzig 1884.

71) Rijkenborgh, *Apokalypse der neuen Zeit,* Haarlem ohne Jahr.

72) Cannon, Dr. Alexander, *The invisible influence,* London 1933.

73) Jennings, Hargrave, *Die Rosenkreuzer, ihre Gebräuche und Mysterien,* Berlin 1912.

74) Sédir, Paul, *Les forces mystiques et la conduite de la vie,* Bihorelle-Rouen, 1923.

75) Lehmann, Dr. Alfred, *Aberglaube und Zauberei,* Stuttgart 1925.